U0543874

西南大学2035先导计划：乡村振兴中国道路之"中国乡村振兴学"研究、西南大学双一流建设项目"中国与东盟国家脱贫经验分享平台建设研究"资助

中国乡村振兴学

第一辑

主　编　王志章
副主编　兰　剑　邹宝玲

西南大学出版社
国家一级出版社　全国百佳图书出版单位

图书在版编目(CIP)数据

中国乡村振兴学. 第一辑 / 王志章主编. — 重庆：西南大学出版社，2023.6
ISBN 978-7-5697-1912-3

Ⅰ.①中… Ⅱ.①王… Ⅲ.①农村—社会主义建设—中国—文集 Ⅳ.①F320.3-53

中国国家版本馆CIP数据核字(2023)第127841号

中国乡村振兴学（第一辑）
ZHONGGUO XIANGCUN ZHENXINGXUE DI-YI JI

主　　编　王志章
副主编　兰　剑　邹宝玲

责任编辑	王玉竹　段小佳
责任校对	叶晓丽
装帧设计	殳十堂_未氓
排　　版	张　祥
出版发行	西南大学出版社（原西南师范大学出版社）
地　　址	重庆市北碚区天生路2号
邮　　编	400715
电　　话	023-68868624
印　　刷	重庆升光电力印务有限公司
幅面尺寸	185 mm×260 mm
印　　张	13.25
字　　数	285千字
版　　次	2023年6月第1版
印　　次	2023年6月第1次印刷
书　　号	ISBN 978-7-5697-1912-3
定　　价	68.00元

编委会

主　管：西南大学
主　办：西南民族教育与心理研究中心、国家治理学院、经济管理学院

主　任：葛信勇　　西南大学副校长、研究员
副主任：王牧华　　西南大学社会科学处处长、教授
　　　　张学敏　　西南大学西南民族教育与心理研究中心主任、教授

委　员：（按姓氏笔画排序）
　　　　王　超　　贵州财经大学教授
　　　　王伟杰　　贵州民族大学教授
　　　　王晓毅　　中国社会科学院大学研究员
　　　　毛　丹　　浙江大学求是特聘教授
　　　　文　军　　华东师范大学社会发展学院教授
　　　　石　英　　西北农林科技大学人文社会发展学院讲座教授
　　　　叶敬忠　　中国农业大学人文与发展学院教授
　　　　田　阡　　西南大学历史文化学院　民族学院教授
　　　　田毅鹏　　吉林大学哲学社会学院教授
　　　　朱德全　　西南大学教育学部教授
　　　　向德平　　华中科技大学社会学院教授
　　　　刘　宏　　新加坡南洋理工大学教授
　　　　刘鑫渝　　伊犁师范大学马克思主义学院教授
　　　　许　峰　　贵州省社会科学院研究员
　　　　孙兆霞　　贵州民族大学社会建设与反贫困研究院教授
　　　　李　聪　　西安交通大学经济与金融学院教授
　　　　李小云　　中国农业大学文科资深讲席教授
　　　　李昌平　　中国乡建院院长、中国体改研究会研究员
　　　　杨　达　　贵州大学公共管理学院教授
　　　　杨　进　　华中科技大学经济学院副教授
　　　　杨　杨　　贵州财经大学大数据应用与经济学院教授
　　　　杨　斌　　贵州师范大学教授

杨宜勇	中国宏观经济研究院研究员
肖小虹	贵州财经大学教授
汪三贵	中国人民大学农业与农村发展学院教授
宋圭武	中共甘肃省委党校经济学教研部教授
宋晓梧	中国经济改革研究基金会学术委员会主任
张　琦	北京师范大学经济与资源管理研究院教授
张　翼	中国社会科学院大学社会与民族学院研究员
张再杰	贵州财经大学绿色发展战略研究院研究员
陆汉文	华中师范大学乡村振兴研究院教授
林聚任	山东大学哲学与社会发展学院社会学系教授
罗　意	新疆师范大学历史与社会学院教授
郑风田	中国人民大学农业与农村发展学院教授
赵一夫	中国农业科学院农业经济与发展研究所研究员
赵晓峰	西北农林科技大学人文社会发展学院教授
施国庆	河海大学公共管理学院、创新研究院教授
姜长云	中国宏观经济研究院产业经济与技术经济研究所研究员
洪名勇	贵州大学哲学社会科学研究院教授
贺雪峰	武汉大学社会学院教授
徐祥临	中共中央党校(国家行政学院)经济学教研部教授
高　伟	伊犁师范大学乡村振兴研究中心教授
黄承伟	北京大学贫困治理研究中心研究员
黄燕芬	中国人民大学公共管理学院教授
曹　立	中共中央党校(国家行政学院)经济学教研部教授
蒋　辉	吉首大学湖南乡村振兴战略研究中心教授
蒋和平	中国农业科学院农业经济与发展研究所教授
景天魁	中国社会科学院学部委员
温　涛	全国政协委员、重庆工商大学教授
雷　明	北京大学光华管理学院教授
黎　洁	西安交通大学公共政策与管理学院教授
燕连福	西安交通大学马克思主义学院教授

主　编：王志章　西南大学教授
副主编：兰　剑　西南大学副教授
　　　　邹宝玲　西南大学副教授

序言

当代中国正经历着我国历史上最为广泛而深刻的社会变革,也正在进行着历史上最为宏大而独特的实践创新。党的十八大以来,以习近平同志为核心的党中央,坚持把解决好"三农"问题作为全党工作的重中之重,把脱贫攻坚作为全面建成小康社会的标志性工程,组织推进人类历史上规模空前、力度最大、惠及人口最多的脱贫攻坚战,启动实施乡村振兴战略,推动农业农村取得历史性成就、发生历史性变革。脱贫攻坚取得胜利后,我国"三农"工作重心历史性转移到全面推进乡村振兴。习近平总书记深刻指出,全面建设社会主义现代化国家,实现中华民族伟大复兴,最艰巨最繁重的任务依然在农村,最广泛最深厚的基础依然在农村。党的二十大明确了新时代新征程中国共产党的使命任务,就是团结带领全国各族人民全面建成社会主义现代化强国、实现第二个百年奋斗目标,以中国式现代化全面推进中华民族伟大复兴,并对全面推进乡村振兴做出战略部署,强调"坚持农业农村优先发展,坚持城乡融合发展,畅通城乡要素流动。加快建设农业强国,扎实推动乡村产业、人才、文化、生态、组织振兴"。在举全党全国之力全面推进乡村振兴,加快农业农村现代化,建设农业强国的历史进程中,作为当代中国马克思主义、二十一世纪马克思主义、中华文化和中国精神时代精华的习近平新时代中国特色社会主义思想,及其引领下全面推进乡村振兴的恢宏实践,为不断回答乡村发展领域中国之问、世界之问、时代之问、人民之问,做出符合中国实际和时代要求的正确回答,得出符合规律的科学认识,形成与时俱进的理论成果,提供了根本遵循和实践基础。这也正是王志章教授及其团队开启乡村振兴学研究的时代要求。

从历史看,我国对乡村建设的探索始终没有停止过。20世纪30年代初,一批能人志士通过回归乡土脉络并整合各种建设性力量,对乡村建设实验进行了大胆的探索,形成了梁漱溟的山东邹平模式、晏阳初的河北定县(今河北省定州市)模式、陶行知的晓庄师范模式、黄炎培的职业教育模式和卢作孚的四川北碚(今重庆市北碚区)模式等。其中,诞生在重庆北碚的卢作孚乡村建设模式持续时间最长、成就最大、保存记录最完整。上述的探索和实践,尽管受历史的局限未能实现乡建梦想,但留下的许多宝贵遗产、发出的历史先声,为新时代全面实施乡村振兴战略、开展乡村振兴理论研究提供了经验及实践积累。

在百年奋斗历程中，我们党一以贯之高度重视解决"三农"问题，在革命、建设、改革各个历史时期，领导亿万农民谱写了"三农"的时代华章，实现了翻身解放、解决温饱、摆脱贫困、全面小康的历史性跨越。民族要复兴，乡村必振兴。强国必先强农，农强方能国强。在新的历史起点上全面推进乡村振兴、加快农业农村现代化、建设农业强国，如何根据国内外形势新变化新要求，从理论和实践结合上回答好中国式现代化的乡村振兴道路上时代和实践提出的重大问题，更显得迫切和重要。

西南大学顺应时代需要，立足学校科研实力和特色，加强跨学科交叉融合，强化科研的组织性和引导性，以国家重大需求和关键技术突破为牵引，启动了"西南大学创新研究2035先导计划"，力争产出一批原创性成果，其中，"乡村振兴中国道路"是先导计划重要内容之一。由王志章教授领衔的"中国西部乡村振兴学"研究团队，联合多个学院长期从事"三农"问题研究的中青年教师，以《中国乡村振兴学》和即将出版的《乡村振兴学》为载体，开展乡村振兴多学科交叉融合研究，旨在为做好农业强国建设这篇大文章提供理论支撑和实践路径选择。

《中国乡村振兴学》体现了鲜明的多学科交叉融合的理念。乡村振兴涉及政治、经济、文化、社会、生态等各个领域，而不同区域的乡村更有其他独特的空间特点和发展特征，是一个复杂的系统工程，仅靠单一学科难以实现系统性、体系化研究，必须建构新的交叉学科才能研究好这一重大时代课题。希冀本平台借助国内外乡村振兴领域学者的智慧，创新管理，凸显特色，增加学术公共产品供给，支持更多的学者通过学科交叉融合、协同创新做"顶天立地"的研究，构建高水平的成果发布平台，全面提升传播效能，力争把《中国乡村振兴学》办成具有国际影响的出版物，使之成为乡村振兴学领域内同行合作交流的载体、信息共享的平台。

实践发展永无止境，认识真理永无止境，理论创新永无止境。党的二十大报告指出："问题是时代的声音，回答并指导解决问题是理论的根本任务。"在迈上全面建设社会主义现代化国家新征程上，全面推进乡村振兴、加快农业农村现代化、建设农业强国任务艰巨，许多重大理论和现实问题亟须广大理论工作者立足祖国田野大地做学问，系统探索怎样走好中国特色社会主义乡村振兴道路，不断深化城乡融合发展、乡村高质量振兴的理论与实践研究，用更丰富的理论成果，更好地指导中国实践，更多地向世界展现乡村发展的中国智慧、中国方案和中国力量。我期待王志章教授及其团队，以《中国乡村振兴学》和《乡村振兴学》的出版为新的起点，继续聚焦习近平新时代中国特色社会主义思想在"三农"领域的理论指导和实践经验研究，持续推进中国乡村振兴研究深化和理论体系完善，用好《中国乡村振兴学》平台，以多学科的交叉融合视角把研究做在乡村振兴的广阔舞台上，把论文写在祖国的广袤田野上。我更希望，更多的"三农"问题研究者和实践者，守正创新,踔厉奋发,在更有效推动中国特色社会主义乡村振兴道路的学科体系、学术体系与话语体系的构建行动上,在更有力推进乡村全面振兴、以中国式现代化全面推进中华民族伟大复兴的历史进程中贡献更多智慧和力量。

是为序。

黄承伟

(国家乡村振兴局中国扶贫发展中心主任、研究员)

二〇二三年二月于北京

目 录

理论前沿

中国乡村振兴的理论与实践问题论纲
………………………………………………………… 黄承伟(003)

推进"脱贫攻坚"同"乡村振兴"两大战略有效衔接
………………………………………… 程国强,马晓琛,肖雪灵(030)

巩固拓展脱贫攻坚成果的理论模式及其对乡村振兴的启示
——基于贵州全国脱贫攻坚先进个人典型事迹的扎根分析
………………………………………… 王超,崔华清,郭娜(043)

发展农业适度规模经营 促进农业绿色生产行动
——关于农业规模经营与农业绿色生产的研究综述
……………………………………………… 赵昶,杨宜勇(062)

交叉视点

关于发展中国家农村综合开发的跨学科研究:社会科学的作用
… 德克·范·杜塞尔多普,西尔普·威格博尔杜斯;(译者)黄菊,王慧,陈虹宇,黄斯琦(083)

案例集成

武陵山区脱贫攻坚与乡村振兴有效衔接的实践探索与实现路径
………………………………………………………… 蒋和平,丁美华,蒋辉(111)

推动小农户和现代农业发展有机衔接的机制创新
——基于永川探索实践的思考
………………………………………………………… 温涛,张林,王汉杰(127)

基于甘肃三个村庄调研的乡村振兴思考及建议
……………………………………………………………………… 宋圭武(140)

青年论道

从"学中干"到"干中学":乡村产业发展的社会学习路径透视
……………………………………………………………………… 邹宝玲(161)

互联网使用对农民经营性收入的影响
………………………………………………………… 李丽莉,张忠根,曾亿武(178)

Contents

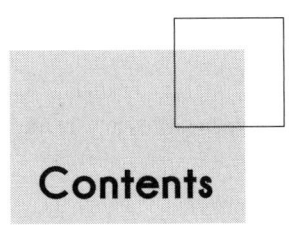

Frontier Theoretical Studies

Outline of theoretical and practical issues of rural revitalization in China
.... Huang Chengwei (003)
Promote the effective connection of "poverty alleviation" and "rural revitalization"
.... Cheng Guoqiang, Ma Xiaochen, Xiao Xueling (030)
Theoretical model of consolidating and expanding the achievements of poverty alleviation and its enlightenment for rural revitalization: Grounded analysis based on meritorious deeds of the exemplary individuals in Guizhou's poverty alleviation
.... Wang Chao, Cui Huaqing, Guo Na (043)
Develop moderate-scale operation of agriculture to promote green agricultural production: A review of research on agricultural scale management and green agricultural production
.... Zhao Chang, Yang Yiyong (062)

Cross-disciplinary Studies

Interdisciplinary research for integrated rural development in developing countries: The role of social sciences
.... Dirk van Dusseldorp, Seerp Wigboldus;
(Translator) Huang Ju, Wang Hui, Chen Hongyu, Huang Siqi (083)

Case Studies

Practical exploration and realization of effective connection between poverty alleviation and rural revitalization in Wuling Mountain Area
·· Jiang Heping, Ding Meihua, Jiang Hui (111)

Mechanism innovation to promote the organic link between smallholder farmers and modern agricultural development: Thoughts based on the exploration and practice in Yongchuan, Chongqing
·· Wen Tao, Zhang Lin, Wang Hanjie (127)

Thoughts and suggestions on rural revitalization based on surveys of three villages in Gansu Province
·· Song Guiwu (140)

Studies by Youth Scholars

From "learning to do" to "learning by doing": Perspective of the social learning path of rural industry development
·· Zou Baoling (161)

The impact of Internet use on farmers' operating income
·· Li Lili, Zhang Zhonggen, Zeng Yiwu (178)

Tabla de Contenido

Frontera Teórica

Resumen de cuestiones teóricas y prácticas de la revitalización rural en China
.... Huang Chengwei (003)

Promover la conexión efectiva entre las dos estrategias principales de "alivio de la pobreza" y "revitalización rural"
.... Cheng Guoqiang, Ma Xiaochen, Xiao Xueling (030)

El modelo teórico de consolidación y expansión de los logros del alivio de la pobreza y su iluminación para la revitalización rural: Un análisis fundamentado basado en las acciones típicas de individuos avanzados en el alivio de la pobreza nacional de Guizhou
.... Wang Chao, Cui Huaqing, Guo Na (043)

Desarrollo de operaciones de escala moderada en agricultura y promoción de acciones de producción agrícola verde: Una revisión de la investigación sobre operaciones de escala y producción agrícolas verde
.... Zhao Chang, Yang Yiyong (062)

Vista Cruzada

Investigación interdisciplinaria sobre desarrollo rural integrado en países en desarrollo: El papel de las ciencias sociales
...... (Autores) Dirk van Dusseldorp, Seerp Wigboldus, (Traductores) Huang Ju, Wang Hui, Chen Hongyu, Huang Siqi(083)

Integración de Casos

Exploración práctica y camino de realización de una conexión efectiva entre el alivio de la pobreza y la revitalización rural en la zona montañosa de Wuling
.... Jiang Heping, Ding Meihua, Jiang Hui（111）
Innovación de mecanismos para promover la conexión orgánica entre los pequeños agricultores y el desarrollo agrícola moderno: Pensamientos basados en la práctica de exploración de Yongchuan
.... Wen Tao, Zhang Lin, Wang Hanjie（127）
Pensamientos y sugerencias sobre revitalización rural basados en la encuesta de tres aldeas
.... Song Guiwu（140）

Charla Juvenil

De "aprender haciendo" a "hacer aprendiendo": Perspectiva del camino del aprendizaje social del desarrollo industrial rural
.... Zou Baoling（161）
El impacto del uso de Internet en los ingresos operativos de los agricultores
.... Li Lili, Zhang Zhonggen, Zeng Yiwu（178）

理论前沿

中国乡村振兴的理论与实践问题论纲[①]

黄承伟

(国家乡村振兴局中国扶贫发展中心,北京 100026)

摘　要:为全面理解党的二十大做出的"全面推进乡村振兴"决策部署,选取当前乡村振兴理论研究和实践推进中所面临的12个基本问题进行系统阐述。这12个问题中,第一类是3个侧重乡村振兴理论认识的问题,其中,乡村振兴的"历史方位",决定了乡村振兴的发展方向;"行动纲领",提供了推进乡村振兴的根本遵循;"顶层设计",明确了乡村振兴战略实施的总体思路。第二类是5个侧重乡村振兴推进路径的问题,其中,乡村振兴的"防止返贫"是底线任务;"乡村发展""乡村建设""乡村治理"分别是推进乡村振兴的重要举措、重要抓手和重要标志;"城乡融合"是实现乡村振兴的根本途径。第三类是4个侧重乡村振兴战略实施保障的问题,其中,"要素保障"是乡村振兴的重要支撑;构建"帮扶格局",为乡村振兴提供新的发展动能;"深化改革"是推进乡村振兴的根本动力;坚持"党的领导"是实现乡村全面振兴的根本保障。针对每一个问题,阐述该问题的理论及实践意义,以及理论认识的新发展、实践推动面临的新挑战,并指出深化问题认识的方向,提出解决对策,旨在为基于实践更全面地认识乡村振兴的基本理论问题提供基础,为深化全面推进乡村振兴的理论与实践研究提供参考。

关键词:全面推进乡村振兴;理论与实践问题;论纲

全面建设社会主义现代化国家,实现中华民族伟大复兴,最艰巨最繁重的任务依然在农村,最广泛最深厚的基础依然在农村。[②]党的十九大提出实施乡村振兴战略。党的二十大做出"全面推进乡村振兴"的决策部署,要求坚持农业农村优先发展,坚持城乡融合发展,畅通城乡要素流动;加快建设农业强国,扎实推动乡村五大振兴,即产业、人才、文化、

---

① 基金项目:本文系2021年度教育部哲学社会科学重大攻关项目"中国特色反贫困理论与脱贫攻坚精神研究"(编号:21JZD015);2019年度国家社会科学基金重大项目"习近平总书记关于贫困治理思想的理论与实践"(编号:19ZDA002)的阶段性成果。
作者简介:黄承伟,国家乡村振兴局中国扶贫发展中心主任、研究员。研究方向:反贫困,乡村振兴,共同富裕。
② 习近平:《论"三农"工作》,北京:中央文献出版社,2022年,第3页。

生态和组织振兴;全方位夯实粮食安全根基;发展乡村特色产业,拓宽农民增收致富渠道;巩固拓展脱贫攻坚成果,激发已脱贫地区和脱贫群众的内生发展动力;统筹乡村基础设施和公共服务布局,建设宜居宜业和美乡村。[1]在过去五年乡村振兴取得积极成效、乡村振兴战略进入全面实施的基础上,中国进入全面建设社会主义现代化国家新征程、向实现第二个百年奋斗目标进军,以中国式现代化全面推进中华民族伟大复兴之际,以党的二十大精神为指引,全面梳理和深化认识乡村振兴的理论与实践基本问题,对于继续推进实践基础上的乡村振兴理论创新,进一步凝聚共识,完善顶层设计,以更有力的举措、更强大的合力全面推进乡村振兴,走好中国式现代化的乡村振兴道路具有重要的理论和现实意义。本文选取当前乡村振兴理论研究和实践推进中所面临的十二个基本问题进行系统阐述。这些问题可以大致分为三类:第一类问题侧重乡村振兴的理论认识,其中乡村振兴的"历史方位",决定了乡村振兴的发展方向;"行动纲领",提供了推进乡村振兴的根本遵循;"顶层设计",明确了乡村振兴战略实施的总体思路。第二类问题侧重乡村振兴推进路径,其中"防止返贫"表明了乡村振兴的底线任务;"乡村发展""乡村建设""乡村治理"分别是推进乡村振兴的重要举措、重要抓手和重要标志;"城乡融合"是实现乡村振兴的根本途径。第三类问题侧重乡村振兴战略的保障,其中"要素保障"是乡村振兴的重要支撑;构建"帮扶格局",为乡村振兴提供新的发展动能;"深化改革"是推进乡村振兴的根本动力;坚持"党的领导"是实现乡村全面振兴的根本保障。本文对每一个问题的论述,首先阐述该问题的理论与实践意义,分析该问题理论认识的新发展、实践推动面临的新挑战,指出了深化问题认识的方向,提出了现阶段解决问题的建议。本文旨在为基于实践更全面地认识乡村振兴的基本理论问题提供基础,为深化全面推进乡村振兴的理论与实践研究提供参考。

一、关于乡村振兴的理论认识

(一)历史方位

乡村振兴战略的提出有着深刻的时代背景。"三农"问题是关系国计民生的根本性问题。我国脱贫攻坚胜利后,全面推进乡村振兴,是"三农"工作重心的历史性转变。中国特色社会主义进入新时代,社会主要矛盾在农村表现突出。农村现代化建设是我国全面建设社会主义现代化国家最艰巨、最繁重的任务,同时也是中国式现代化建设最有潜力的地

---

[1] 习近平:《高举中国特色社会主义伟大旗帜 为全面建设社会主义现代化国家而团结奋斗——在中国共产党第二十次全国代表大会上的报告》,《人民日报》2022年10月26日第3版。

方。党的十九大首次提出实施乡村振兴战略,并作为七大战略之一写入党章,这表明乡村振兴战略在实现"两个一百年"奋斗目标中有着举足轻重的地位。2022年,党的二十大再次强调全面推进乡村振兴。由此可见,乡村振兴战略的制定和实施对于全面建设社会主义现代化国家、实现中华民族伟大复兴的中国梦具有划时代意义。

乡村振兴战略实施是习近平新时代中国特色社会主义思想的伟大实践。一方面,乡村振兴战略实施为全面开创党和国家事业新局面提供了基础支撑。"解决好'三农'问题"始终是全党工作的重点,随着农业农村现代化建设的逐步推进,我国农业农村的发展取得了历史性成就,实现了历史性变革。另一方面,习近平总书记围绕确保粮食安全、乡村产业发展、乡村建设、乡村治理、社会保障、巩固拓展脱贫攻坚成果、文化传承、基层党建与组织振兴等方面对乡村振兴战略实施进行了详细阐述,提出了一系列新的思想和观点。这些思想高瞻远瞩、内涵丰富、要求明确,深刻回答了振兴乡村的缘由,以及振兴乡村的路径等一系列重大理论和实践问题。新发展理念不仅全面贯穿于农业农村工作中,更落实于中国特色社会主义道路在农村的创新实践中,进一步地,为全面推进乡村振兴提供了根本遵循和行动指南,成为习近平新时代中国特色社会主义思想的重要组成部分。

乡村振兴战略确立了农业农村优先发展的定位。第一,坚持农业农村优先发展能够保障中国经济社会平稳健康发展,从而推进第二个百年奋斗目标的实现。现阶段,"我国发展最大的不平衡是城乡发展不平衡,最大的发展不充分是农村发展不充分"[①]。党的二十大报告也指出,"全面建设社会主义现代化国家,最艰巨最繁重的任务仍然在农村。坚持农业农村优先发展"。坚持农业农村优先发展,是解决发展不平衡不充分的根本之策,是系统解决经济结构性体制性矛盾、发展不平衡不充分不协调不可持续问题的必然选择,是实现共同富裕、全面建设社会主义现代化国家的必由之路。第二,坚持农业农村优先发展,有利于整体提升农业农村发展水平和农民的生活水平。目前,我国社会的主要矛盾是人民日益增长的美好生活需要和不平衡不充分的发展之间的矛盾,这在农村尤为突出。因此,坚持农业农村优先发展是从根本上实现城乡均衡发展、农业充分发展、农民全面发展的有效途径。第三,坚持农业农村优先发展,有利于促进共同富裕目标实现。我国社会主义的本质要求是解放和发展生产力,最终实现共同富裕目标。由此,党的十九大报告明确了两个阶段的目标:第一个阶段是到2035年,全体人民共同富裕迈出坚实步伐;第二个阶段是到2050年,全体人民共同富裕基本实现,与共同富裕目标相对应。与此同时,《乡村振兴战略规划(2018—2022年)》中提到了乡村振兴的远景谋划——"到2035年,乡村振兴取得决定性进展,农业农村现代化基本实现";"到2050年,乡村全面振兴,农业强、农村美、

---

① 燕连福:《实施乡村振兴战略是一篇大文章》,《经济日报》2022年9月29日第10版。

农民富全面实现"。①紧接着,党的二十大进一步明确了两个阶段的任务。由此可以看出,共同富裕是乡村振兴战略的终极目标,乡村振兴是实现共同富裕的必要的历史过程,农业农村现代化建设不仅是乡村振兴战略的重要部分,还是扎实推进共同富裕的根本支撑。

乡村振兴战略为发展阶段的"三农"工作指明了方向。一是确立了新时代城乡关系新格局。乡村振兴战略提出了"必须重塑城乡关系,走城乡融合发展之路",旨在以城带乡、以乡助城,从而实现社会、经济、生态各方面在城乡之间的融合共生发展。二是明确了农业农村现代化的战略目标。乡村振兴战略是推进并实现我国农村现代化的战略布局,是以三产融合为核心的经济现代化、以农民为中心的内生现代化、以农民再组织为基础的现代化,最终实现农业农村的现代化。三是为农村农业发展带来了新动能。一方面,农业供给侧结构性改革能够为农业农村注入各种现代元素,从而推动农业农村的历史性变革,实现农村社会的一二三产业融合、城乡融合以及生产要素集合。另一方面,有效融合了现代农业的食物保障、增加就业和收入、文化传承等多重功能,形成了新的发展动力。因此,坚持农业农村优先发展,不仅能够"促消费惠民生",还可以"调结构增后劲",从而促进新发展格局的构建。农村新产业、新业态的不断发展必然创造出更多新的需求,吸引更多的城市居民下乡消费,乡村振兴成为中国消费、投资的"加速器"。四是系统解决乡村发展动力来源与"为谁"发展的问题。实施乡村振兴战略其根本目的在于更好地为人民服务,具体地,通过着力补齐农业农村短板,满足农民美好生活需要,充分发挥其主体作用,让全国人民能够共享发展成果。

乡村振兴战略具有划时代的重要意义。首先,乡村振兴战略是解决新时代社会主要矛盾的具体实践。中国共产党始终坚持以人为本,把人民放在最重要的位置,践行立党为公、执政为民的执政宗旨,扎实推动共同富裕。全面推进乡村振兴,是确保中国亿万农民能够紧跟全面建设社会主义现代化国家新征程的步伐,实现共同富裕的必经之路。其次,实现中华民族伟大复兴离不开乡村振兴战略的实施。"农业强、农村美、农民富"是实现中华民族伟大复兴与全面推进乡村振兴战略的共同目标。实现中华民族伟大复兴是全面推进乡村振兴的引领和带动,全面推进乡村振兴是实现中华民族伟大复兴的重要内容和标志。最后,实施乡村振兴战略是构建人类文明新形态的重要实践。在发展中处理好城乡关系一直是世界性难题。中国的乡村振兴就是要打破城乡二元结构、重塑城乡关系。换言之,要坚持以工补农、以城带乡,形成新型工农、城乡关系格局。为此,要坚持工农互补理念,将城市工业化发展与乡村振兴战略有机结合,相互促进、共同提高,为乡村如何更好地建设与发展提供了路径选择。

---

① 《乡村振兴战略规划(2018—2022年)》,(2018-09-26)[2023-02-27],http://www.gov.cn/zhengce/2018-09/26/content_5325534.htm。

(二)行动纲领

伟大变革源自新的理论指引,伟大实践推动理论创新。习近平总书记在党的二十大报告中指出,十八大以来,国内外形势新变化和实践新要求,迫切需要我们从理论和实践的结合上深入回答关系党和国家事业发展、党治国理政的一系列重大时代课题。党的十八大以来,"三农"问题的解决是全党工作的重点,习近平总书记不断推进"三农"工作理论、实践和制度等方面创新,提出了一系列新的理念、思想和方略,从而形成了新发展阶段"三农"工作行动纲领。这一行动纲领立意高远,内涵丰富,思想深刻,为全面推动乡村振兴、书写"三农"新篇章提供了科学理论指引。

新发展阶段"三农"工作行动纲领的形成有其深刻的历史和现实依据。从中国共产党的历史看,中国共产党的初心使命和执政经验告诉我们,重视"三农"问题、加快农业农村发展是当前工作的重点。从新的社会主要矛盾看,我国发展不平衡不充分的问题在农村尤为突出,因此我们党必须把解决"三农"问题摆在突出位置。新发展阶段"三农"工作行动纲领的形成,植根于习近平总书记二十多年主政河北、福建、浙江等不同地区的农村工作实践。

新发展阶段"三农"工作行动纲领具有丰富内涵。首先,需要坚定不移地优先发展农业农村,落实乡村振兴战略,在此基础上,还要健全完善城乡融合发展机制,以促进城乡要素能够双向、公平地流动。其次,还要完善农村基本经营制度,激发农民发展乡村的内生动力,与此同时,还要确保我国粮食安全,以保证我国自信、自强。再次,要走绿色发展道路,发展循环经济。最后,要坚定不移地坚持党的领导,在党的领导下,动员社会各界力量参与到乡村振兴工作中。这些丰富的内涵形成了完整的思想体系,为推进新发展阶段的乡村振兴工作提供了理论指引。

新发展阶段"三农"工作行动纲领具有鲜明的理论品格。这一行动纲领为我们深刻认识"三农"问题、把握"三农"规律、推进"三农"工作提供了思想武器,同时也是马克思主义城乡发展理论中国化的重要成果,具有系统性、科学性和创新性等鲜明的理论品格。该理论立足时代之基,深刻回答了"三农"问题的时代之问,为新时代乡村振兴指明了方向;体现了鲜明的人民性理论特质和品格,为新时代乡村振兴提供了价值方向指引;注重乡村发展的系统性、整体性和全面性,蕴含着系统论的思维方式和实践思路;有着丰富的方法论和鲜明的科学性特征,为全面推进乡村振兴提供了科学的方法指导;是我们党推进"三农"工作制度创新的最新成果,为新时代"三农"工作提供了制度保障。

新发展阶段"三农"工作行动纲领做出了重要的理论贡献。一方面,该行动纲领通过历史和现实、理论和实践相结合,深刻地揭示了"三农"问题和我们党、国家和民族内在的本质联系。另一方面,发展了马克思主义经典作家的乡村发展理论,深化了中国共产党对于"三农"问题的认识,推动了中华优秀传统农耕文明的新时代发展,还丰富发展了全球乡村发展理论与实践。其理论贡献集中在以下几点。一是发展了马克思主义经典作家的乡村发展理论,具体体现在"三个深化"上:深化了马克思恩格斯对农村基础地位的认识,深化了马克思恩格斯对城乡关系的认识,深化了马克思恩格斯对城乡发展指向的认识。二是发展了中国共产党关于乡村建设的思想,具体体现在"三个更加"上,即更加强调党对"三农"工作的全面领导、更加突出农民的主体地位,以及更加注重把握"三农"工作的基本规律。三是推动了中华优秀传统农耕文明的新时代发展,具体体现在"三个对"上:对传统社会优秀乡土文化的创新性发展;对传统乡村治理文化创造性转化、创新性发展,如习近平总书记提出的健全"三治(自治、法治、德治)"相结合的乡村治理体系,培育富有地方特色和时代精神的新乡贤文化等观点,是对传统乡村治理文化的创新性运用和发展;对传统社会优秀生态伦理文化的现代化发展。四是丰富发展了全球乡村发展理论与实践,具体体现在"三个超越"上:超越了西方的城市偏向性理论,超越了西方的农村偏向性理论,超越了西方的城乡均衡发展理论。

新发展阶段"三农"工作行动纲领蕴含丰富的时代价值。一是指导在巩固拓展脱贫攻坚成果的基础上推进乡村振兴。其重点体现在指导坚决守住不发生规模性返贫的底线、促进脱贫基础更加稳固和脱贫成效持续发展、巩固拓展脱贫攻坚成果同乡村振兴有效衔接三个方面。二是指导全面推动乡村振兴取得实效。其具体体现在为乡村振兴提供了正确的理论指导、为乡村振兴提供了科学的方法遵循、指明了推进乡村全面振兴的要求和方向三个方面。三是引领进一步扎实推动共同富裕。其主要体现在为共同富裕奠定了思想基础、乡村振兴加快农村生产力发展为共同富裕奠定了物质基础、乡村振兴通过缩小城乡差距为共同富裕提供了必要条件三个方面。四是为世界乡村发展贡献中国智慧和中国方案。通过实践探索出适合中国国情的乡村振兴新模式,"实施乡村振兴战略也是为全球解决乡村问题贡献中国智慧和中国方案"[①]。其具体体现在:可以为世界正确处理城乡关系提供思路,为世界推进农业农村现代化提供借鉴,为全世界实现共同富裕提供方案选择。

新时代十年农业农村取得的历史性成就、发生的历史性变革表明,真理力量和实践力量通过新发展阶段"三农"工作的行动纲领在指导实践中彰显。该纲领作为习近平新时代中国特色社会主义思想的重要组成部分,源自实践,指导实践,将在全面建设社会主义现代化国家新征程中引领乡村振兴全面推进的实践探索,持续推动中国乡村振兴理论创新的丰富和发展。

---

① 中共中央党史和文献研究院编:《习近平关于"三农"工作论述摘编》,北京:中央文献出版社,2019年,第13页。

(三)顶层设计

落实乡村振兴战略的顶层设计。习近平总书记2018年9月在主持十九届中共中央政治局第八次集体学习时指出:"我在党的十九大报告中对乡村振兴战略进行了概括,提出要坚持农业农村优先发展,按照产业兴旺、生态宜居、乡风文明、治理有效、生活富裕的总要求,建立健全城乡融合发展体制机制和政策体系,加快推进农业农村现代化。其中,农业农村现代化是实施乡村振兴战略的总目标,坚持农业农村优先发展是总方针,产业兴旺、生态宜居、乡风文明、治理有效、生活富裕是总要求,建立健全城乡融合发展体制机制和政策体系是制度保障。"实际上,这为乡村振兴战略实施的顶层设计提供了总遵循。2018年以来,党中央、国务院先后印发了五个以乡村振兴为主题的中央一号文件、《乡村振兴战略规划(2018—2022年)》《中国共产党农村工作条例》等乡村振兴相关政策文件。2021年,在党中央部署下,基本完成了全国扶贫工作机构重组为乡村振兴部门的工作。同年6月1日,《中华人民共和国乡村振兴促进法》生效。上述法规及政策文件,连同《中共中央 国务院关于实现巩固拓展脱贫攻坚成果同乡村振兴有效衔接的意见》,以及各部门相关配套政策,共同构成实施乡村振兴战略的"四梁八柱"。至此,乡村振兴顶层设计完成,同时,乡村振兴战略实施进入了新阶段,由脱贫攻坚到乡村振兴的历史性转移全面启动。

实施乡村振兴战略的总方针是坚持农业农村优先发展。"重农固本是安民之基、治国之要。"一方面,在全面建设社会主义现代化国家的进程中,若不能实现农业农村的现代化,国家的现代化从何谈起?农村有着重要的后备资源和最大的发展潜力,无论是在全面建成小康社会,还是逐步实现共同富裕的过程中,农村都是发展中最为薄弱的地方,因而农村建设是重中之重。另一方面,在国家战略资源优化配置过程中,要实现全国城乡一体化的均衡、充分发展,就需要坚持农业农村优先发展,充分激活农村各要素,从而促进农业、农村、农民全面升级进步,进而推动乡村振兴,实现乡村与城市发展步伐一致。

实施乡村振兴战略的总目标是农业农村现代化。习近平总书记指出,新时代"三农"工作必须围绕农业农村现代化这个总目标来推进。长期以来,为了保障粮食安全,我国着力推进农业现代化,并取得了不错的成绩。在我国城乡二元结构历史背景影响下,农村的基础设施、公共服务、社会治理等方面还有比较大的发展空间。农村现代化是"物""人""乡村治理体系""乡村治理能力"的现代化。农业农村现代化是整个国家现代化不可缺少的部分,因此,要举全党全社会之力推动乡村振兴,促进农业高质高效、乡村宜居宜业、农民富裕富足。①进一步地,坚持农业现代化和农村现代化一体设计、一并推进,实现农业大

---

① 《习近平在中央农村工作会议上强调坚持把解决好"三农"问题作为全党工作重中之重促进农业高质高效乡村宜居宜业农民富裕富足》,《人民日报》2020年12月30日第1版。

国向农业强国跨越。[1]以上重要论述明确了推进农业农村现代化的思路和着力点,农业现代化要以农业高质高效发展为主导,农村现代化要以乡村宜居宜业建设为中心,农民现代化以农民富裕富足为目标。

以农业高质高效发展推进农业现代化。农业现代化具有综合性、世界性、历史性、时空性等基本特征。从农业现代化的历史进程、内涵发展、全球实践看,农业现代化内涵具有科学技术化、劳动者技能化、政府支持制度化、农业发展绿色化等八方面的鲜明特点。从全国看,我国农业发展基础差、底子薄、发展滞后的问题还未根本改变:农业设施装备离先进国家仍有差距,在机播和经济作物耕作的机械化方面还有较大提升空间,农业科技支撑力度仍显不足,农业经营管理面临诸多挑战等。以农业高质高效发展加快推进农业现代化,需要切实保障粮食等重要农产品安全、深化农业结构性改革、畅通城乡要素双向流动和推进农业高水平对外开放。

以乡村宜居宜业建设为中心推进农村现代化。中国超大的人口规模决定即便城镇化率达到70%也仍将有四亿多人口在农村,这是中国现代化的客观现实。没有农业农村现代化,中国式现代化不可能取得成功,这就决定中国式现代化必须既要推进工业化、信息化,也要同步推进农业农村现代化,努力构建新型工农城乡关系,让更多数的农民平等参与现代化进程、共同分享现代化成果。从理论研究和国内外实践看,农村现代化的基本要素包括生活基础设施、基本公共服务、物质生活、生态环境、治理体系五个方面的现代化。从各地实践看,农村现代化目标具体可以分解为设施齐全、服务便利、环境优美、文化繁荣、治理有效等"五大特征"。现阶段农村现代化建设仍面临许多挑战,主要有以下几个方面。从设施齐全看,当前农村基础设施水平与农民美好生活需要还不匹配,不仅要在数量上实现水、电、路、气等重要基础设施全覆盖,而且还要在质量上提升基础设施等级。从服务便利看,教育、医疗、养老等公共服务在满足基本和兜底需求后,需要提升品质以适应农民美好生活需要,部分农村公共服务的便利性、可及性还有比较大差距,品质化程度提高空间还比较大。从环境优美看,现代化农村是生产、生活、生态"三生"功能有机体,既是保障自然系统安全的生态空间,又拥有美丽宜居的人居环境和绿色循环的农村生产生活方式。当前,不少乡村还不同程度地存在"垃圾围村、污水横流"现象,村容村貌提升仍有较大空间。从文化繁荣看,传承和弘扬好乡土文化还存在不少短板弱项,体现在居住形态单一、生活习惯过度城市化、文化传统的乡土特色淡化等。从治理有效看,在不同区域,发展很不平衡,尤其是在深化村民自治实践、乡村法治建设等方面还需要加强。

以农民富裕富足为目标推进农民现代化。实现农民现代化是"以人为本"发展理念的具体体现,是实现乡村振兴核心目标的重点,是中国特色社会主义现代化的重要内容。实

---

[1] 习近平:《把乡村振兴战略作为新时代"三农"工作总抓手》,《求是》2019年第11期。

现农民现代化的丰富内涵至少包括：走向共同富裕是中国特色农民现代化的首要任务，提升现代生活质量是中国特色农民现代化的重要内容，实现人的全面发展是中国特色农民现代化的应有之义。按照农民的现代化是指传统农民转化为现代农民的理解，农民现代化至少包括三个方面：文化素质较高，现代观念较强，生活方式健康。推进农民现代化的主要挑战："大国小农"是我国的基本国情农情，农民现代化的多样性，农民现代化的过程，是改变农民、提高农民、减少农民的过程。加快推进农民现代化需要采取综合性对策，如着力提升农民思想政治素质、科学文化素质、农民创业创新素质和农民文明文化素质，着力提升农民受教育程度，着力提升农民身心健康素质，着力提升农民经营管理素质，着力提升农民法治素质，着力提升农民生活水平。

  乡村振兴战略的总要求。产业兴旺，意味着乡村发展必须有足够的产业支撑。产业发展要立足于构建现代农业产业体系、生产体系和经营体系，走一二三产业融合发展的特色道路。生态宜居是农村环境优势的体现，主要关系农村生态和人居环境质量的不断提高。生态宜居不仅强调人与自然和谐共生，更是对乡村振兴战略中"绿水青山就是金山银山"理念的践行。同时，在乡村振兴过程中进一步提高农村生态环境效益，可以增强农民的获得感。乡风文明是乡村振兴进程中建设乡村精神文明的要求，也是乡村振兴的紧迫任务。要结合各地实际，抓好乡村文明建设，保护和传承优秀乡土文化，大力弘扬社会主义核心价值观，不断提高农民科学文化素养，着力建设精神文明。要增强农村发展软实力，下大力气改变农村的不良风俗习惯，破除陈规陋习，倡导和树立现代文明新风，用现代文明的雨露滋润美丽乡村。治理有效是建设基层组织的要求，体现了农村治理目标的新定位，强调治理体系的改革、完善和治理能力的提升，注重管理效率和基层农民的积极参与。它是农村治理体系和治理能力现代化的具体体现。在党组织好、党组织领导强的农村，不仅治理得力，地方特色经济发展迅速，乡村振兴的经济基础也比较坚实。因此，农村基层党组织建设好不好，是"治理是否有效"的关键。生活富裕是农民生活水平不断提高的新标准，也是实施乡村振兴战略的主要目标。此前，很多地方实现小康生活最大的困难是缺乏产业支撑，因此当前要持续抓好产业发展，从而有效巩固拓展脱贫攻坚成果，接续推进乡村振兴。2020年中央一号文件提出发展产业富民，更符合实施乡村振兴战略的实际需要。

  乡村"五大（产业、人才、文化、生态、组织）"振兴。产业振兴，转变农业生产、组织、经营等方式，加快构建现代农业产业体系、生产体系和经营体制，推动农业由传统增产导向向保质保量新导向转变。提高产量和质量，优化土地管理，实施农村土地制度改革，不断增强农业科技创新能力和核心竞争力，适应高质量发展时代需求，培育新的经济增长点，发展更高质量的农业。农产品能够促进农村经济社会发展，提高农村创富能力，拓展农民增收新空间。人才振兴,主要是把人力资本开发摆在首位,关键是要改善乡村人才成长环境,想方设法留住乡村优秀人才,畅通各类人才进驻渠道。支持大学毕业生、退役军人下乡返乡发展各项事业。要激励(返乡)农村干部创业显志,组织更多的城市科技人员前往农村支农。培养人才,要培养更多懂农、爱农、扎根农村的人才,加快将更多科技成果实际落地,惠及"三农"。以人才汇聚智慧推动乡村振兴,提升农业农村发展内生能力,为乡村振兴注入新动能。文化振兴,是乡村振兴的铸魂工程,要坚持物质文明和精神文明并举,深入、系统、全面地挖掘农村内涵丰富的优秀传统文化精髓。结合新时代乡村发展需要,在保护和传承的基础上对乡村文化进行创造性改造和创新性发展,充分利用身边的人和具有积极教育意义的事物,培育新的乡村风俗文明模式,营造充满活力、具有乡土特色的乡村文化,打造乡村文明新亮点,更好地满足农民精神文化生活新需求,繁荣乡村文化。生态振兴,主要是坚持生态优先、绿色发展,让生态活力成为乡村振兴的支撑点。通过环境系统整治,优化产业结构,积极推进农业农村绿色发展,引导农民绿色消费,加快农村环境综合治理,严控化肥农药使用,扩大传统优势。发挥农村优美的自然环境优势,让美丽生态、幸福家园、诗意山水、蓝天白云成为乡村振兴的新图景,使所有农民都能安居乐业。组织振兴,主要是发挥基层党组织建设的制度优势,以优秀基层党支部为依托,不断加强农村基层党组织建设,着力培育先进基层党组织。加强农村基层党组织领导班子建设,在农村基层党组织的领导下积极发展农村集体经济和新型农民合作经济组织,提高农村基层党组织对乡村振兴的统筹领导能力。依法完善村民自治制度,健全乡村治理体系,提高乡村治理水平,使乡村社会充满发展活力,为广大农民安居乐业提供组织保障。安居乐业,为农村社会的安定秩序提供保障。

乡村振兴战略的基本原则。一是坚持和加强党对乡村振兴的全面领导;二是坚持农业农村优先发展;三是坚持农民主体地位;四是坚持乡村全面振兴;五是深化农村改革;六是坚持城乡融合发展;七是坚持人与自然和谐共生;八是坚持因地制宜、循序渐进。

二、乡村振兴推进路径

(一)防止返贫

防止返贫是中国共产党执政能力的生动体现,充分认识和理解防止返贫、乡村振兴内在逻辑,是巩固拓展脱贫攻坚成果的思想基础。在从脱贫攻坚到乡村振兴历史性转移这一关键节点,防止返贫是关键。脱贫攻坚解决农村贫困问题,乡村振兴需要缩小城乡差距。因而,衔接脱贫攻坚与乡村振兴两个阶段的关键是防止返贫。防止返贫、有效衔接乡村振兴、全面推进乡村振兴这三者是有机联系的整体。从理论维度看，巩固拓展脱贫攻坚成果的目标是防止返贫，巩固拓展的发展方向是有效衔接乡村振兴，有效衔接的目标必然是全面推进乡村振兴，防止返贫、有效衔接、乡村振兴是一个不断演进的动态过程。乡村振兴战略是一项系统工程，全面乡村振兴需要以巩固拓展脱贫成果、防止返贫为首要任务和基础前提，全面推进乡村振兴必然要求乡村发展、乡村建设、乡村治理三位一体统筹推进。乡村振兴实则是乡村产业、人才、文化、生态、组织等五大振兴和城乡融合发展。这决定了实施乡村振兴战略是一项复杂的系统工程，具有整体性、全面性、系统性、协同性等特点。防止返贫、全面推进乡村振兴的意义和价值就是为确保实现全体人民共同富裕奠定基础。巩固拓展脱贫攻坚成果、防止返贫，必然和乡村振兴相联系，乡村振兴也必然以防止返贫为前提，以共同富裕为目标指引和落脚点，这就是防止返贫、乡村振兴、共同富裕三者间的内在逻辑关联。防止返贫与乡村振兴蕴含着丰富的理论关系，既体现在和马克思主义中国化的关系，还体现在与社会主义现代化国家建设的关系。此外，防止返贫、实施乡村振兴战略，是实现高质量发展、促进共同富裕的战略选择和必然路径。

乡村振兴战略的底线任务是巩固拓展脱贫攻坚成果、坚决守住不发生规模性返贫底线。习近平总书记强调"要切实做好巩固拓展脱贫攻坚成果同乡村振兴有效衔接各项工作，让脱贫基础更加稳固、成效更可持续"[①]。汇集各资源要素，支持脱贫攻坚向全面推进乡村振兴平稳过渡。一方面，对较易返贫致贫的人口，要加强监测管理。率先做到早发现、早干预、早帮扶。另一方面，要基于脱贫地区的资源禀赋，助力其产业可持续发展，促进内生动力的可持续发展。此外，对易地扶贫搬迁的人群，要做好后续的帮助、扶持工作，如拓宽其就业渠道、强化社会管理，推动他们积极融入社会。同时，对脱贫县要"扶上马送一程"，即在巩固脱贫成果的同时，做好促发展的工作，持续保持主要的帮扶政策总体稳定。总的来说，要始终坚持和完善驻村第一书记、对口支援和社会帮扶等相关政策制度，并要紧跟发展现状不断进行完善。划分巩固拓展脱贫攻坚成果责任，坚决杜绝规模性返贫的发生。

保持主要帮扶政策总体稳定。帮扶政策总体稳定是守住脱贫成果的关键。具体地，则表现为落实"四不摘"要求，也就是在过渡期内严格落实"四个不摘"要求。一是摘帽不摘责任，防止相关助力乡村发展人员懈怠自满；二是摘帽不摘政策，防止因政策的转变而把控不了方向；三是摘帽不摘帮扶，避免相关助力乡村发展帮扶产业、人员在乡村发展还未完全进入正轨就撤离；四是摘帽不摘监管，表明需要监管部门实时监管乡村发展动态，避免脱贫地区返贫。综上所述，现有帮扶政策该因时制宜、因地制宜地调整，确保政策连续性。同时，兜底救助类相关政策要继续保持稳定。此外，还要做好民生普惠政策，包括

---

① 习近平：《在全国脱贫攻坚总结表彰大会上的讲话》，《共产党员》2021年第6期。

教育、医疗、住房、饮水等，可根据脱贫人口实际困难做出适度调整。还有就是，优化产业就业等发展类政策。①

持续增加脱贫群众收入和壮大集体经济是防止返贫的根本路径。要彻底改变脱贫地区落后现状，要从根本上找到发展出路，就需要挖掘脱贫地区的资源禀赋、传统文化、优势资源等，因地制宜发展产业。然而，产业的发展仅依靠当地农民和政府是难以发展壮大的，因此要聚集社会资源，共同助力产业规模发展，打造特色优势、高质量产业。通过高质量产业带动脱贫人口就业，促进其持续增收。与此同时，要充分发挥党组织的功能，在健全乡村治理体系的同时，要为乡村产业发展提供服务，发展新型农村集体经济组织，壮大集体经济。可见，促进产业可持续发展能够解决各方面问题。一是拓宽农民收入渠道。农民可以在产业中找到适合自己经营的项目，从而更好地带动农民增收。并且，产业高质量发展将会提供新的就业机会和增收渠道，有助于农村劳动力更为充分地得到利用。实现从有到优、从优到强的转变，仍需要付出持续的努力。特别是要通过"延链、补链"的方法，提升农业生产的附加值，产出更多高质量的农产品、农文化、农生态。二是完善利益联结机制，充分发挥产业带农富农作用。就业是民生之本。促进就业、不断提升就业能力和就业质量，是贯穿扶贫和巩固脱贫成果的一项重要工作。在巩固拓展脱贫攻坚成果过程中，要注重就近就地就业岗位的开发，将促进就业与县域发展统筹考虑，通过县域发展创造更多的就业岗位，同时通过职业技能培训提升低收入群体的就业能力，为县域发展提供人力资本支持。三是持续壮大集体经济。目前，脱贫村集体经济依然较为脆弱，体现在：多数脱贫村村集体经济的规模还非常小，仅仅是达到了脱贫出列的最低标准；众多脱贫出列村，集体经济的实现形式可持续性较差，容易在各类风险因素影响下陷入困境，甚至中断；集体经济的实现形式还较为单一，缺乏发展集体经济的资源依托和产业依托；集体经济管理水平不高，在集体经济财务管理、收益分配、法规制度方面还存在较多问题。因此，需要发展新型农村集体经济组织，发展壮大新型村级集体经济。

构建持续提升"三保障"和安全饮水保障水平的长效机制。脱贫地区的教育、医疗、住房安全，在脱贫攻坚阶段有了明显改善，但其基础还非常薄弱，推进城乡基本公共服务均等化，不仅在巩固拓展脱贫攻坚成果阶段仍要抓实抓紧推进，在乡村振兴过程中也要持续做好。巩固教育扶贫成果，要及时了解和掌握帮扶对象政策享受情况，跟进了解其学习状态，帮助其学得会、有进步，开展有针对性的成长教育，梳理家校关系，做好各方沟通，为青少年儿童成长营造良好环境。在巩固健康扶贫成果方面，要注意对医保政策调整过程中出现"脱保"风险的问题，在避免政策享受出现"悬崖效应"的同时，注重巩固低收入群体的

---

① 《中共中央　国务院关于实现巩固拓展脱贫攻坚成果同乡村振兴有效衔接的意见》，(2020-12-16)[2023-02-27]，http://www.gov.cn/zhengce/2021-03/22/content_5594969.htm.

医保投保率,对突发重大疾病做到及时了解,对相关群体及时帮扶。在住房安全有保障方面,重点关注因灾害因素住房安全新出现困难的人群,做好危房改造和住房新建改建。此外,要解决好边远缺水地区的安全饮水问题。因此,完善动态监测与帮扶机制势在必行,精准定位监测目标群体,提升动态监测质量,完善动态帮扶体系。

(二)乡村发展

乡村发展是指在新发展理念引领下,各地因地制宜,集聚并形成新发展动能,开发利用当地各种有利的资源要素,激发乡村群众的积极性和主动性,充分发挥农民的主体性,实现乡村产业、生态环境、乡风文化、乡村治理、社会生活秩序等方面的全面发展。2022年中央一号文件《中共中央 国务院关于做好2022年全面推进乡村振兴重点工作的意见》的要求,保障乡村产业可持续发展,以促进乡村发展。因此,狭义的乡村发展内涵可以用乡村产业发展代替。

乡村振兴战略的首要任务是确保粮食安全,粮食安全也是乡村发展的基础。粮食生产问题是保证粮食产量,保证我国独立自主地解决温饱问题的基础,在我国农业发展中有着举足轻重的地位。因此,我们必须以"独立自主"作为保障粮食安全的首要原则,确保粮食等重要农产品的供给。粮食安全不仅是经济问题,还是政治问题,把粮食"命脉"牢牢掌握在自己的手中,是民族自信和国家自强的底气。值得注意的是,耕地质量是粮食高质量生产的基础,因此在保证18亿亩耕地红线不动摇的同时,还要大力建设高标准农田。此外,还需要推动农业供给侧结构性改革,激发乡村发展活力,延长粮食生产产业链,提升其农业质量效益和市场竞争力。

持续推进农村一二三产业融合发展。要推进中国城乡一体化建设,就必须推进产业融合发展。三产融合发展是国外乡村产业发展的经验借鉴,有着深刻的实践意义,我国理应因地制宜地探寻我国乡村产业融合发展的路径,从而提高农民收入,实现农村可持续发展,实现农业现代化。然而,基于各地实践发现,我国在推进农村产业融合发展中还存在诸多问题。一是片面、单一地追求乡村产业规模、数量发展,而忽视其质量发展,从而导致部分乡村产业的同质化严重,竞争力不足。二是产业融合程度较低,部分乡村产业尚未建立可持续发展的乡村产业链,缺少带动、辐射能力。三是与产业发展相关的基建设施、公共服务较为落后,阻碍了乡村产业进一步融合发展。四是为产业提供服务的社会组织较少,尚未激发社会各要素投入乡村产业发展中。《中华人民共和国乡村振兴促进法》(以下简称《乡村振兴促进法》)第二章第十二条明确表示"各级人民政府应当坚持以农民为主体,以乡村优势特色资源为依托,支持、促进农村一二三产业融合发展,推动建立现代农业产业体系、生产体系和经营体系,推进数字乡村建设,培育新产业、新业态、新模式和新型农业经营主体,促进小农户和现代农业发展有机衔接"[1]。因此,首先要立足区域特色和土壤、天气、土地等资源禀赋,发展具有特色的优势产业;其次,要培育乡村独具特色的新产业、新业态;再次,要延长乡村产业链,深度挖掘农业多功能价值;最后,要建立促进产业融合发展的利益联结机制,鼓励各主体充分参与产业融合发展。

坚持农业农村绿色发展。乡村振兴在发展乡村经济的同时,也要重视生态的可持续发展。农村最大的优势就是拥有良好的生态环境,因此,乡村发展需要在保护好农村生态环境的前提下,推进乡村振兴。一方面,实施乡村振兴战略,一个重要任务就是推行绿色发展方式和生活方式,让生态美起来、环境靓起来,再现山清水秀、天蓝地绿、村美人和的美丽画卷。[2]另一方面,农业绿色发展的目标是:到2025年,农业绿色发展全面推进,制度体系和工作机制基本健全,科技支撑和政策保障更加有力,农村生产生活方式绿色转型取得明显进展。具体体现在:资源利用水平明显提高;产地环境质量明显好转;农业生态系统明显改善;绿色产品供给明显增加;减排固碳能力明显增强。[3]总之,到2035年,农业绿色发展取得显著成效,农村生态环境根本好转,绿色生产生活方式广泛形成,农业生产与资源环境承载力基本匹配,生产生活生态相协调的农业发展格局基本建立,美丽宜人、业兴人和的社会主义新乡村基本建成。因此,要构建推进绿色发展的有效路径,首先,要保护水土资源,严守18亿亩耕地红线。其次,要推动农业投入减量增效。一是要着力完善生态环境保护制度体系,构建农业绿色发展、农业农村污染防治和多元环保投入制度体系;二是要着力落实农业绿色发展,强化秸秆地膜综合利用,重视农业资源养护,发展节水农业,加强耕地质量保护、农业生物资源保护等;三是着力推进农业清洁生产,提高资源利用效率,转变农业增长方式,实现农业生产降本增效增收。最后,采取多元举措发展生态循环农业。新时期发展生态循环农业,不仅要优化产业结构,还要推进农业清洁生产,做到用养结合,推进耕地质量保护与提升;同时,要加强农村居民的生态文明教育,举办各种生态保护宣传活动,增强农村居民生态意识。此外,还要构建并完善法律法规约束体系,建立多渠道投入机制。

(三)乡村建设

习近平总书记强调,要实施乡村建设行动,继续把公共基础设施建设的重点放在农村,在推进城乡基本公共服务均等化上持续发力,注重加强普惠性、兜底性、基础性民生建设;要接续推进农村人居环境整治提升行动,重点抓好改厕和污水、垃圾处理;要合理确定

---

[1] 全国人大常委会办公厅:《中华人民共和国乡村振兴促进法》,北京:中国民主法制出版社,2021年,第7页。
[2] 习近平:《论坚持全面深化改革》,北京:中央文献出版社,2018年,第403页。
[3] 农业农村部 国家发展改革委 科技部 自然资源部 生态环境部 国家林草局:《"十四五"全国农业绿色发展规划》,(2021-08-23)[2022-11-04],http://www.gov.cn/zhengce/zhengceku/2021-09/07/content_5635867.htm。

村庄布局分类，注重保护传统村落和乡村特色风貌，加强分类指导。①2021年，《中华人民共和国国民经济和社会发展第十四个五年规划和2035年远景目标纲要》进一步明确了"实施乡村建设行动"的规划内容，围绕"强化乡村建设的规划引领""提升乡村基础设施和公共服务水平""改善农村人居环境"等方面进行部署。②2022年的中央一号文件做出"扎实稳妥推进乡村建设"的安排。

乡村建设行动的目标任务。乡村建设的远景目标主要分为两个阶段：第一个阶段是到2025年，乡村建设取得明显成效，乡村面貌发生显著变化，充分激发乡村发展活力，乡村文明建设有序推进，农村发展安全，农民获得感、幸福感均得到了明显增强；第二个阶段是到2035年，基本实现城乡公共服务均等化，城乡融合发展逐步推进，农村生态环境从根源上得到好转，生态宜居的美丽乡村基本实现，从而实现农村人居环境、美丽乡村建设、基础设施建设、数字乡村建设皆有显著的进步。乡村建设行动的主要任务包括：一是强化乡村建设的规划引领。强化乡村建设规划引领是实施乡村建设行动的前提和基础。二是改善农村人居环境。秉承"以人为本"的发展理念，改善农村人居环境，满足农民对美好生活的需要。对此，要做到改善人居环境，首先要解决"垃圾围村""黑臭水体"等突出问题；其次要循序渐进推进农村生活污水治理；最后要支持农村"厕改"、水系综合整治、村庄清洁和绿化行动等。三是提升乡村基础设施水平。提升乡村基础设施水平是推动乡村建设行动的动力引擎。只有提升乡村基础设施水平，才能改善乡村生产、生活、生态条件，为乡村建设行动提供动力支持。四是提升乡村公共服务水平。这是乡村建设行动实施的保障。

持续强化乡村建设规划引领。强化乡村建设规划引领是实施乡村建设行动的前提和基础。乡村建设规划还存在一些问题：一是乡村规划理论与实践脱节；二是法律法规无法适应乡村振兴的要求；三是在规划实施中新问题不断出现。由此，乡村建设规划要完善县、镇、村的规划布局，特别是县域国土空间的规划，持续推动高标准农田规划和建设，优化乡村产业项目空间布局。同时，还要加快推进村庄规划，主要是合理划分县域村庄类型，统筹谋划村庄发展，充分发挥村民主体作用。

持续改善农村人居环境。习近平总书记强调，要持续开展农村人居环境整治行动，实现全国行政村环境整治全覆盖，基本解决农村的垃圾、污水、厕所问题，打造美丽乡村，为老百姓留住鸟语花香田园风光。③《乡村振兴促进法》第三十七条明确规定：各级人民政府应当建立政府、村级组织、企业、农民等各方面参与的共建共管共享机制，综合整治农村水系，因地制宜推广卫生厕所和简便易行的垃圾分类，治理农村垃圾和污水，加强乡村无障

---

① 《习近平出席中央农村工作会议并发表重要讲话》，(2020-12-29)[2022-11-04]，http://www.gov.cn/xinwen/2020-12/29/content_5574955.htm.
④ 《中华人民共和国国民经济和社会发展第十四个五年规划和2035年远景目标纲要》，北京：人民出版社，2021年。
③ 习近平：《论"三农"工作》，北京：中央文献出版社，2022年，第67页。

碍设施建设,鼓励和支持使用清洁能源、可再生能源,持续改善农村人居环境。可见,农村人居环境改善是当前工作的重点,农村人居环境整治小有成效,然而,还存在需要完善的地方,如"厕改"问题、生活污水中"两难一低"等问题突出,农村生活垃圾、厕所粪污等废弃物转运处理能力及资源化利用水平有待提升,村容村貌整治成效有待进一步稳固。根据《农村人居环境整治提升五年行动方案(2021—2025年)》的部署,改善农村人居环境的重点任务和主要举措包括:第一,扎实推进农村厕所革命,就是要逐步普及农村卫生厕所,切实提高改厕质量,加强厕所粪污无害化处理与资源化利用;第二,加快推进农村生活污水治理,就是要分区分类推进治理,加强农村黑臭水体治理;第三,全面提升农村生活垃圾治理水平,包括健全生活垃圾收运处置体系和推进农村生活垃圾分类减量与利用;第四,推动村容村貌整体提升,就是要改善村庄公共环境,推进乡村绿化美化,加强乡村风貌引导;第五,建立健全长效管护机制,包括持续开展村庄清洁行动,健全农村人居环境长效管护机制。

持续完善乡村基础设施。"要致富先修路",乡村基础设施的完善是乡村振兴战略的重点工作,是提升生产力、增加农民收入、改善农民生活的前提条件。《乡村振兴促进法》第五十二条明确要求,县级以上地方人民政府应当统筹规划、建设、管护城乡道路以及垃圾污水处理、供水供电供气、物流、客运、信息通信、广播电视、消防、防灾减灾等公共基础设施和新型基础设施,推动城乡基础设施互联互通,保障乡村发展能源需求,保障农村饮用水安全,满足农民生产生活需要。提升乡村基础设施水平是推动乡村建设行动的动力引擎。近年来,乡村基础设施建设取得了不错的成绩,但是仍存在一些问题,主要包括乡村道路质量差、管护工作不到位,农村供水、供电等基础设施供给质量不高等问题,基础设施带给农民的幸福感有待加强。进一步完善乡村基础设施,要围绕促进城乡基础设施互联互通的目标,坚持共享发展理念,加快补齐农村基础设施短板,持续提升乡村宜居水平。尤其是重点完善农村交通运输、饮水、清洁能源、物流、宽带网络等基础设施,统筹推进乡村管理服务数字化,推动城乡客运、供水、能源、环卫、物流等一体化发展。

持续加强乡村文化建设。习近平总书记强调,乡风文明是乡村振兴的紧迫任务。[①]乡村振兴不仅是要振兴产业、人才、生态、组织等,还要振兴乡村文化。乡村文化能够凝聚农民团结一致。乡村文化建设,就是在弘扬社会主义核心价值观的基础上,更要注重保护和传承乡村优秀传统文化。同时,还要加强乡村公共文化建设,以"取其精华、去其糟粕"的方式对待乡村传统文化,开展移风易俗,提高乡村社会文明程度。要紧紧围绕实现乡风文明、文化繁荣,大力加强乡村社会主义精神文明建设,大力弘扬和发展革命文化、社会主义先进文化,大力弘扬乡村优秀传统文化,大力发展乡村公共文化,大力丰富农民群众文化

---

① 习近平:《论"三农"工作》,北京:中央文献出版社,2022年,第278页。

生活,大力培育乡村优良风尚,大力提高农民思想道德素质,以唤醒乡村社会的内在活力,推动乡村文化繁荣发展。近几年,各地着力推进乡村文化建设,取得了不错的成绩,如密集出台乡村文化振兴的政策文件、推进公共文化服务体系的建设、加强优秀传统文化的传承等。然而,乡村文化建设还存在一些问题,主要是:乡村公共服务供给数量还有待增加;乡村文化形式相对单一,符合村民文化消费需求的文艺产品相对匮乏;乡村公共文化设施管理有待规范。采取综合性举措,提升乡村公共文化服务水平需要从以下几个方面着手。一是要健全公共文化服务体系,即推动乡村综合性公共文化设施和场所全覆盖、加强文体广场建设、改革创新乡村文化设施运行机制。二是要增加乡村公共文化产品和服务供给,即提高公共文化产品质量、丰富服务供给、繁荣农村题材文艺创作、创新服务方式和手段。三是要支持广泛开展群众文化活动,主要是开展送文化下乡、组织引导群众文体活动。四是要建好管好用好农村网络文化阵地,就是推进乡村公共文化网络载体建设,加强乡村网络文化引导。此外,乡村建设还需要传承农耕文明,守住农耕文明之魂。因此,要重塑乡村文化,发展传统乡村文化产业,为此,要大力保护利用乡村优秀传统文化,重塑乡村文化生态,发展乡村特色文化产业,重塑适应时代发展需要的乡贤文化。

(四)乡村治理

乡村治理意义重大。乡村"治理有效"是党长期执政和国家长治久安的基础。"乡村治理"是全面推进乡村振兴的重要内容和前提条件。乡村治理,就是要通过建立并完善乡村社会治理体系,构建充满活力、协调有序的乡村。加强和创新乡村治理,就是要建立健全现代乡村社会治理体制和乡村社会治理体系,建设充满活力、和谐有序的善治乡村。实践证明,治理有效是乡村社会稳定的有力保障,是乡村全面发展的内在支撑,是农民全面发展的必要条件。根据党中央部署,"到2035年,乡村公共服务、公共管理、公共安全保障水平显著提高,党组织领导的自治、法治、德治相结合的乡村治理体系更加完善,乡村社会治理有效、充满活力、和谐有序,乡村治理体系和治理能力基本实现现代化"。2018—2022年五年的中央一号文件,均对当年乡村治理的重点任务做出了针对性部署。

完善现代乡村社会治理体制。完善现代乡村社会治理体制是乡村治理的重要任务。围绕党委领导、政府负责、民主协商、社会协同、公众参与、法治保障、科技支撑这七方面完善现代乡村社会治理体制。具体地,一是要健全乡村治理党的领导体制,就是要充实农村基层党支部,发挥其在乡村治理中的先锋模范作用;二是建构乡村治理的村级组织体系,包括规范村级组织工作事务,加大基层小微权力腐败惩治力度;三是完善党建引领的社会参与制度;四是推进现代乡村社会治理体制的实践创新,包括创新乡村党建引领模式,加强乡村治理平台建设,推动乡村治理方式创新。

健全"三治结合"的乡村治理体系。首先,要让村民参与到治理中,增强乡村发展活力。多举行村民参与管理村内事务的活动与会议,让村民充分参与到村民会议、村民理事会、村民监事会当中。在方式方法上,丰富村民议事协商形式。其次,要推进法治乡村建设,强化乡村法治保障。在村民自治的基础上,还可以通过法治指引乡村治理实践。最后,要增强德治引领作用,提升乡风文明水平。健全"三治结合"乡村治理体系需要持续推进实践创新,要坚持"三治结合"的农民主体性,创新"三治结合"的有效载体,完善"三治结合"的运行机制。

提升乡镇、村为农服务能力。首先,要增强乡镇、村在乡村治理中的作用,尤其是需要增强乡镇、村的统筹协调能力,充分发挥其作用,更好地为农服务。其次,要建立农村服务中心,提升公共服务(教育、医疗、保险、劳动就业等)水平,加强基础设施建设。最后,要建立乡村经济中心,提供产业发展需要的产供销一系列的服务,以及养老幼托、康养等生活性服务等。在实际工作中,要重视加强县、乡、村三级联动,完善基层管理体制;运用清单制等创新治理方式;探索治理数字化,实现技术赋能。

(五)城乡融合

乡村振兴要走城乡融合发展之路。习近平总书记指出,"在现代化进程中,如何处理好工农关系、城乡关系,在一定程度上决定着现代化的成败"[①];"城镇化是城乡协调发展的过程,不能以农业萎缩、乡村凋敝为代价"[②]。在推进乡村振兴中,不应孤立地就乡村发展乡村,应当要对城镇和乡村发展进行整体统筹规划,注重乡村振兴战略和新型城镇化战略的协同推进。乡村落后,城镇化就会缺乏基础。城镇化战略的实施为乡村振兴战略的实施奠定了现实基础,提供了良好的制度保障。城镇化并不是单独的战略,城镇化建设不能单一作战,而是要建立城乡融合发展机制,打破城乡二元结构,促进人才、技术和资金等双向流动。城乡融合是系统工程,必须以系统思维谋划顶层设计,通盘考虑城乡发展规划编制,打破城乡二元结构,构建城乡要素双向流动的通道,包括建立健全城乡一体的管理制度、财政支出体制等。通过逐步优化乡村产业、基础设施等,促进现代农村建设,从而逐渐消弭城乡之间的差距,推进城乡均衡发展、协调发展。

把县域作为城乡融合发展的重要切入点。县城是城市与乡村融合发展的关键桥梁,是发展的纽带,有着巨大的发展潜力。对农民来说,县城离村庄的距离较近,相较于城市而言,县城更能吸引农民安居。同时,县城公共设施的共建共享有助于农村约5亿常住人口公共服务的完善。对经济发展而言,约1.6亿农民在县城工作,其发展有助于乡村发展。

---

① 中共中央党史和文献研究院编:《习近平关于"三农"工作论述摘编》,北京:中央文献出版社,2019年,第42页。
② 习近平:《论坚持全面深化改革》,北京:中央文献出版社,2018年,第395页。

随后,在县域发展乡村产业,通过辐射效应,带动乡村发展。2021年中央一号文件明确提出,"加快县域内城乡融合发展"。首先,要推进"以人为本"的新型城镇化建设,促进大城市和小城镇协调发展。其次,要把县域作为城乡融合发展的关键点,以县域为切入点,打破城乡二元结构,构建城乡要素双向流动通道。一方面,在县域建设为农服务的区域中心,包括医疗、基础设施、教育等服务;另一方面,在县域发展支柱产业,壮大县域经济。最后,要完善医疗卫生、教育、保险等公共服务,让其能够充分地为农村服务。此外,对在县城工作的农民,可以提供适当的就业补贴和住房补贴等,鼓励其在县城安居。

促进城乡要素流动公平化。目前,城市的资金、人才、技术等要素向乡村流动还存在较多问题,如资金投入机制尚未建立、人才激励机制不完善、技术支持未全覆盖等。实施乡村振兴战略,城乡融合发展是必经之路,其中城乡要素流动公平化尤为重要。具体体现为,要素流动能够打破城乡壁垒,挖掘乡村功能,激发农业农村发展动力。《中共中央 国务院关于建立健全城乡融合发展体制机制和政策体系的意见》明确提出九种建立健全有利于城乡要素合理配置的体制机制,"健全农业转移人口市民化机制,建立城市人才入乡激励机制,改革完善农村承包地制度,稳慎改革农村宅基地制度,建立集体经营性建设用地入市制度,健全财政投入保障机制,完善乡村金融服务体系,建立工商资本入乡促进机制,建立科技成果入乡转化机制"。健全以上机制有利于打破城乡二元结构壁垒,从而促进更多的要素流向乡村。具体地,一是要统筹城乡人力资源市场,健全农业转移人口市民化机制,支持更多的农民跨城乡、地区合理流动,帮助乡村创新创业。二是要健全投入保障机制,处理好政府、市场、农民三者之间的关系,加大政府财政投入,鼓励社会资本投入。鼓励多元社会资本到乡,考察乡村可发展项目,与当地农民构建利益捆绑机制,形成共赢局面。三是要城乡产业协同发展。注重城乡区域循环,促进城乡间的产业协同发展,形成优势互补、高质量发展的区域经济布局,从而实现城乡要素流动公平。注重布局优化,注重农产品区域公用品牌建设,注重联农带农、优势互补,充分利用信息化、数字化、云计算等技术服务于农村产业,通过技术赋能有效带动乡村振兴。

推动城乡公共服务均等化。首先,要重视农村教育,构建城市带动乡村的教育机制,让农村小孩能享受到公平、高质量的九年义务教育。其次,要提升农村医疗服务,农村老龄化现象日益严重,亟须构建基础的医疗服务中心,以保证农民能够及时就医。最后,要健全农村社会保障体系,完善城乡居民基本医疗保险制度、大病保险制度、基本养老制度、最低生活保障制度等,这些都关乎每一个农民的生活。以"幼有所育,老有所养"为指引,不断健全关乎农民切身利益的保障工作,以此增强农民生活的获得感、幸福感。此外,要健全乡村公共文化服务体系,始终把发展公共文化服务摆在重要位置。

三、乡村振兴战略实施保障

(一)要素保障

资金要素保障。"经济基础决定上层建筑",乡村振兴战略的落实离不开资金的保障。因此,要拓宽资金渠道,创新投融资机制,形成财政优先保障、社会各主体积极参与的多元投入格局,保证投入力度增强,构建资金投入稳定增长的长效机制。从资金投入现状看,一方面,财政投入是乡村振兴资金要素来源的主渠道,目前主要有中央财政衔接推进乡村振兴补助资金、中央预算内投资、土地出让收入、城乡建设用地增减挂钩收益返还农村资金、乡村建设政府债券、乡村建设财政贴息或担保贷款六类财政资金,为乡村振兴资金要素投入打好坚实基础。另一方面,金融机构加快改革力度,健全乡村金融服务体系,为全面推进乡村振兴战略的实施提供重要支撑。近年来,我国金融机构大力推动农村金融制度改革创新,从金融组织体系、基础设施和政策扶持三方面助力改善我国农村金融环境。同时,用金融科学技术开发低成本、便捷的农村金融产品。此外,各地主要从两个方面积极推动引导工商资本入乡支持乡村振兴的探索:一是营造法治化、便利化的基层营商环境,强化政策支持引导,培育一批城乡融合典型项目,激发工商资本入乡积极性;二是完善工商资本与农民的利益联结机制,让农民能够共享收益,促进农民收入增长。从存在问题看,乡村振兴资金要素保障存在的突出问题主要是:财政资金支持仍需加强,面对乡村建设的巨量资金需求,迫切需要加大改革力度,持续拓宽乡村建设资金来源,为乡村建设投融资创造更多支撑条件;金融服务供给仍显不足;工商资本入乡风险防控机制尚未有效建立。进一步加强资金要素保障,不仅需要充分发挥中央预算内投资和基金的作用,为地方乡村建设与发展注入源头活水,还需要不断推动金融服务创新,大范围、深层次地为乡村振兴提供金融支持,完善农村金融政策体系和机制。

人才要素保障。党的二十大报告指出,人才是现代化建设的第一资源。乡村振兴要靠人才、资源。若乡村的人才、土地、资金等要素单向流入城市,那么,乡村将长期处于"失血状态"。"要着力抓好招才引智,促进各路人才'上山下乡'投身乡村振兴。"[1]乡村振兴战略的实施,打破人才瓶颈制约是重点。从各地乡村振兴人才要素看,以加强项目引导和制度创新为抓手,主体人才培育力度不断增强;着力提高支撑能力,做强支撑人才队伍;明确任务职责,深化管理人才培育。乡村振兴人才队伍建设目前也存在一些突出问题,主要是乡村振兴人才结构性短缺问题突出,乡村引才留才育才难度加大,乡村管理服务人才激励配套政策还不够完善等。加大乡村人才要素保障力度主要从两个方面着力。一方面,要

---

[1] 习近平:《论坚持全面深化改革》,北京:中央文献出版社,2018年,第395页。

完善乡村人才培育体系。多举措建立学历教育、技能及培训教育等多方式的教育体系,培育更多的乡村人才;与全国高等学校加强合作,定向培养乡村振兴相关人才。另一方面,拓宽人才返乡渠道。鼓励各高校毕业生、成功企业家、新乡贤等回乡创业发展;制定人才引进激励政策,为返乡人才提供住房、医疗和教育等福利保障。

技术要素保障。扎实推进乡村振兴,"要积极推进创新驱动发展战略与乡村振兴战略深度融合,发挥科技第一生产力、创新第一动力的重要作用"[①]。强化乡村振兴技术支撑,要将科技创新、乡村产业发展、乡村治理等多维结合,充分发挥科技创新在加快农业农村现代化中的支撑引领作用,推动实施乡村振兴战略的总要求落实落地,从而让农业强起来、农村美起来、农民富起来,走出一条中国特色的创新驱动乡村振兴发展道路。乡村振兴技术要素保障的短板弱项主要是农业科技创新能力有待提升,科技助力全面乡村振兴有待拓展,乡村建设过程中的技术支撑能力提升和创新力量培育有待进一步重视,乡村全面振兴、农民群众生活品质改善的要求有待加强,农业农村数字化转型也有待加强。加强乡村振兴技术保障,一是要推动高水平农业科技自立自强,增强农业技术供给;二是要加强科技创新对乡村建设的支撑力度,全面推进乡村振兴;三是要大力推动数字技术与农业农村发展融合,促进乡村高质量发展。

(二)帮扶格局

大扶贫格局成为打赢脱贫攻坚战的重要力量。长期以来,中华民族形成了守望相助、和衷共济、扶贫济困的传统美德。新中国成立70多年的实践证明,"集中力量办大事"是独具中国特色的经验。因此,在推动解决农村贫困问题进程中,全国各族人民在党中央领导下,弘扬中华民族传统美德,同舟共济、互帮互助,集中各方面资源、力量,共同实现反贫困目标。中国人民形成了反贫困的共同意志、共同行动和强大合力,在推动实现农村反贫困进程中有着重要作用。尤其是,党的十八大以来,党中央广泛动员各级党政机关、人民团体、企事业单位、社会组织、各界人士等社会主体参与到脱贫攻坚工作中,构建多力量、多举措有机结合的"三位一体"的扶贫格局,形成了全社会共同参与的多元主体社会扶贫体系,为我国脱贫攻坚战的全面胜利做出了贡献。

构建大扶贫格局的基本经验为乡村振兴战略实施帮扶格局的形成提供了借鉴。以东西部扶贫协作、定点扶贫等为代表,社会力量参与脱贫攻坚不仅推动形成了"三位一体"的扶贫格局,在广泛汇集和凝聚脱贫攻坚资源、丰富脱贫攻坚形式、探索脱贫攻坚路径、加快脱贫攻坚速度等方面也起到了至关重要的作用。同时,社会力量在构建大扶贫工作格局进程中积累了丰富的经验,即坚持"输血"与"造血"相结合,不断推动项目援建创新;坚持

---

① 王志刚:《走创新驱动乡村振兴发展道路》,《求是》2018年第15期,第34页。

投入与协作相结合,不断推动区域协同发展;坚持政府主导与社会参与相结合,不断推动构建多元化社会扶贫体系。

多项政策对构建乡村振兴战略实施帮扶格局提出了新要求。国家在相关政策文件中明确提出加强东西部协作、定点帮扶,引导社会力量参与乡村振兴等,并做出了新的部署。《中华人民共和国国民经济和社会发展第十四个五年规划和2035年远景目标纲要》中明确提出,"坚持和完善东西部协作和对口支援、中央单位定点帮扶、社会力量参与帮扶等机制"。《乡村振兴促进法》也明确要求,"鼓励、支持人民团体、社会组织、企事业单位等社会各方面参与乡村振兴促进相关活动"。2022年中央一号文件明确"推动乡村振兴取得新进展、农业农村现代化迈出新步伐",并针对坚持和加强党对"三农"工作的全面领导的工作,强调要"广泛动员社会力量参与乡村振兴,深入推进'万企兴万村'行动"。

推动新发展阶段乡村振兴战略实施帮扶格局的形成与发展。一是东西部协作促进乡村振兴。在新的结对关系下,新发展阶段东西部协作工作在内容和目标上主要包括巩固拓展脱贫成果、加强区域协作以及促进乡村振兴三个方面。二是中央单位定点帮扶乡村振兴。在结对关系上,国家要求中央单位定点帮扶结对关系保持总体稳定,两年后适时调整,并在具体工作任务上提出开展调查研究、加强工作指导、创新帮扶方式、培育乡风文明、加强基层党建、选派挂职干部等六个方面的工作内容。在新发展阶段,定点帮扶工作要求把帮扶县作为调查研究的重要基地、联系基层的重要渠道、改进作风的重要平台。同时,发挥中央部门优势,及时转移工作重心(脱贫攻坚转向巩固拓展脱贫攻坚成果、全面推进乡村振兴),督促帮扶县落实主体责任以及过渡期各项帮扶政策措施。三是民营企业和社会组织助力乡村振兴。充分动员社会各界参与乡村振兴,是推进全面乡村振兴不可缺少的工作任务。在全面推进乡村振兴战略实施的新阶段,国家也对企业和社会组织参与乡村振兴工作提出了新任务新要求,如组织开展"万企兴万村"行动等。

(三)深化改革

深化改革是全面推进乡村振兴的制胜法宝。农村改革要遵循农业农村特点,兼顾三者(国家、集体和农民)利益,充分发挥农民的主体作用,调动其积极性,彻底解放农村的社会生产力。围绕农业农村发展的深层矛盾,不断推进农村改革。不仅需要处理好农民和土地的关系,还要完善农村基本经营制度、农业支持保护制度等,有效解放农村生产力,为全面推进乡村振兴提供支撑。

深化农村土地制度改革。农村土地通常指的承包地、集体经营建设用地和宅基地,这"三块地"是国家粮食安全和重要农产品的基础保证,有着极为重要的地位。立足国家发展历史阶段,在坚持土地集体所有制的前提下,与时俱进地深化土地制度改革,充分利用好、发挥好农村土地的功能作用,保障农民的基本权益,提高土地要素配置效率,充分激活其市场价值,助力乡村振兴。然而,目前农村土地改革还不充分,仍存在很多问题。一方面,土地征收制度改革有待深入;另一方面,农村集体经营建设用地改革存在深层次矛盾,如缺乏对入市地块的管理规划制度,集体经营性建设用地入市的金融融资与社会融资渠道不畅,利益分配机制不够完善等。此外,宅基地改革进程缓慢,主要是农民宅基地权益难以充分保障、宅基地管理中问题日益突出、以宅基地作为抵押和担保品存在着制度障碍。深化农村土地制度改革要遵循客观规律,严守"三条底线",牢记习近平总书记的讲话,"不能把农村土地集体所有制改垮了,不能把耕地改少了,不能把粮食生产能力改弱了,不能把农民利益损害了"[1]。因此,要通过多样化的集体所有权、农户承包权和土地经营权,盘活农村土地资源,推进乡村振兴发展。

巩固和完善农村基本经营制度。改革开放以来,我国农村的经营实行了"以家庭承包经营为基础、统分结合的双层经营体制"。事实证明,统分结合的双层经营,既维护了农村土地集体所有制,又能够让农民自主经营土地,充分调动了农民的生产积极性,推动了我国社会主义建设。然而,农村基本经营制度改革中尚存在确权登记颁证不够彻底、"三权分置"改革存在一定障碍、农业生产社会化服务不够完善、新型农业经营主体发展质量有待提高等问题。巩固和完善农村基本经营制度,一方面要深化农村承包地管理与改革,另一方面要稳步推进"三权分置"改革,即所有权、承包权、经营权的有效实现形式。同时,还要注意土地流转合法、合规化,构建并完善土地承包信息数据平台,切实维护农民与经营主体的利益。此外,还需要健全农业专业化社会化服务体系。

完善农业支持保护制度。农业支持保护制度是保障农业农村现代化发展的基石,是深化农村改革的重要内容。目前,农业支持保护制度存在农村集体资产管理薄弱、农业投资管理存在漏洞、农村金融服务有待完善、农产品多元化国际市场有待拓展等问题。完善农业支持保护制度,一方面,要建立健全的农村集体资产管理制度,完善农村集体经济发展扶持政策,拓宽新型集体经济发展路径,健全农村集体经济收益分配制度,构建农村集体经济组织、社会各经营主体、政府有效联结的组织形式;另一方面,要完善投资管理机制,创新农村金融服务,创造良好的农产品国际贸易环境。

(四)党的领导

坚持党对农村工作的全面领导。坚持中国共产党领导是中国特色社会主义最显著的制度优势和政治优势,是实现中华民族伟大复兴、社会主义现代化的根本基础和政治特

---

[1] 习近平:《论"三农"工作》,北京:中央文献出版社,2022年,第263页。

色,也是必须坚定不移牢牢把握的基本国情。[1]"办好农村的事情,实现乡村振兴,关键在党。"[2]在推进全面乡村振兴工作中,我们必须毫不动摇地坚持党的领导,完善党领导农村工作的领导体制,确保党能有效有序地协调各方资源,总揽全局。对此,一方面,我们坚持"以人为本"的理念,始终把人民放在首位,坚持立党为公、执政为民。在全面推进乡村振兴工作中也是如此,乡村振兴旨在缩小城乡发展差距,让发展惠及全体人民,带领广大农民群众一同迈向社会主义现代化强国的宏伟目标。乡村振兴是为农民而兴,乡村建设是为农民而建,必须充分调动广大农民的积极性。[3]另一方面,要坚持完善农村基本经营制度,"要尊重农民意愿和维护农民权益,把选择权交给农民,由农民选择而不是代替农民选择,可以示范和引导,但不搞强迫命令、不刮风、不一刀切。不管怎么改,都不能把农村土地集体所有制改垮了,不能把耕地改少了,不能把粮食生产能力改弱了,不能把农民利益损害了"[4]。此外,要坚持走中国特色社会主义乡村振兴道路,该道路以高质量乡村振兴为抓手,坚持以农业农村优先发展破题农业农村农民现代化是人类国家现代化发展史上前所未有的探索和成就。[5]中国特色社会主义乡村振兴道路始终将促进城乡均衡发展、全体人民共同富裕作为发展目标,这不仅是农业现代化的目标,更是乡村振兴战略的总要求。实现农业农村农民的现代化,使乡村成为富有吸引力和生命力的精神港湾。同时,还要坚持教育引导农民听党话、感党恩、跟党走。在全面推进乡村振兴时期,要通过文化宣传活动、教育会议的方式让农民坚定不移地听党话、感党恩、跟党走,充分发挥广大人民群众的创造力,形成向心力,共同为实现中华民族伟大复兴而努力奋斗。值得注意的是,要坚持一切从实际出发,瞄准重点问题,关注重点地区和人群,狠抓工作落实,脚踏实地、积极有为、真抓实干、稳扎稳打,一步一个脚印,确保乡村振兴为农民而兴。

坚持五级书记抓乡村振兴。五级书记抓乡村振兴是五级书记抓扶贫工作经验的继承与发展。五级书记抓乡村振兴是由中央统筹、省负总责、市县乡抓落实的分工明确的层级制工作机制。完善五级书记抓乡村振兴考核机制,首先,每年需要层层上报乡村振兴战略实施情况;其次,权责明确,乡村振兴工作第一负责人是地方各级党委和政府主要负责人;再次,将实施乡村振兴战略成绩、巩固拓展脱贫攻坚成果纳入考核;最后,建立乡村振兴进度统计体系,及时考察乡村振兴进度及其存在的问题。此外,还要做到各层级政府履行职

---

[1] 黄承伟:《推进乡村振兴的理论前沿问题》,《行政管理改革》2021年第8期。
[2] 《中央农村工作会议在北京举行 习近平作重要讲话》,(2017-12-29)[2022-11-05],http://www.xinhuanet.com/politics/2017-12/29/c_1122187923.htm.
[3] 唐仁健:《百年伟业 "三农"华章——中国共产党在"三农"领域的百年成就及其历史经验》,《中共党史研究》2021年第5期。
[4] 《习近平在安徽凤阳小岗村农村改革座谈会发表重要讲话》,(2016-04-29)[2022-11-05],http://china.cnr.cn/news/20160429/t20160429_522017410.shtml.
[5] 黄承伟:《论乡村振兴与共同富裕的内在逻辑及理论议题》,《南京农业大学学报》(社会科学版)2021年第6期。

责,在党内可建立激励机制,鼓励干部勇于创新、敢作敢当。同时,要举办乡村振兴相关活动,加强文化宣传工作,营造全民参与乡村振兴的氛围。

将全面从严治党贯穿于乡村振兴各个环节。与脱贫攻坚相比,全面推进乡村振兴的难度、深度、广度与其不相上下,乡村振兴各个环节都要做到全面从严治党,这不仅是乡村振兴的根本保障,也是党的自我革命。在乡村振兴中必须坚持全面从严治党,首先,全面从严治党要向纵深发展、向基层延展;其次,坚持抓乡促村,整顿软弱涣散的村党组织;再次,强化党风廉政建设,注重基层干部思想教育;最后,督促相关部门落实政策,严治腐败问题。同时,也要发现乡村振兴中的榜样人物,对其予以表彰,树立榜样形象。

《中国共产党农村工作条例》(以下简称《条例》)是全面推进乡村振兴工作中党的行动指南。《条例》助力乡村振兴战略实施:一是对习近平总书记关于"三农"工作的重要论述做出了深入诠释;二是强化了农村工作的目标、问题导向;三是坚持农村工作继承、创新相结合。同时,《条例》还围绕农村社会主义精神文明建设、经济建设和社会建设等方面明确了党领导农村工作的主要任务。《条例》要求,在坚持农村基层党组织领导地位不动摇的同时,还要抓实党组织内部建设,整顿涣散软弱的村党组织。

全面遵循《乡村振兴促进法》。《乡村振兴促进法》是乡村振兴战略实施的法治基石和法治利器[①],为乡村振兴战略实施提供了法治保障。《乡村振兴促进法》以促进农民增收、提高农民生活水平为核心,主要保障农产品安全供给、保护生态屏障安全和弘扬中华优秀传统文化,从而实现农民的现代化。具体地,《乡村振兴促进法》从以下四个方面切实为乡村振兴提供法治保障:一是加强农村基层党组织建设;二是加强农村基层党组织对村级各类组织的领导;三是加强基层党组织带头人队伍建设;四是发挥党员在乡村振兴中的先锋模范作用。

营造好乡村振兴的良好氛围。第一,搭建社会参与平台,构建政府、市场、社会协同推进的乡村振兴参与机制。一是需要将脱贫攻坚中东西部协作扶贫、定点扶贫、企业和社会组织扶贫、扶贫志愿行动等经验运用到乡村振兴中,实现从扶贫帮扶到协同推进乡村振兴的有效转换,推动构建全民广泛参与乡村振兴的常态化发展格局。二是乡村振兴旨在补齐城乡发展短板,实现共同富裕,是一个系统和长期工程,需要统筹谋划,实现政府、市场和社会的优势互补,构建政府、市场、社会协同推进的乡村振兴长效参与及互动机制。三是乡村振兴要解决的不仅仅是农业现代化的问题,还包括农民和农村的现代化。在乡村振兴中要发挥工会、共青团、妇联、科协、残联等群团组织的优势和力量,发挥各民主党派、工商联、无党派人士等的积极作用,形成推进乡村振兴的强大合力。

第二,大力宣传乡村振兴相关政策和生动实践。组织多样化的宣传和培训活动,增进

---

① 唐仁健:《乡村振兴 法治先行——乡村振兴促进法6月1日实施》,《农民科技培训》2021年第7期。

人民群众、党员干部等对乡村振兴的了解，意识到乡村振兴的必要性。同时，按《乡村振兴战略规划（2018—2022年）》划分的区域，依次有序推进农业农村现代化，并总结其经验。此外，还要营造全民参与乡村振兴的社会氛围，如举办乡村振兴知识竞答、乡村振兴文化宣传等活动，打破城乡交流瓶颈，推动城乡资本、人才、土地等要素的均衡流动。

第三，建立乡村振兴专家决策咨询制度。一是专家学者对国际理论和实践经验的总结有助于我国乡村振兴的高质量推进。二是组织新型智库将引领示范区的实践经验，总结提炼为一般规律，为乡村振兴实践提供借鉴，为各地各部门不断深入推进乡村振兴的实践创新提供参考。三是组织新型智库对乡村振兴理论和实践经验进行提炼。这有助于推动马克思主义中国化的发展，彰显中国特色社会主义的先进性和时代性。

第四，促进乡村振兴领域的国际交流合作。以乡村振兴战略为主题，将中国乡村振兴经验提炼到理论高度，与国际社会形成对话，形成中国话语，增强国际交流合作，不仅是推动社会主义事业发展的重要内容，更是在世界处于百年未有之大变局之际，化挑战为机遇，增强中国国际影响力的有力抓手。

Outine of theoretical and practical issues of rural revitalization in China

Huang Chengwei

(China Poverty Alleviation Development Center of the National Rural Revitalization Administration, Beijing, 100026)

Abstract: In order to comprehensively understand the decision-making and deployment of "comprehensively promoting rural revitalization", this article has selected the twelve basic issues faced by the current theoretical research and practice of rural revitalization to be systematically explained. Among these twelve issues, the first category is the problem of the three theoretical understanding: the "historical orientation" of rural revitalization determines its development direction; the program of action is the fundamental guidance of promoting rural revitalization; "top-level design" clarifies the overall idea of the implementation of rural revitalization strategy. The second category is the issues of the advancement path of rural revitalization: preventing people from falling back to poverty, which is the bottom-line task of rural revitalization; rural development, rural construction, and rural governance are key points, important measures and signs to promote rural revitalization; "integrated urban and rural development" is the fundamental way to achieve rural revitalization. The third category is the issues of guarantee for implementing the strategy of revitalizing the countryside: "Factor guarantee" is an important support for rural revitalization; building a pattern of assistance aims to provide new driving force for rural revitalization; "deepening reform" is the fundamental motivation of rural revitalization; adhering to "the leadership of the CPC" is the fundamental guarantee for achieving comprehensive rural revitalization. The article, first elaborates the theoretical and practical significance of each issue, analyzes the new understanding of the theory, and the new challenges faced by practice, points out the direction of deepening the understanding of the problem, and puts forward suggestions for solving the problems at this stage. This article aims to provide the basis for understanding more comprehensively the basic theoretical issues of rural revitalization based on practice, and to provide a reference for deepening the theoretical and practical research of rural revitalization.

Key words: comprehensively promoting rural revitalization; theory and practical issues; outline

推进"脱贫攻坚"同"乡村振兴"两大战略有效衔接[①]

程国强[1]　马晓琛[2]　肖雪灵[2]

（1.中国人民大学农业与农村发展学院，北京100872；2.同济大学经济与管理学院，上海200092）

摘　要：脱贫攻坚取得胜利后转向全面推进乡村振兴，是"三农"工作重心的历史性转移，推进脱贫攻坚战略同乡村振兴战略的有效衔接，是今后一个时期的重点任务。值得高度重视的是，当前部分脱贫地区的发展基础仍然薄弱，一些脱贫群众的自我发展能力仍然不强，防止返贫的任务仍然十分艰巨，推进"脱贫攻坚"同"乡村振兴"两大战略有效衔接面临较大挑战。本文在分析研判巩固拓展脱贫攻坚成果面临的基本形势及主要挑战的基础上，提出了推进"脱贫攻坚"同"乡村振兴"两大战略有效衔接的基本思路、战略重点与关键路径，强调要构建促进脱贫地区发展的长效机制，加强综合保障和配套措施的支撑，以期在巩固拓展脱贫攻坚成果的基础上，接续推进脱贫地区发展、群众生活改善和乡村全面振兴。

关键词：脱贫攻坚战略；乡村振兴战略；有效衔接；长效机制

打赢脱贫攻坚战、全面建成小康社会后，推动脱贫攻坚战略同乡村振兴战略有效衔接，扎实推动从脱贫攻坚向全面推进乡村振兴的平稳过渡，是"十四五"期间"三农"工作，特别是脱贫地区"三农"工作的重点任务，必须加强系统谋划、顶层设计，本文拟对此做初步探讨并提出政策建议。

[①]　基金项目：本文系国家自然科学基金项目"乡村振兴战略实施中政府与市场的关系及协调研究"（71933004）的阶段性成果。
作者简介：程国强，中国人民大学农业与农村发展学院二级教授，中国人民大学"杰出学者"特聘教授，同济大学讲座教授；国务院发展研究中心学术委员会原秘书长、国际合作局原局长；国家杰出青年科学基金获得者，享受国务院政府特殊津贴专家，国家文化名家暨"四个一批"人才；兼任中央农办、农业农村部乡村振兴专家咨询委员会委员，国家粮食安全政策专家咨询委员会委员，中国农业经济学会副会长，中国粮食经济学会副会长，中国粮油学会首席专家，中国世界贸易组织研究会常务理事，中国非洲人民友好协会常务理事。马晓琛：同济大学经济与管理学院研究生。肖雪灵：同济大学经济与管理学院研究助理。

一、推进"脱贫攻坚"同"乡村振兴"两大战略有效衔接面临的挑战

推进"脱贫攻坚"同"乡村振兴"两大战略衔接，首要任务是巩固拓展脱贫攻坚成果、防止规模性返贫，这也是今后"三农"工作必须守住的底线任务。但是，当前部分脱贫地区的发展基础仍然薄弱，一些农村低收入人口的经营（就业）增收能力有待提升，返贫风险仍然较大，巩固拓展脱贫攻坚成果的任务依然十分艰巨[①]。

第一，部分农村低收入人口就业增收仍然困难，返贫风险较高。目前在农村低收入人口的收入来源中，工资性收入普遍较低，对转移性收入的依赖度较高。如全国农村居民人均可支配收入中，工资性收入占41.1%，家庭经营收入占36%，转移性净收入占20.6%，财产性收入占2.3%。而脱贫地区农村居民人均可支配收入中，工资性收入占35.3%，家庭经营收入36%，转移性净收入高达27.3%，比全国人均水平高出6.7%，财产性收入只占1.4%。[①]

当前尤其需关注的是三类农村低收入人口的就业增收难问题。一是脱贫不稳定人口，其自身就业增收能力较弱，收入水平较低且不稳定，虽然已经实现"两不愁三保障"，但收入水平仍然比较低、收入来源不稳定，或因病因灾因意外事故等刚性支出较大，自身脆弱性较高；二是边缘易致贫人口，脱贫攻坚时期没有享受国家的政策支持，往往缺乏社会保障支持或保障水平较低，收入的增加较为缓慢，部分边缘易致贫户的收入可能已经低于脱贫人口；三是突发严重困难人口，其易因家庭财产遭受损失或支出骤增，生活水平容易跌至贫困线下陷入贫困。

值得重视的是，部分脱贫人口就业能力仍然相对较低，难以适应社会就业，就业增收困难较大。一方面，脱贫地区人口长期以来获取的教育资源不足，其知识水平和文化程度较低，素质普遍不高。如2019年，原贫困地区劳动力平均受教育年限仅为7.7年，大部分集中在初中和小学，分别占比为42.3%和41.8%，具有高中及以上学历的劳动力仅占11%。[②] 在脱贫攻坚阶段，教育扶贫更多地注重青少年义务教育，高中及以上学历教育存在短板，尤其是高等教育在西部地区普及化程度相对较低。另一方面，在脱贫攻坚时期，虽然各地区重视开展技能培训帮扶，但是培训系统性相对较差，主体需求和培训内容存在差距，课程针对性不强，师资力量薄弱，与社会就业需求不匹配，帮扶效果不明显，在脱贫后仍然存在技能不高、就业困难等问题。目前，西部脱贫地区大都是劳务输出大省，许多外出务工人员普遍缺乏专业技能培训，多从事技术含量低、替代性高的工作，收入不稳定。

第二，重点帮扶县发展基础薄弱，防返贫任务艰巨。国家确定的160个乡村振兴重点

[①] 程国强、马晓琛、王瑜：《准确把握巩固拓展脱贫攻坚成果过渡期的阶段特征》，《中国发展观察》2022年第2期。
[②] 数据来源：国家统计局著，国家统计局住户调查办公室编：《中国农村贫困监测报告·2020》，北京：中国统计出版社，2020年。

帮扶县,绝大部分乡村振兴重点帮扶县都处于原深度贫困地区,目前发展基础仍然比较薄弱。一是经济发展水平较低,尤其是人均GDP与全国人均GDP差距较大,如原深度贫困地区人均GDP仅相当于全国水平的20%~21%;产业发展基础差,产业同质化问题比较严重,基础设施和公共服务差距明显;部分地区经济增长迟缓,甚至连续呈现负增长趋势。二是重点帮扶县脱贫人口多、收入水平低。目前,160个重点帮扶县累计脱贫人口占全国总数人口的近五分之一,虽然脱贫人口收入有较快增长,但与全国及所在省份的绝对差距仍然在扩大,仍是全国发展最落后的地区。三是防返贫任务艰巨。目前,全国易返贫致贫人口438万,其中有30%的人口属于重点帮扶县;全国易地搬迁脱贫人口的三分之一属于重点帮扶县;全国万人以上的集中安置点,65%在重点帮扶县,是防止返贫任务最集中、最艰巨的地区。四是区位劣势明显,多分布在西部偏远或高海拔、自然环境恶劣区域[①]。据统计,45.6%的重点帮扶县处在地质灾害高发区,生态脆弱、地质灾害频发,使其巩固拓展脱贫成果,尤其是增强持续发展能力面临较大挑战。

第三,易地搬迁集中安置区后扶任务艰巨,是防返贫的突出重点。易地扶贫搬迁从根本上解决了我国960多万贫困人口的脱贫问题,成就了人类减贫史上的伟大壮举。但有几个值得高度重视的新情况,一是从搬迁区域看,青藏高原、西南石漠化地区搬迁群众困难突出,返贫风险较大。如青藏高原地区易地搬迁安置涉及游牧民定居,搬迁群众生计模式跨度大、思想观念转变难,加之扶贫产业基础薄弱,后续生产生活、就业增收存在较大困难。西南石漠化地区人地矛盾突出,搬迁规模大,以城镇安置为主,部分地区城镇安置率超过90%,如贵州达95%、广西达94%、云南达91%。搬迁群众从传统农户转变为城镇新市民,大部分群众第一次走出大山,面临地域环境、风土人文、社会关系的重新适应及社区融入的多重挑战,就业增收难度大,返贫致贫风险高。

二是从安置方式看,城镇化安置尤其是特大型安置区困难最为突出。调研表明,目前易地扶贫搬迁安置中,行政村内就近安置、乡村旅游区安置等方式,虽然存在一定短板和弱项,但后续发展的困难相对较小。困难较为突出的是县城、小城镇或工业园区等城镇化集中安置方式。尤其是安置规模在万人以上的特大型易地搬迁安置区,全国多达70个,安置贫困群众105万人,占易地扶贫搬迁人口的比例超过十分之一。[②]调研表明,特大型易地搬迁安置区就业需求高度聚集,群众就业增收困难较大;搬迁群众从乡村到城镇,生产生活方式跨度大,社会融入困难,使安置社区治理任务艰巨,管理和服务短板显得更加突出,极易形成社会风险点,对保持安置社区稳定不利。

---

① 黄承伟:《党的十八大以来脱贫攻坚理论创新和实践创新总结》,《中国农业大学学报》(社会科学版)2017年第5期。
② 程国强、马晓琛、王瑜:《准确把握巩固拓展脱贫攻坚成果过渡期的阶段特征》,《中国发展观察》2022年第2期。

三是从安置点管理看,社区管理与服务仍存在短板弱项。如安置点管理和服务场所缺乏配套,大部分地区在安置点建设前期未同步规划建设相关街道、社区等服务场所,导致安置点成立的街道、社区无办公场所;安置点建设时未配套设立公共维修基金,后期住房、公共服务设施损坏,将无任何维修资金安排,这是全国易地搬迁安置区建设的共性问题。

四是从搬迁群众看,就业困难、收不抵支问题日益突出。尤其是部分"40+"劳动力(即40~59岁搬迁群众)文化程度低,体力劳动缺优势、现代生产缺技能,学习和适应能力弱,就业困难更加突出。与此同时,由于生活开销完全货币化,收不抵支问题凸显,需靠低保等救助措施支持。如西南地区易地搬迁城镇化集中安置人口中,有五分之一需靠低保来维持基本生活。

第四,脱贫地区特色产业可持续发展能力有待提升,转型升级较为滞后。脱贫地区特色产业健康持续稳定发展,是巩固拓展脱贫攻坚成果的根本支撑,是促进脱贫地区自主发展的长效机制。但从总体上看,特色产业发展尚存在资金短缺、市场和配套服务短板,尤其是科技与人才支撑能力较弱,可持续发展机制尚未建立。需重点关注如下几个突出问题。

一是特色产业可持续性不强,政策路径依赖仍然较为严重。由于过去许多地区帮扶项目选择与当地资源禀赋以及市场需求不匹配,如有些贫困地区在发展产业时过分强调引进"高精尖"产业,和当地的资源禀赋结合不够密切,与贫困群众的文化水平和相应的市场环境不匹配,产业带动成效不明显。一些特色产业项目较为单一化、同质化。部分地区整个村庄、乡镇统一规划种植某种经济作物,导致农产品生产过剩,与预期效益有差异。还有部分帮扶产业长期依赖帮扶单位,缺乏市场竞争力。在脱贫攻坚战中,凭借资金、人才、技术、管理等方面优势,广大驻村工作队在贫困地区打造了众多的扶贫产业项目,其中有一些产业高度依赖帮扶单位的支持,甚至已经形成了路径依赖,导致产业对特殊扶持政策产生依赖性,市场化程度还不高、自主发展的持续性不强。

二是特色产业链较短,产品附加值较低。许多地方重生产基地建设,轻加工物流配套。目前,集中在种养环节较多,农产品加工业发展相对缓慢,产业链条延伸不够,产业融合度较低。如西北地区黄花菜、枸杞等特色主导产业,仍以初级加工为主,尚未形成品种改良、科学种植和加工生产的产业链,农产品加工与农业产值之比仅为1.1∶1,远低于2.4∶1的全国平均水平。大部分脱贫地区的产地初加工、冷链物流等基础设施有待完善。

三是人才匮乏,科技支撑薄弱。目前,脱贫地区有限的人才大多集聚在区域中心,下沉至县、乡、村的人才较少。高学历、高职称的科技人才深入乡村产业发展一线的数量更少。如西北某脱贫地区,2019—2021年新增124名科技特派员,其中具有研究生及以上学历的仅5人,占比4%。与此同时,当前脱贫地区特色产业仍以传统农业、简单代加工为主,新品种、新技术采用不足,大部分脱贫地区农业科技进步贡献率为40%~50%,远低于60%的全国平均水平。

第五,巩固基本公共服务减贫成效面临新问题新挑战。如农村低收入人口兜底保障的常态化衔接,面临跨部门统筹协调的挑战。目前,农村低保线与扶贫线已经实现"两线合一",但是认定标准仍分属于民政部门与乡村振兴部门,根据现有行政管理体制,帮扶救助领域具体落实层面的数据分散在医保、教育、住建、人力资源等多个部门,尚未实现部门层面的统一。若采取定期或不定期的跨部门汇总与比对,时效低且沟通成本高,在一定程度上降低了政策效力,不利于实现真正的衔接,也不利于对兜底保障的动态管理。同时,兜底保障体系在整合城乡间、部门间兜底资源方面存在挑战,受制于城乡二元结构,实现城乡一体化一直是基本公共服务与社会救助资源分配工作的重点难点,部分先行先试地区已经率先实现了基本统筹,但是广大脱贫地区的探索仍然比较滞后。

二、推进脱贫攻坚战略同乡村振兴战略有效衔接的总体思路

推动"脱贫攻坚"同"乡村振兴"两大战略有效衔接,是一项继往开来的系统工程,要在准确把握过渡期阶段特征的基础上,突出战略重点,把握关键路径,推动脱贫人口和脱贫地区全面融入乡村振兴进程,共享经济社会发展成果。推进"脱贫攻坚"同"乡村振兴"两大战略有效衔接,要以实现共同富裕为根本目标,坚持"民生为本、就业优先、严防返贫、搞好帮扶"[①]为基本方向。

第一,民生为本,就是要坚持把改善民生作为全面推进乡村振兴的基本点和衡量乡村振兴成效的根本标准,重点建设脱贫地区的基础设施,重点发展脱贫地区的社会事业,着力解决脱贫人口生产生活中最直接最迫切的实际问题。

第二,就业优先,就是要坚持把保障脱贫人口充分稳定就业作为乡村振兴的首要任务。一是对吸收脱贫人口就业的企业,特别是脱贫人口直接兴办的企业,予以税收减免、投资补助、成本核减等优惠。二是对脱贫人口创业、对各类经济主体到脱贫地区兴办产业予以奖励补助。三是对支持帮助脱贫人口发展生产、扩大就业的各类技术人才,给予优先晋级晋职的奖励。四是加大财政支持开展脱贫人口职业技能培训的力度,全方位拓展脱贫人口的就业渠道。

第三,严防返贫,就是要坚持全面监测、逐一帮扶、动态清零,坚决守住不发生大规模返贫的底线。一是坚决落实帮扶领导措施、工作措施和财政金融支持措施不变,严格落实

---

① 程国强、马晓琛、王瑜:《准确把握巩固拓展脱贫攻坚成果过渡期的阶段特征》,《中国发展观察》2022年第2期。

摘帽不摘责任、摘帽不摘政策、摘帽不摘帮扶、摘帽不摘监管的要求。二是持续稳步推进乡村振兴重大计划、重大工程和重大行动，充分贯彻巩固拓展脱贫攻坚成果的有关要求，优先惠及脱贫地区和脱贫人口。三是健全防止返贫动态监测和帮扶机制，对脱贫不稳定户、边缘易致贫户，以及因病因灾因意外事故等刚性支出较大或收入大幅缩减导致基本生活出现严重困难户，开展定期检查、动态管理，全面建立农户主动申请、部门信息比对、基层干部定期跟踪回访相结合的易返贫致贫人口发现和核查机制，精准分析返贫致贫原因，采取有针对性的帮扶措施。

第四，突出实效，就是要坚持发挥各方面积极性，依靠农民辛勤劳动、国家扶持和社会力量的广泛参与，使乡村振兴成为全党全社会的共同行动。继续坚持部门联村制度，派遣机关干部担任村第一书记、驻村工作组成员，打造一支"不走的帮扶工作队"。进一步完善乡镇领导包片、干部驻村工作制度，制定切实可行的工作制度、工作纪律，明确考核目标、奖惩条件。

尤其是当前脱贫地区发展基础薄弱，脱贫人口脱贫基础较为脆弱，边缘户基础不稳定，彰显了巩固拓展脱贫攻坚成果工作的紧迫性和艰巨性。因此，推进巩固拓展脱贫攻坚成果同乡村振兴有效衔接，必须突出重点、把准关键，把脱贫人口作为重点人群，把脱贫地区作为优先区域，加快改善脱贫人口和脱贫地区发展条件，着力提升脱贫人口和脱贫地区的发展能力。

一要把保障脱贫人口稳定就业作为乡村发展的重中之重。就业是民生之本。巩固拓展脱贫攻坚成果，根本出路在于保障脱贫人口充分就业，持续提高脱贫人口收入，确保脱贫人口在脱贫之后稳定迈向富裕的新生活。巩固脱贫攻坚成果同乡村振兴有效衔接，最重要的一条，就是要在推动乡村产业振兴过程中有效保障脱贫人口就业，让脱贫人口完全融入乡村产业发展体系，长期享受乡村产业发展利益。

二要把加强脱贫地区基础设施建设作为乡村建设的重中之重。基础设施是乡村振兴的根本支撑，更是改善脱贫人口生活和脱贫地区面貌的先决条件。巩固拓展脱贫攻坚成果同乡村振兴有效衔接，最迫切的一条，就是要在乡村建设行动中优先安排脱贫人口和脱贫地区的水、电、路、气、房建设，整治提升脱贫地区和搬迁新社区的人居环境，加快提升脱贫地区乡村道路通达率、水电气通信覆盖率、人居环境整洁度。

三要把改善脱贫地区公共服务作为乡村治理的重中之重。新时代促进乡村善治，必须全面拓展乡村治理的内涵，从社会治理拓展到政治治理、经济治理、社会治理、文化治理、生态治理等全方位治理，从社会管理拓展到政治服务、经济服务、社会服务、文化服务、生态服务等全方位服务。巩固拓展脱贫攻坚成果同乡村振兴有效衔接，最关键的一条，就是要在改善乡村公共服务上着力提升脱贫地区乡村公共服务的充分性、便捷性和及时性，推动乡村公共服务"从有到好"的转变，不断增强脱贫人口的获得感、幸福感和安全感。

推进脱贫攻坚与乡村振兴有效衔接,要切实把握"脱贫攻坚"与"乡村振兴"两大战略的政策着力点,以脱贫地区的扶贫产业、基础设施、公共服务、扶贫资产等关键领域为推进路径,推进脱贫攻坚接续融入乡村振兴进程。

第一,大力构建长效帮扶产业体系。一是坚持宏观抓产业、中观抓企业、微观抓就业,立足脱贫地区资源优势、强化扶持引领、培育产业龙头、完善产业链条,把产业链与帮扶链紧密联结,着力把脱贫人口嵌入产业链、价值链之中,确保脱贫人口能够持续稳定受益。二是持续推进农村一二三产业融合发展,积极发展休闲农业、乡村旅游、消费帮扶、农村电商和农产品加工业,延伸产业链条,逐步带动脱贫人口稳定就业、持续增收。三是强化党建引领产业,以"基地+合作社+企业+脱贫人口"模式创建扶贫产业园区,拓宽脱贫人口的就业增收渠道。

第二,不断完善脱贫地区的基础设施建设。按照乡村建设行动的统一部署,优先支持脱贫地区因地制宜推进农村厕所革命、生活垃圾和污水治理、村容村貌提升。加强脱贫地区农产品和食品仓储保鲜、冷链物流设施建设,支持农产品流通企业、电商、批发市场与区域特色产业精准对接。把搬迁安置区后期建设作为美丽乡村建设的一种特殊乡村建设类型,实施特殊扶持政策,着力让贫困人口、搬迁群众实现就近就业。

第三,加快推动脱贫地区公共服务建设升级。不断改善脱贫地区义务教育办学条件,加强乡村寄宿制学校和乡村小规模学校建设,重视城市教师到脱贫地区支教。保持现有健康帮扶政策基本稳定,加强大病专项救治政策落实,继续开展三级医院对口帮扶脱贫地区并建立稳定帮扶机制,加大中央倾斜支持脱贫地区医疗卫生机构基础设施建设和设备配备力度。对完全丧失劳动能力或部分丧失劳动能力且无法通过产业就业获得稳定收入的脱贫人口,全部纳入农村低保或特困人员救助供养范围,并按困难类型及时给予专项救助、临时救助等,做到应保尽保、应兜尽兜。完善脱贫地区养老保障服务和儿童关爱服务,加强对孤儿、事实无人抚养儿童、残疾人的托养照护服务。

第四,加强扶贫资产后续管理和建设。扶贫项目资产是特殊历史时期、动员特殊资源、针对特殊群体形成的特殊资产。所以不管归谁所有,不管谁来管理,不管采取什么经营方式,都必须首先保证脱贫人口持续受益。针对底数不清的问题,要尽快开展清产核资、建立台账、完善信息平台等工作。针对权属不明的问题,要尽快开展确认权益、记录变更、管理交易等工作。针对管护不力的问题,要坚持市场主导、政府支持、制度规范的原则和方向。重点抓好以下几个关键。一是严格落实收益分配民主决策制度和公告公示制度,同时对扶贫项目经营性资产的经营管理、收益分配等加强监管。二是支持国有扶贫项目资产划归村集体所有,不能划归集体的,实施委托经营、租赁经营。委托经营、租赁经营的,对经营收益、经营期限、经营费用、风险承担以及帮扶责任等事项,在委托合同、租赁合同中予以约定。三是鼓励、支持村集体扶贫项目经营性资产发展多种形式的合作经营与联合经营，比如村户联合、村村联合、村企合作等。四是严格落实处置国有扶贫项目资产、村集体所有扶贫项目经营性资产的收入，全部再投入巩固拓展脱贫攻坚成果和推动乡村振兴的规定，不断增强脱贫人口和脱贫地区的内生发展动力。五是建立脱贫资产经营保险机制，保证资产经营的稳定性和可持续性。可考虑建立专门资金账户，在资产经营遇到困难的时候对经营主体予以支持。

三、推进"脱贫攻坚"同"乡村振兴"两大战略衔接的政策着力点

建立促进脱贫人口持续增收、脱贫地区稳定发展的长效机制，是今后巩固拓展脱贫攻坚成果、守住不发生规模性返贫底线的根本支撑，是推进"脱贫攻坚"与"乡村振兴"两大战略有效衔接的政策着力点。因此，要以增强脱贫地区和脱贫人口的内生动力和发展活力为导向，以增强产业发展和就业能力为重点，全面加强促进脱贫地区发展的长效机制建设。[①]

第一，加快推动乡村特色产业持续健康发展。发展乡村特色产业是实现脱贫地区持续稳定发展的根本之策。要更加注重乡村特色产业发展的质量和效益，建立形成脱贫人口持续增收致富的长效机制。一要巩固提升脱贫地区特色产业。保障资金、人才、技术等要素投入，进一步提高衔接资金和涉农整合资金用于特色产业发展的比重，注重后续产业长期持续发展，将区位优势、资源优势转化为发展优势、竞争优势，提高产业的市场竞争力和抗风险能力。二要以全产业链思维推动特色产业提档升级。要大力发展农产品加工流通业，加快发展现代乡村服务业，引进龙头企业补齐营销、设施上的短板，打造种养、加工、贸易一体化的全产业链，拓展主导产业增值增效空间，为吸纳更多农村劳动力就近就业创造条件。三要持续推进农村一二三产业融合发展。[②]着力于产业发展规划与村庄建设规划、土地利用规划、环境保护规划等有机衔接，通过拓展农业多种功能、挖掘乡村多元价值，发展农产品加工、乡村休闲旅游、农村电商、健康养老等新产业新业态。注重发挥科技的支撑作用，提升农业科技成果转化效率，更好地促进农业提质增效和节本降险。四要不断强化特色产业发展的基础支撑。完善道路交通基础设施及农产品仓储保鲜、冷链物流等基础设施建设，做到区域内特色产业与农产品流通企业、电商平台、批发市场精准对接，打通农产品销售"最后一公里"；加强农村电商基础设施建设，推动大数据、物联网、5G等技术在乡村产业发展中的应用，提升特色产业电子商务支撑服务水平，培育和打造农产品网络品牌，充分释放农业生产和农村消费的巨大潜力。

---

① 程国强、肖雪灵：《强化帮扶政策有效衔接，牢牢守住不发生规模性返贫底线》，《光明日报》2022年9月20日第6版。

② 张红宇：《以更有力举措加快发展乡村产业》，《理论导报》2022年第6期。

第二，强化脱贫人口就业增收机制。保障脱贫人口持续稳定增收的基本盘是就业。据相关统计，目前全国160个重点县脱贫人口收入中工资性收入占比超过70%，脱贫人口就业的重要方式是外出务工。为此，要根据脱贫人口的劳动能力，完善和加强多渠道就业创业政策。一是完善就业扶持和培训体系，提升就业匹配度。搭建好用工信息服务平台，注重发挥大龄困难群众在畜牧养殖、传统手工艺方面的技能优势，增强人力资本和技能经验就业匹配的有效性；提升就业培训实效，大力推进以工代训、新型学徒制培训等职业技能培训，推动劳动力从体能型向技能型转变，不断提升就业竞争力，帮助脱贫人口实现自我发展。二是对于有劳动能力和劳动意愿的脱贫人口，要深入开展跨省及市县间劳务协作。输出地要履行好主体责任，完善就业服务体系，打造区域劳务品牌，加大定向、定点、有组织地输出力度，加强与劳务协作伙伴开展劳务对接、技能培训、权益维护等合作交流；输入地要履行好帮扶责任，着重增强建筑、物流、电子等劳动密集型行业吸纳就业的吸引力，鼓励引导用工单位尽量把脱贫人口稳在输入地。三是对于农村妇女、轻中度残疾人等弱劳力、半劳力和无法外出的脱贫人口，组织其通过公益性岗位、帮扶车间、以工代赈等方式拓展就业，吸纳更多脱贫人口在家门口就业。

第三，着力壮大脱贫地区县域经济，大力发展新型农村集体经济。县域是城乡融合发展的重要切入点，要以县域为重要载体，发挥好县域辐射带动乡村的作用，促进脱贫地区整体发展。一要统筹培育本地支柱产业和承接外地产业转移，充分发挥劳动力资源优势，培育县域为主阵地，发展就业带动能力强的县域富民产业，围绕"一县一业"，打造具有地方特色的区域公共品牌。二要积极引导从农村走出去的人才返乡创业，利用经济发展带动基础设施配套建设、公共服务升级改善、人才资金等要素回流，提高县域综合承载能力，增强脱贫地区特别是重点帮扶县发展的内生动力和活力。农村集体经济是守住不发生规模性返贫底线的基础支撑，要全面加强和充分发挥农村集体经济的带动和兜底作用。①一要盘活农村经营性资产和资源性资产，健全联农带农机制，避免简单地入股分红，引导农户特别是脱贫户和监测对象有效嵌入产业链中，实现脱贫人口就地就近就业，让农村集体经济发展的红利更多更公平地惠及全体成员。二要对脱贫攻坚期间形成的新集体资产确权和移交，注重发挥经营性资产的增收效益，积极探索公益性资产的可持续发展机制，促进村集体资产保值增值。三要在集体经济收益分配环节，根据经营情况向困难成员倾斜，使他们在已有政策性兜底保障基础上，进一步获得集体经济收益的托底支持，形成守住不发生规模性返贫底线的长效机制。

第四，着力加强和完善兜底保障政策。要按照基础性、普惠性、兜底性要求，进一步完善兜底保障政策体系。一要强化防返贫动态监测机制，做到精准识别。精准识别监测对

---

① 陈锡文：《充分发挥农村集体经济组织在共同富裕中的作用》，《农业经济问题》2022年第5期。

象是兜底保障政策发挥作用的前提，也是维护社会公平正义的需要。为此，要加快推进制定统一的救助对象和低收入人口识别标准与认定办法，简化优化认定程序，审核确权下放，提高识别效率；建立区域内帮扶信息跨部门分享利用机制，促进跨部门信息交换共享、数据分析比对，主动发现、跟踪监测、及时预警困难群众返贫致贫风险，提升政策干预的前瞻性，增强帮扶救助的时效性。二要加强对重点人群兜底保障。要推动兜底保障政策逐步衔接与平稳过渡，强化兜底保障的制度性供给，对符合条件的防返贫监测对象要予以政策叠加帮扶，有效防止规模性返贫。三要合理设置保障标准。要根据经济社会发展水平逐步提高保障标准，既要避免陷入福利陷阱、形成新的"悬崖效应"，又要切实兜住民生底线。四要加快健全分层分类的社会救助体系。一方面，要立足于社会救助制度的兜底性、基础性功能定位，完善对因突发、急难等因素返贫致贫人口的救助制度；另一方面，在加强物质救助的基础上，强化服务类社会救助供给，通过政府购买服务等方式动员和引导社会组织参与社会救助，探索发展型、关爱型救助。

第五，建立易地扶贫搬迁后续扶持机制。建立健全促进易地扶贫搬迁安置点持久发展的机制，是巩固拓展脱贫攻坚成果、防范规模性返贫的重中之重。一要设立国家易地扶贫搬迁后续扶持专项资金。现有中央财政衔接推进乡村振兴补助资金，仅部分资金能用于扶持易地扶贫搬迁后续产业发展，特别是，大型易地搬迁安置区新型城镇化建设虽已纳入国家新型城镇化和城乡融合发展规划，但尚无资金配套。因此，要设立国家易地扶贫搬迁后续扶持专项资金，支持安置区的基础设施和公共服务配套设施维护升级，产业发展、就业增收、社区集体经济，重点向青藏高原地区、西南石漠化地区易地搬迁安置区倾斜。二要强化安置区产业配套与就业扶持。推动地方做好东部与西部劳动密集型企业梯度转移对接，根据大型安置区、中小型安置点和"插花式"分散安置的不同特点，分类布局产业园、帮扶车间和灵活加工项目，通过产业发展和以工代赈，同步增强安置区经济活力和就业承载力。同时，在城镇集中安置人口规模较大的县域探索建立劳动力失业保险机制，对城镇化安置劳动力推广"政府+金融机构"的普惠型"新市民就业险"，在过渡期内实施保费先缴后补政策，用长效机制应对转移就业风险。三要着力提升安置区社区治理能力和参与水平。进一步加快专业化的社会组织培育，在对口帮扶框架下，将帮扶内容拓展到社会组织力量的对口培育支援，形成安置社区社工力量培育孵化和资金保障机制。有序开发、增设公共服务类公益岗位，同步解决社区服务供给和就业安置需求，推动社区治理精细精准提升。[1]

---

[1] 李聪、郭嫚嫚、雷昊博：《从脱贫攻坚到乡村振兴：易地扶贫搬迁农户稳定脱贫模式——基于本土化集中安置的探索实践》，《西安交通大学学报》（社会科学版）2021年第4期。

四、推进两大战略衔接的保障政策与配套措施

全面推进"脱贫攻坚"同"乡村振兴"两大战略有效衔接,必须发挥制度优势,强化政策保障和配套措施支撑,切实促进脱贫地区发展、群众生活改善,确保全面推进乡村振兴行稳致远[①]。

第一,加强党对新发展阶段帮扶工作的领导。消除贫困,改善民生,逐步实现共同富裕,是我们党始终坚持的使命和目标。党的十八大以来,我们党依靠自身强大的组织动员能力,集结全党全社会力量打赢脱贫攻坚战,实现全面建成小康社会奋斗目标。当前和今后一个时期,部分农村脱贫人口就业增收困难、返贫和新致贫风险较大,部分脱贫地区发展基础有待改善,巩固拓展脱贫攻坚成果仍然面临较大的风险和挑战。在新的发展阶段,必须进一步加强党对帮扶工作的领导,发挥各级党委在成效保障、监督落实、整合动员等方面的作用,进一步彰显中国共产党领导的政治优势和中国特色社会主义制度优势,为巩固拓展脱贫攻坚成果同乡村振兴有效衔接奠定更加坚实的基础。

第二,建立全面脱贫与乡村振兴战略的有效衔接机制,协同推进新发展阶段巩固拓展脱贫成果与乡村振兴。实现全面脱贫与乡村振兴的有效衔接,是高质量稳定脱贫的关键举措,也是深入实施乡村振兴战略的内在要求。要从脱贫攻坚与乡村振兴的总体思路、发展规划、体制机制、政策制度等方面出发,聚焦产业发展、人才培养、文化融合、生态环境、公共服务、生活质量等领域,打通二者的衔接渠道、融合机制,实现相互交融、相互促进。

第三,进一步加强东西部协作,凝聚全社会力量构建大帮扶格局。要充分利用脱贫攻坚积累的组织经验和人才资源,持续动员全社会力量,形成并强化新发展阶段政府、社会、市场协同推进的大帮扶格局。首先,要进行跨地区的协作,不断加强东部发达地区和中西部脱贫地区的协作,东部地区由于早期国家在资金、政策、人力等各方面支持,发展速度更快,发展模式更成熟,在资金、技术、市场、信息、管理、人才等方面优势较大,可以在产业、金融、消费、劳务、教育、文化等方面与西部脱贫地区建立合作,同时创新协作方式,如探索政府支持、企业参与、优势互补、园区共建、利益共享的"飞地经济"合作,为西部脱贫地区注入活力,提高其发展能力。其次,要加强跨部门协作,以政府为引导者,不断加强基层党组织建设,发挥其引领作用,提高基层党组织的组织力,加大对软弱涣散村党组织的整顿力度,选优配强村党组织书记,健全村党组织领导下的议事决策机制、监督机制。再次,要充分发挥市场机制的作用,推动市场主体协同帮扶,利用互联网平台,对接社会帮扶资源与脱贫户帮扶需求,实现困难需求和爱心帮扶无缝对接。最后,动员全社会广泛参与,多管齐下提高农村地区的发展水平,增强农村低收入人口在发展中的主动参与性。

---

① 唐仁健:《扎实推动乡村振兴取得新进展》,《学习时报》2022年3月2日第1版。

第四,强化帮扶责任落实,完善乡村治理体系。建立农村低收入人口的帮扶常态化机制,守住不发生规模性返贫底线,必须强化责任落实机制。首先,明确治理主体责任。实行省级统筹、县负总责、镇村落实的分级负责制,县统筹建立相关领导小组,统筹协调全县工作,压实工作责任,将各级党政主要领导人确定为第一责任人。继续实行蹲点工作组等有效做法,强化责任落实。其次,要在党委领导下,优化治理规则,重构农村基层社会动员机制,充分发挥基层党员、干部的示范带头作用,提高基层干部的治理能力和管理水平,同时要确立村民在乡村治理中的主体地位,加强村民畅通表达的利益机制、参与机制、决策机制等机制建设,增强集体行动能力,达到内在融合性、多元共促性、规则统一性。再次,要发挥多元主体治理作用,充分发挥社会组织的作用,调动城市、学校、企业、金融机构等多元主体,共同致力于全面推进乡村振兴。最后,创新治理方式,促进现代科技与乡村治理深度融合,采用信息化手段,利用乡村电子政务、数字化乡村等,完善信息收集、处置和反馈机制,建设"县—乡—村"基层社会治理信息化平台,形成上下并行的多主体治理模式。

第五,加大帮扶资金支持力度。要加强对脱贫地区经济社会发展的财政支持和保障,鼓励和引导社会资金参与帮扶工作。一要保障中央、省、市、县各级财政专项帮扶资金,推进涉农资金整合,加大公共财政对农村公共产品和服务的支持力度。二要通过设立互助性公益基金、创新帮扶捐助模式等方式,募集社会帮扶资金扶持困难农户,推动公益帮扶常态化。三要对农村集体经济组织给予适当的税费优惠政策。建议在农村产权制度改革之前,农村集体经济组织不用承担税费。要细化落实在农村集体产权制度改革中免征有关契税、印花税的优惠政策,并明确规定农村集体产权确权免收不动产登记费。四要加大对农村集体经济组织的金融政策支持。要结合登记赋码工作,加大对具有独立法人地位、集体资产清晰、现金流稳定的农村集体经济组织金融支持力度。

第六,加强绩效监管考核评估。巩固拓展脱贫攻坚成果同乡村振兴有效衔接是一项长期任务,应将其纳入省、市、县、乡镇各级党委、政府目标绩效管理,按照"公平、公正、公开"原则进行监管、考核和评估。要不断完善绩效考评办法,采取专项调查、抽样调查、实地考核,以及委托科研机构、社会组织等第三方评估等方式,定期开展工作绩效考核与评价。

Promote the effective connection of "poverty alleviation" and "rural revitalization"

Cheng Guoqiang[1]　Ma Xiaochen[2]　Xiao Xueling[2]

(1. College of Agriculture and Rural Development, Renmin University of China, Beijing 100872; 2. College of Economics and Management, Tongji University, Shanghai 200092)

Abstract: After the victory of poverty alleviation, the focus of work relating to "Three Rural Issues" (agriculture, rural areas and farmers) has shifted to comprehensively promoting rural revitalization, which is of great historical significance. Synchronizing poverty alleviation with rural revitalization is the key task in the future. What is worthy of high attention is that the current development foundation of some areas that have been lifted out of poverty is still weak, the self-development capabilities of the people who have got out of poverty are still not strong, and the task of preventing people from falling back into poverty remains arduous, promoting the effective connection of poverty alleviation with rural revitalization is facing greater challenges. Based on the analysis and judgement of the basic situation and main challenges faced by consolidating and expanding the achievements of alleviating poverty, the basic ideas, focal points and key paths of promoting synchronization of poverty alleviation with rural revitalization are put forward in this paper. And then, it proposes that it is necessary to establish a long-term mechanism to promote the development of areas that have been lifted out of poverty, and strengthen the comprehensive guarantees and supporting measures, aiming to promote the development of areas where the poverty has been alleviated, improve people's well-being, and accelerate the revitalization of the countryside in all respects, which is on the basis of consolidating and expanding the achievements of poverty alleviation.

Key words: strategy of poverty alleviation; strategy of rural revitalization; effective connection; long-term mechanism

巩固拓展脱贫攻坚成果的理论模式及其对乡村振兴的启示

——基于贵州全国脱贫攻坚先进个人典型事迹的扎根分析[①]

王 超 崔华清 郭 娜

(贵州财经大学工商管理学院,贵州贵阳550025)

摘 要:巩固拓展脱贫攻坚成果同乡村振兴有效衔接,全面推进乡村振兴是新时代党和国家关心的大事。以贵州全国脱贫攻坚先进个人典型事迹为研究对象,运用扎根理论的分析方法,结合NVivo12软件系统分析,研究发现:巩固拓展脱贫攻坚成果的理论模式由基层组织保障、深入基层治理、产业结构调整、路径模式创新、"三生空间"改善和个体自我发展等6个子系统构成。基层组织保障是驻村干部展开深入治理的前提,主导乡村产业结构的调整,在深入实践解决减贫困难的过程中创新脱贫攻坚的模式和路径,实现个体自我发展的目的;同时,产业发展的红利支撑起乡村生产、生活、生态空间的改善,切实转变村民的乡村生活状况,最终殊途同归赋能个体自我发展。该理论模式对全面推进乡村振兴可提供以下五个方面的管理启示:一是巩固拓展脱贫攻坚期间建立的乡村人才振兴机制;二是乡村基层治理体系整体性重塑,拓展县域全局发展能力;三是提高乡村基本公共服务均等化水平和可及性水平;四是推进乡村生态经济和低碳经济的系统性重构;五是提升农村地区群众收入可持续增长能力。

关键词:巩固拓展脱贫攻坚成果;乡村振兴;扎根理论;理论模式;贵州

[①] 基金项目:本文系贵州高等学校教学内容和课程体系改革项目"脱贫攻坚精神贵州实践的高校特色思政课程建设研究"的阶段性成果。
作者简介:王超,男,重庆南岸人,博士,贵州财经大学教授,博士生导师,研究方向:乡村振兴。崔华清(通讯作者),男,黑龙江鹤岗人,贵州财经大学工商管理学院硕士研究生。郭娜,女,山东聊城人,贵州财经大学工商管理学院博士研究生。

一、引言

党的二十大报告指出:"全面推进乡村振兴。全面建设社会主义现代化国家,最艰巨最繁重的任务仍然在农村。坚持农业农村优先发展……巩固拓展脱贫攻坚成果,增强脱贫地区和脱贫群众内生发展动力。"[①]中央农村工作会议多次指出要巩固拓展脱贫成果,以5年为过渡期确保脱贫攻坚向乡村振兴的平稳推进。贵州是我国打赢脱贫攻坚战的关键地方之一,据统计,2020年底贵州66个贫困县全部摘帽,923万贫困人口全部脱贫,192万群众搬出大山。贵州脱贫攻坚工作是一个复杂的系统工程,深刻理解脱贫攻坚实践过程须认清各系统要素及其结构关系,领会系统各要素协调运转以实现"1+1>2"的运行思想。我国学者钱学森提出,系统工程(Systems Engineering)是一种组织管理技术,即组织管理某个系统的规划、研究、试验和使用的科学方法,是一种对所有系统都具有普遍意义的科学方法。[②]系统工程思想是根据系统的四大特点——开放性、结构性、整体性和层次性,凭借科学系统的分析调整系统内部要素间的结构关系,实现整体功能最大化的一种宏观战略规划思想。[③]因此,以系统工程思想为指导,基于扎根理论的分析思路,来深入研究贵州巩固拓展脱贫攻坚成果实践过程中的系统要素及其结构关系,构建巩固拓展脱贫攻坚成果的理论模式,为新时代全面推进乡村振兴提供理论参考。

学术界对于全国脱贫攻坚的研究主要集中于脱贫影响因素、减贫发展建议、减贫治理等方面。在脱贫攻坚战略贯彻落实的过程中,民族地区贫困人口应注重培育内生动力,将脱贫与志、智双扶相结合[④];加大对农村地区人才的需求匹配[⑤];发挥技术优势,增强贫困地区自身的"造血"能力[⑥];积极尝试券商帮扶减少贫困县企业融资约束[⑦];提升农村低保救助体系的扶持能力[⑧];加快贫困地区农村一二三产业融合发展,促进优质民生服务有效供给[⑨]。

---

① 习近平:《高举中国特色社会主义伟大旗帜　为全面建设社会主义现代化国家而团结奋斗——在中国共产党第二十次全国代表大会上的报告》,《人民日报》2022年10月26日第3版。
② 钱学森、许国志、王寿云:《组织管理的技术——系统工程》,《上海理工大学学报》2011年第6期。
③ 王超、王志章:《用系统工程思想提升我国国有企业软竞争力——基于企业社会资本视角的分析》,《理论与改革》2011年第5期。
④ 汪三贵、胡骏、徐伍达:《民族地区脱贫攻坚"志智双扶"问题研究》,《华南师范大学学报》(社会科学版)2019年第6期。
⑤ 王武林、包滢晖、毕婷:《乡村振兴的人才供给机制研究》,《贵州民族研究》2021年第4期。
⑥ 韩永滨、王竑晟、段瑞、郑甬龙、孙命:《中国科学院科技扶贫创新举措及成效》,《中国科学院院刊》2019年第10期。
⑦ 刘莎莎、殷珊珊、孔东民:《金融机构扶贫是否提升了企业生产率?——来自券商帮扶的证据》,《金融评论》2021年第5期。
⑧ 兰剑、慈勤英:《后脱贫攻坚时期农村"争当低保户"现象的症结及其治理》,《农村经济》2019年第4期。
⑨ 欧阳胜:《贫困地区农村一二三产业融合发展模式研究——基于武陵山片区的案例分析》,《贵州社会科学》2017年第10期。

以乡村振兴助推相对落后地区发展的减贫路径①,分析脱贫攻坚成果的作用机制②以及具有区域特征的脱贫攻坚长效机制③,为全球贫困治理、构筑反贫困思想谱系做出贡献④。

学术界对于贵州脱贫攻坚的研究主要集中于减贫路径、减贫成效等方面。贵州尝试建立"非遗扶贫+多元传播"扶贫模式依靠传播赋能⑤,以民族文化教育扶智扶志⑥和红军文化遗产旅游助力脱贫。挖掘贵州历史、民族、饮食、乡土和农耕等文化,实现乡村旅游从体验式到生活式的转型发展。依托贵州大数据综合试验区的建立,蓄力大数据基础设施建设、人才培养和贫困治理实效等领域,进一步完善扶贫云在大数据监测与管理领域的功能以构建精准扶贫的长效机制。在盘活公共集体资产发挥集体经济效用⑦、为贵州农村高龄人群建立普惠性福利项目⑧、拓展贵州全域旅游助力反贫困⑨,以及加大贵州贫困地区职教扶贫的支持力度⑩等方面也取得了显著的成效。

从研究方法和研究视角来看,学术界主要采用质性研究、量化研究、定量与定性相结合的研究方法,从贫困脆弱性、异质性、收入结构等研究视角对减贫、扶贫等领域进行深入探讨。如采用增长、分配双成分分解法探究绝对贫困变化⑪,以TOE理论为指导运用模糊集定性比较分析法探讨影响贫困县脱贫的多重因素⑫,采用"识别—增长—分配"三成分分解框架对贫困变化进行量化分析⑬,运用问卷调查法和访谈法实证检验川滇彝族贫困地区

---

① 孙久文、李方方、张静:《巩固拓展脱贫攻坚成果 加快落后地区乡村振兴》,《西北师大学报》(社会科学版)2021年第3期。
② 左停、李颖、李世雄:《巩固拓展脱贫攻坚成果的机制与路径分析——基于全国117个案例的文本研究》,《华中农业大学学报》(社会科学版)2021年第2期。
③ 虞洪、林冬生:《脱贫攻坚长效机制分析——基于四川省通江县的实践》,《农村经济》2017年第9期。
④ 王志章、杨珂凡、王静、杨志红:《百年来中国共产党反贫困的实践逻辑、理论结晶与分享策略研究》,《贵州财经大学学报》2021年第4期。
⑤ 栾轶玫、张杏:《"多元传播"赋能的非遗扶贫新模式——以脱贫网红贵州"侗族七仙女"为例》,《云南社会科学》2020年第5期。
⑥ 汤雅乔:《乡村振兴战略下贵州石门乡民族文化扶贫路径》,《贵州民族研究》2019年第9期。
⑦ 皮坤乾:《贵州民族地区村级集体经济发展对策探析——以铜仁市为例》,《贵州民族研究》2015年第11期。
⑧ 李振刚:《普惠性抑或选择性:农村收入保障制度对农村老年人贫困的影响——来自贵州的经验证据》,《中共福建省委党校学报》2018年第10期。
⑨ 王超、李芬芬、刘俊霞:《乡村振兴战略背景下全域旅游反贫困的路径研究——以贵州省为例》,《广西师范学院学报》(哲学社会科学版)2019年第3期。
⑩ 孟凡华、任志楠:《教育拔穷根 职教先冲刺——职业教育精准扶贫的贵州实践》,《职业技术教育》2016年第12期。
⑪ Datt, G. and M. Ravallion, "Growth and Redistribution Components of Changes in Poverty Measures: A Decomposition with Applications to Brazil and India in the 1980s," *Journal of Development Economics* 38, no. 2(1992):275-295.
⑫ 冯朝睿、李昊泽:《贫困县脱贫摘帽的影响因素及实践路径——基于中国西南地区60个案例的模糊集定性比较分析》,《云南财经大学学报》2020年第11期。
⑬ 樊增增、邹薇:《从脱贫攻坚走向共同富裕:中国相对贫困的动态识别与贫困变化的量化分解》,《中国工业经济》2021年第10期。

的产业扶贫效果[1],利用RHB模型和SPO理论测度陕西省产业扶贫效果[2],运用回归分析和相关分析建立项目制减贫影响因素的实证模型[3],采用双重差分倾向得分匹配法(PSM-DID)衡量重点扶贫县的政策效果[4]等。在研究视角上,从贫困脆弱性视角探讨基本公共服务的脱贫成效及中国城市贫困家庭的动态演化过程[5],从异质性视角分析革命老区的致贫因素、特点及农村居民的减贫效应[6],从农户收入视角分析精准脱贫绩效以及防贫对策[7],等等。

当前,已有脱贫攻坚领域研究成果为本研究提供了较为丰富的理论基础,但脱贫攻坚实践过程是一个复杂的巨系统,研究系统内部各要素间的结构和作用关系,以及为未来其他领域工作提供理论借鉴方面,学界尚未形成较为成熟的研究。鉴于此,本研究主要有以下两个方面的边际贡献。第一,从研究视角看,与以往研究不同的是,本研究从农户收入、贫困脆弱性、异质性等研究视角,运用系统工程思想深入探讨贵州在巩固拓展脱贫攻坚成果的实践过程中全局系统运行的理论模式,尝试提出促进乡村地区实现高质量发展的意见和建议,以助力乡村振兴目标的实现。第二,从研究内容看,学界研究主要集中于影响脱贫减贫的因素、扶贫减贫治理和减贫路径探讨等方面,从脱贫攻坚具体实践过程探讨巩固拓展脱贫攻坚成果的理论模式方面有待深入,本研究以贵州作为脱贫攻坚典型事迹案例地,探索研究贵州巩固拓展脱贫攻坚成果实践过程的理论运行模式,为进一步总结中国式减贫道路的实践经验、丰富中国特色反贫困理论体系提供参考。基于以上讨论,本研究运用扎根理论的研究方法,借助NVivo12软件深入分析贵州减贫实践过程中的关键要素,并以系统工程思想为指导分析系统要素间运行的理论模式和经验启示。

---

[1] 王卓、胡梦珠:《民族地区产业扶贫效果及影响因素研究——以川滇彝区为例》,《经济体制改革》2019年第3期。

[2] 王立剑、叶小刚、陈杰:《精准识别视角下产业扶贫效果评估》,《中国人口·资源与环境》2018年第1期。

[3] 靳永翥、丁照攀:《精准扶贫战略背景下项目制减贫绩效的影响因素研究——基于武陵山、乌蒙山、滇桂黔三大集中连片特困地区的调查分析》,《公共行政评论》2017年第3期。

[4] 郑家喜、江帆:《国家扶贫开发工作重点县政策:驱动增长、缩小差距,还是政策失灵——基于PSM-DID方法的研究》,《经济问题探索》2016年第12期。

[5] 乔俊峰、郭明悦:《基本公共服务能有效提升脱贫质量吗?——基于多维贫困和多维贫困脆弱性的视角》,《财政研究》2021年第12期;万里洋、吴和成、卢维学:《中国城市家庭贫困脆弱性多维视角动态演化研究》,《管理评论》2022年第2期。

[6] 程名望、李礼连、曾永明:《空间异质性视角下革命老区空间贫困特征及致贫因素分析》,《农业技术经济》2022年第4期;孙巍、冯星、徐彬:《异质性视角下中国农村居民减贫效应研究——基于FGT贫困指数的分解新方法》,《统计研究》2020年第9期。

[7] 张雪、王怡、郭萌、邢苗蕾:《收入结构的视角下丹凤县脱贫农户防贫对策研究》,《辽宁农业科学》2021年第5期;帅竞、成金华、帅传敏、李文静、郭晴、程欣、丁丽萍:《IFAD中国项目精准脱贫绩效评价:基于农民人均收入视角》,《中国人口·资源与环境》2017年第2期。

二、数据来源与研究过程

（一）数据来源

全国脱贫攻坚先进事迹是脱贫攻坚实践过程的生动体现和具体诠释，研究选取贵州2021年全国脱贫攻坚先进个人事迹作为数据来源建立数据库，遵循以下两个基本标准：一是搜集到的案例故事资料来源于官方媒体网站包括《贵州日报》、《贵阳日报》、国家乡村振兴局等，确保了案例和故事的真实性和可靠性；二是目标资料的案例表述部分均超过800字，能够反映比较翔实的信息和过程，确保数据资料的科学性与规范性。

（二）研究过程

研究主要采用了扎根理论的研究方法，对所搜集的脱贫攻坚先进个人事迹进行分析和整理，深入挖掘先进个人在脱贫实践过程的具体细节，系统研究巩固拓展脱贫攻坚成果的理论模式。扎根理论是由学者Glaser和Strauss共同提出的一种质性研究方法，主要是从经验资料中逐级建构理论，包括开放式编码、主轴式编码和选择式编码等三级编码过程。[1]

研究资料的搜集、整理是扎根理论逐级编码的关键步骤[2]，这既需要理论归纳又需要理论演绎[3]，是资料整理、总结概念、分类重组以及提炼理论等步骤持续不断的循环[4]。本研究通过借助NVivo12软件分析原始资料、分类现象并进行初步概念化，对初步概念再次进行抽象化，将所得概念进行第三次提炼并提升为范畴以及核心范畴等3个关键步骤，对贵州脱贫实践过程进行扎根分析[5]。研究选取113个贵州获"全国脱贫攻坚先进个人"荣誉称号的案例进入案例库。本研究为进一步验证理论饱和，随机选取80个案例作为三级编码的质性分析材料，剩余33个案例用以验证理论饱和。

---

[1] Glaser B.G., Strauss A.L. and Strutzel E., "The Discovery of Grounded Theory: Strategies for Qualitative Research," *Nursing Research* 17, no. 4(1968): 364; Heath H. and Cowley S., "Developing a Grounded Theory Approach: A Comparison of Glaser and Strauss," *International Journal of Nursing Studies* 41, no. 2(2004): 141-150.

[2] 陈向明：《质的研究方法与社会科学研究》，北京：教育科学出版社，2000年。

[3] 董丽、东梅：《易地搬迁脱贫内生动力机制研究——基于扎根理论的多案例分析》，《农林经济管理学报》2022年第2期。

[4] 邹永广、林炜铃、郑向敏：《"驴友"旅游安全事故成因机理研究——基于扎根理论范式的质性分析》，《旅游科学》2014年第3期。

[5] 殷杰、郑向敏：《高聚集游客群安全的影响因素与实现路径——基于扎根理论的探索》，《旅游学刊》2018年第7期。

三、扎根理论分析

(一)开放式编码

开放式编码将研究材料中的语句进行概念化总结,遵循"定义现象—发展概念—发掘范畴"的分析逻辑[①],是一个剖析现象、概念界定、提炼范畴的过程。研究严格按照这一逻辑框架进行编码:一是贴标签,即以标签记录、标注与贵州脱贫实践相关的词、句;二是定义现象,即对标签化的语句进行简化整合实现初步概念化;三是概念化,即对定义现象中的初步概念进一步简化;四是规范化,即进行进一步总结概念化后得到的概念;五是范畴化,即将规范化得到的定义进行更深层次的抽象和提炼。

1.贴标签与定义现象

本研究对比案例分析资料中提炼现象的异同之处,将不同类别现象标签化处理。运用NVivo12软件在浏览资料时可实时编码的功能,建立598个标签,具体如下表1所示。

表1 标签化与定义现象过程(节选)

原始资料与贴标签	定义现象
"产业支撑+合作社分红"模式(a1)	a1:产业支撑
"电商平台+大数据"带货刺绣产品(a2)	a2:大数据带货刺绣产品
"量体裁衣"定措施(a3)	a3:精准措施
把党员致富能人、退役军人的作用发挥出来(a4)	a4:党员带动
把问题搞清楚(a5)	a5:把问题界定清楚
帮村民协调资金和项目(a6)	a6:协调资金
帮扶发展模式(a7)	a7:帮扶发展
帮扶志愿服务队(a8)	a8:帮扶志愿队
抱团发展模式(a9)	a9:抱团发展
病房变成办公室(a10)	a10:尽职尽责
不断自我反省(a11)	a11:自我反省
茶旅一体化(a12)	a12:茶旅产业
茶叶产业(a13)	a13:茶叶产业
拆除破旧房(a14)	a14:拆除破旧房
产业促进就业增收(a15)	a15:产业促进就业

---

① 参考自彭伟、符正平发表于《科学学研究》上的一篇基于扎根理论的海归创业行为过程研究的文章。

续表

原始资料与贴标签	定义现象
城乡医院对口支援帮扶(a16)	a16:医院对口帮扶
传承地方文化(a17)	a17:传承文化
创新工作机制(a18)	a18:创新工作机制
刺绣带动大批绣娘就业(a19)	a19:刺绣产业促就业
村集体公司销售当地土特产(a20)	a20:村集体销售土特产
……	……

资料来源:作者整理,因篇幅过长,故仅列出部分。

2. 概念化、规范化与范畴化

开放式编码需要去除个体的认知预设,客观分析资料本身状态并完成类属划分和命名。[①]本研究运用NVivo12软件合并598个节点后形成240个关系节点,即240个初步概念。将240个初步概念进一步归并为127个规范概念,并对规范概念再次进行总结提炼,发现概念间的类属关系,最终形成19个副范畴,如下表2所示。

表2 案例资料开放式编码过程(节选)

定义现象	概念化	规范化	范畴化	主范畴
a62:给党说句心里话等一系列新时代精神文明实践活动	aa62:新时代精神文明实践活动	AA41:精神文明实践	Aa17:增强内生动力	A6:个体自我发展
a63:用"精神扶贫"带动"物质扶贫"	aa63:精神扶贫到物质扶贫	AA42:精神扶贫		
a71:不读书会沦为农民工的后备军				
a72:靠读书实现家庭命运的改变				
a73:扶贫扶智提升精气神	aa64:读书改变命运			
a74:学到的知识和智慧是自己的,是真的				
a75:靠年轻人的觉醒振兴黔地苗疆				
a65:文化小广场,道德讲堂教育区、孝善文化区	aa71:文化小广场,文化教育社区	AA41:精神文明实践 AA44:社区文化广场	Aa18:减贫发展成效	
a78:新建3处文化广场的配套设施,建设文化广场	aa78:文化娱乐广场			
a76:组建"新时代乡风文明协会"	aa76:新时代乡风文明协会	AA45:精神文明协会		
a77:发挥新时代读书会、农民讲习所的作用	aa77:新时代农民讲习所			
a67:干群大教育活动让群众扭转"等靠要"思想	aa67:干群大教育扭转思想	AA46:思想观念教育		
a87:宣传健康扶贫政策,改变小病拖、大病扛的思想观念	aa87:健康意识扶贫			
a68:清除大脑中的成见,拔掉思想"穷根"	aa68:改变等靠要观念			
a86:干部入户宣传,改变群众"等靠要"思想观念				

---

① 向良云:《重大群体性事件演化升级的影响因素分析——基于扎根理论方法的研究》,《情报杂志》2012年第4期。

续表

定义现象	概念化	规范化	范畴化	主范畴
a79:开展"五好家庭""最美家庭"等评选活动	aa79:文明家庭评选活动	AA47:乡风文明建设	Aa18:减贫发展成效	
a80:树立勤劳致富、自尊自强、文明进步等新观念	aa80:树立自强文明新观念			
a81:在农民讲习所学致富技能,开阔眼界,提升精神境界	aa81:提升精神文明境界			
a82:参加家政培训,学习技术改变贫困现状	aa85:培训技术,改变贫困现状	AA48:通过培训增加就业,实现致富		A6:个体自我发展
a84:组织村民开展厨师、家政、电工技能技术培训				
a90:"送培到户,送技到人"的手把手培训活动	aa86:生活技能培训			
a92:集中培训让指尖技艺变成指尖经济				
a122:与温氏公司签订技术合作协议,建立利益联结				
a88:为搬迁群众开展生活技能培训				
a85:建档立卡贫困户就近务工			Aa19:培养可行能力	
a89:"一人一工坊"就业窗口,学会手艺,居家就业				
a93:帮群众申请"特惠贷",并主动到银行担保贷款	aa90:帮助群众开展业务	AA49:增强群众信心		
a94:鼓励开展业务不顺利的群众放手干	aa92:鼓励群众			
a95:上门给群众普及帮扶政策,树立脱贫致富信心	aa93:政策宣讲			
A96:发扬自力更生精神,进一步激发内生动力	aa94:自力更生,激发内生动力	AA50:激发主体活力		
A97:改变贫困户"等""靠""要"的懒惰心态	aa95:摒弃"等靠要"思想			
A98:扶知识、扶技术、扶思路的志智双扶专项行动	aa96:专项扶贫行动			
A99:举行村民会、板凳会,宣传政策,引导村民创业就业	aa97:宣传政策创业就业			
……	……	……	……	……

资料来源:作者整理,因篇幅过长,故仅列出部分。

(二)主轴式编码

基于上述开放式编码得到的19个副范畴间相互独立,从而借助主轴式编码来进一步确定各范畴间的关系进而确定主范畴。主轴式编码按照"基础前提—脉络—中介条件—行动策略—结果"这一分析范式来串联各个范畴,提炼出主范畴并寻找证据链来支撑主范畴。[①]本研究通过主轴式编码分析19个副范畴间的关系,寻找出支撑主范畴的证据链进而提炼主范畴,最终得到基层组织保障、深入基层治理、产业结构调整、路径模式创新、"三生空间"改善、个体自我发展等6个主范畴,各主范畴证据链及对应系统要素具体如下。

1. 基层组织保障子系统

基层组织保障主范畴证据链(图1a)为:(1)基层组织建设是基层组织保障的基础、前提。基层组织建设是指农村党支部的建设和完善,是农村工作的核心环节,管理着农村社会、经济、生态等领域。贵州创新建立片区大党委工作模式实现扁平化管理,协调多方主体形成共商、共建、共治、共享的基层治理格局,从提升组织力的层面提高贵州高层和基层的协调治理水平。(2)基层组织保障的中介条件是观念意识转变。观念意识转变是指改变群众的旧有观念实现自力更生,开展如干群大教育等社区活动从思想意识上逐步引导,使相对落后地区的群众逐渐意识到走出贫困境地的关键在于自救。此外,相对贫困地区会出现小病不重视、大病不就医的现象,基层组织引导群众转变思想观念,增强其健康意识。(3)社区基层服务是基层组织保障的行动策略。社区基层服务是指不断完善社区基层配套服务。贵州加强一站式服务大厅建设,协调其他相关部门工作人员入驻乡村社区便民服务中心办公,将党支部和便民中心深度融合,统筹社区工青妇组织、自治委员会、企业社会组织和居民等不同层级力量,切实满足群众实际需求,以基层的统筹协调全力配合上级部门开展脱贫减贫工作。(4)基层组织保障子系统通过以上要素的输入和相互作用,实现组织在基层的引领功能,最终的输出结果是提升基层组织的管理效能和居民生活满意度。

2. 深入基层治理子系统

深入基层治理主范畴证据链(图1b)为:(1)入户实地调研是深入基层治理的基础、前提。与基层组织保障侧重于组织层面的概念不同,深入基层治理是驻村第一书记等领导干部个人层面的力量在发挥作用。入户实地调研是指驻村第一书记深入基层开展入户调研工作,走遍村组贫困家庭调查实际生活状况并分析贫困原因与解决办法。与村支两委一起深入农田,宣讲国家政策,了解群众日常生活,并向老党员、老村干部请教经验,听取他们提出的发展意见。(2)榜样示范引领是深入基层治理的中介条件。榜样示范引领是指驻村第一书记自己带头示范,独立尝试创业项目取得良好效益以消除村民疑虑,从而带领村民一起致富。驻村第一书记带领村支两委争取帮扶资源、政府贴息贷款和群众就业机会,并向自己亲友寻求帮助为村民争取发展资源,通过自身实际行动做示范带动群众就业创业,以经济层面的自救推动精神层面的自救,真正赋能当地群众,使其实现全面发展。(3)突破发展瓶颈是深入基层治理的行动策略。突破发展瓶颈是指基层干部具体问题具

---

① 王海花、彭正龙、蒋旭灿:《开放式创新模式下创新资源共享的影响因素》,《科研管理》2012年第3期。

体分析,将问题界定清楚并现场研判以寻找发展突破口。为方便与当地群众交流,驻村干部学习地方方言,研究本土文化,与当地村民一同探讨产业发展的现有基础,个性化制订本地发展规划突破发展瓶颈。同时,为解决村民土地遗留问题主动调解邻里矛盾,建设文体项目营造文明和谐的乡风环境。(4)深入基层治理子系统通过以上要素的相互作用,发挥人力资本的基层治理功能,最终的输出结果是实现体察民情并切实解决群众的困难。

3. 产业结构调整子系统

产业结构调整主范畴证据链(图1c)为:(1)产业利益联结是产业结构调整的基础、前提。产业利益联结是指开展多主体合作经营,推进集体经济发展的模式。推动建立"龙头企业+合作社+贫困户""村党支部+合作社+村民"等集体经济发展模式,实现农民变股民、资金变股金、资源变资产的"三变"改革。制订不同区域的个性化发展方案,如鼓励村民参与投资入股、采用集体资产租赁、土地流转、引导村民与景区形成组织形式的利益联结等方式,实现有效脱贫。(2)新型产业模式和人才体系建设是产业结构调整的中介条件。新型产业模式是指依据当地的产业发展基础引进全新发展模式,如发展经果林林下采摘休闲度假项目,推进实施农旅项目、茶旅项目和文旅项目,以新型的产业模式激发本地群众的参与热情,解决地区就业难题。人才体系建设是指吸引精英创业人才回流乡村,引进农业、渔业、旅游业等领域的技术人才带动群众返乡创业就业,人力资本为产业结构的升级迭代注入能量。(3)产业生态发展是产业结构调整的行动策略。产业生态发展是指倡导绿色农业发展模式,实现产业生态化、生态产业化发展。贵州尝试培育市级种养殖示范项目,以农旅一体化发展方式招商引资,打造干净、亲民的营商环境。同时,加快推进绿色发展方式,将多种类型的种养殖项目有机结合,孵化生态种养殖场解决村民就业问题,以产业规模化发展释放绿色红利。(4)产业结构调整子系统通过以上要素的输入,发挥产业升级提振地区经济的功能,从而实现欠发达地区经济的可持续发展。

4. 路径模式创新子系统

路径模式创新主范畴的证据链(图1d)为:(1)帮扶政策创新是路径模式创新的基础、前提。帮扶政策创新是指依照贵州各地村民的实际需求采取因户施策、优化制度的形式做到精准扶贫。精准扶贫强调定位要精准,针对致贫因素、人员收入等提出一村一政策、一户一政策等脱贫办法。此外,依据原有村规和现实问题形成社区楼长负责制、群众会议模式、"一坝一长"制等工作制度,完善农村社区治理。(2)工作模式创新是路径模式创新的中介条件。工作模式创新是指推行如精准识别"四看法"、1234驻村工作法和励志积分工作制等举措,实现工作模式上的创新。建立触及村的多层级防贫预警平台,实时跟踪预警监测对象的家庭状况,做好服务台账和群众接访服务工作。培养后备基层管理人员,打通合作社负责人、党员和村委会委员晋升路径,提高基层管理人才质量。(3)减贫路径创新是路径模式创新的行动策略。减贫路径创新是指以党组织引领为主导开创多种减贫路径和工作模式。乡党委政府部门整合扶贫资金入股村民公司,将政策扶持资金落地使用造福村民,将党建与德治、法治、自治相结合,走出一条党建引领下的村民参股联营的致富路。医疗帮扶落实到人,以保障建档立卡贫困人口的基本医疗健康服务,协调配置不同地区的教育资源,保障相对贫困地区人口的教育公平性和可获得性,实现"一达标、两不愁、三保障"要求。(4)路径模式创新子系统通过以上要素的输入,实现制度和模式的创新功能,最终输出的结果是创造性地靶向解决发展难题。

5. "三生空间"改善子系统

"三生空间"改善主范畴证据链(图1e)为:(1)生活服务设施是"三生空间"改善的基础、前提。生活服务设施建设要满足村民基本的住房需求,保证交通道路的通畅便捷。拆除和重建房屋、易地扶贫搬迁、老旧房屋整治、房屋立面改造等保障困难群众住上安全房屋。公路硬化做到水泥路村村通、组组通,进村道路扩建、机耕道路建设和院坝硬化等项目改变贵州交通不畅的发展难题,使丰富的资源禀赋具备良好的输出基础。(2)生产设施保障是"三生空间"改善的中介条件。生产设施建设能够解决部分村镇亟须解决的基本生产生活需求问题。实施集镇供水工程和农村安全饮水巩固提升工程,帮助群众修理水窖解决人畜饮水问题,补齐绿化、排污、排洪、农田灌溉等生产生活设施短板,实施平安亮化项目,组建治安巡逻队,投入专变电项目资金改善电网通信基础服务水平,切实满足群众实际需求。(3)生态环境维护是"三生空间"改善的行动策略。生态环境维护是指将人工的技术保护措施与自然环境的自我组织、天然生成有机结合,使得自然生态系统的原真性和完整性得以留存。乡村地区医疗卫生、教育教学和交通出行等基本公共服务设施的建设以保护和还原乡村原有自然生态为指导原则,加强农耕用地生物廊道功能,保护和增加农田用地中的自然和非自然缓冲带以保护农作物的多样性,推进实现国家粮食安全、农产品质量达标、生态环境总体安全等目标。(4)"三生空间"改善子系统通过以上要素的相互作用,实现人与自然和谐共生的平衡功能,最终输出的结果是改善乡村人居环境条件,维护生态系统平衡。

6. 个体自我发展子系统

个体自我发展主范畴的证据链(图1f)为:(1)培养可行能力是个体自我发展的基础、前提。培养可行能力是指在志智双扶的过程中落实以人为本的发展理念,保障村民基本能力,促进村民生活质量稳步提升。依据乡村和群众发展需求制订能力提升计划,强化经济欠发达地区群众的能力提升意识,发挥党员干部的帮扶带动作用,精确定位农村居民提升个体能力需求。(2)增强内生动力是个体自我发展的中介条件。增强内生动力是指从思想意识层面合理培养、引导相对贫困地区村民的自我发展意识，促成个体的自我觉醒。引导贫困户发扬自力更生精神，开展扶知识、扶技术、扶思路的扶志、扶智专项行动，用"精神扶贫"授人以渔带动"物质扶贫"，反过来，经济状况的改善进一步强化个体的自我发展意识，促成良性循环。同时，发挥新时代农民讲习所的作用，开展文明家庭评选活动，引导广大农民树立勤劳自强观念，宣讲国家政策，增强欠发达地区群众的信心。(3)着力提高减贫发展成效是个体自我发展的行动策略。开展技术培训和就业致富指导，利用村民会、板凳会等大力宣传党的政策引导鼓励村民创业就业，组织开展家政、电工、焊工、农艺、手艺等技术培训改变群众贫困现状。鼓励村民与农业技术公司签署合作协议，帮助群众申请特惠贷并主动帮助群众到银行担保贷款，实现造血式扶贫。(4)个体自我发展子系统通过以上要素的输入，发挥转变个体思想观念的功能，最终输出的结果是实现个人的自我蜕变以促成真脱贫。

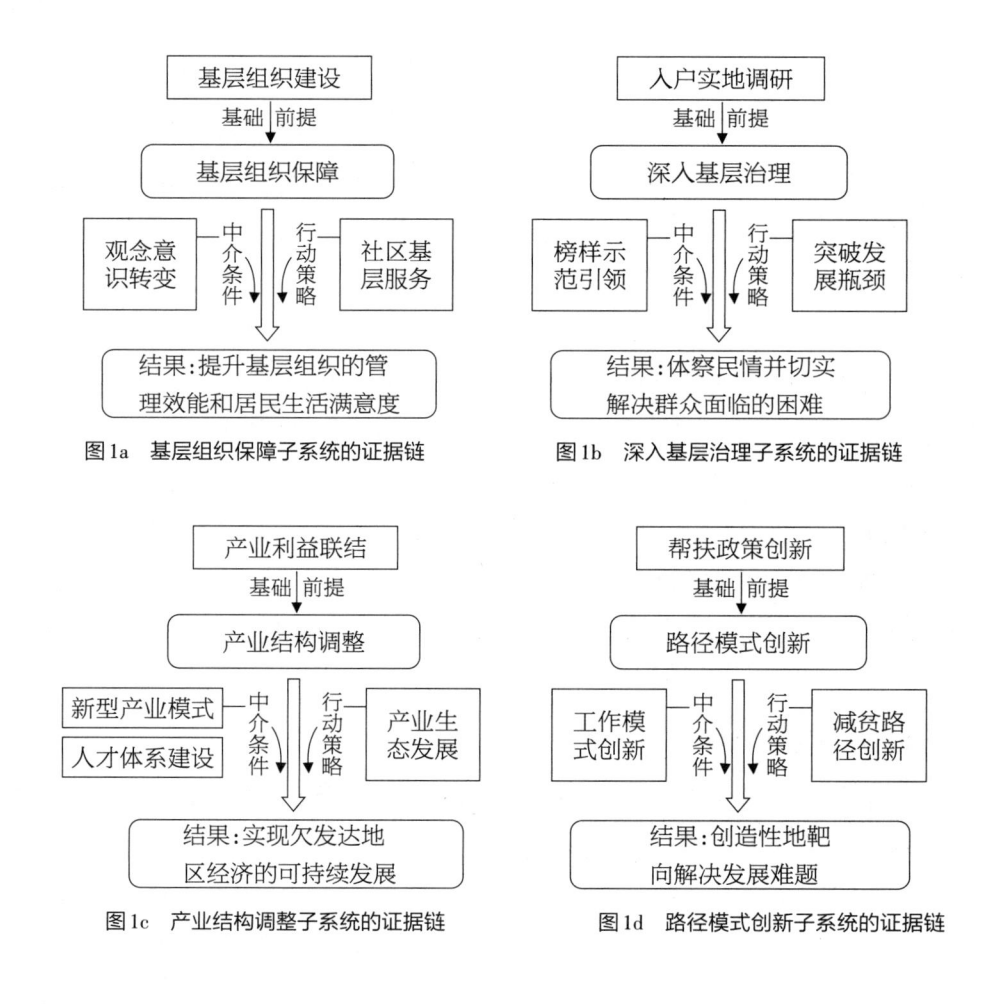

图1a　基层组织保障子系统的证据链

图1b　深入基层治理子系统的证据链

图1c　产业结构调整子系统的证据链

图1d　路径模式创新子系统的证据链

[图示：图1e "三生空间"改善子系统的证据链；图1f 个体自我发展子系统的证据链]

生活服务设施 —基础前提→ "三生空间"改善
生产设施保障 ←中介条件 / 行动策略→ 生态环境维护
结果：改善乡村人居环境条件，维护生态系统平衡

培养可行能力 —基础前提→ 个体自我发展
增强内生动力 ←中介条件 / 行动策略→ 减贫发展成效
结果：个人的自我蜕变促成真脱贫

图1e "三生空间"改善子系统的证据链　　图1f 个体自我发展子系统的证据链

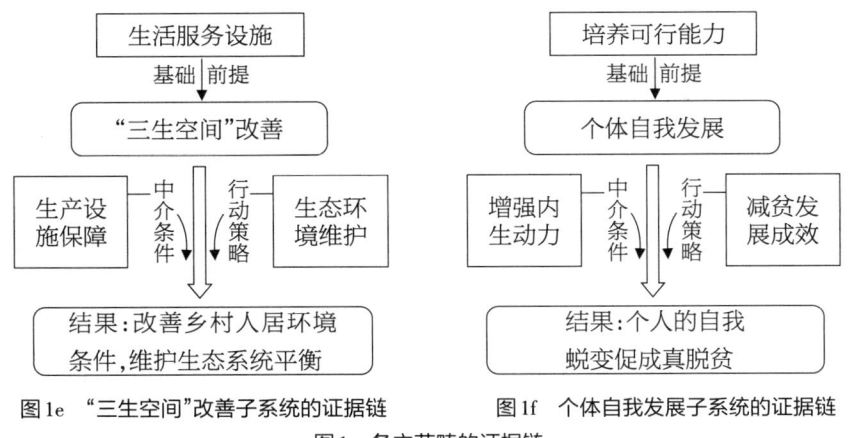

图1　各主范畴的证据链

(三)选择式编码

选择式编码需要探寻一个可以统领各主范畴的核心范畴，以分析资料为载体运用串联起来的概念和范畴去简明概括表层现象。

各个范畴间相互关联，核心范畴是由其他范畴归结而成[1]，核心范畴统领着其他范畴[2]。其证据链如图2所示。

[图示：核心范畴的证据链]

基层组织保障（顶层设计）
深入基层治理——核心环节——产业结构调整
巩固拓展脱贫攻坚成果的贵州实践
"三生空间"改善——行动策略——路径模式创新
↓结果
个体自我发展

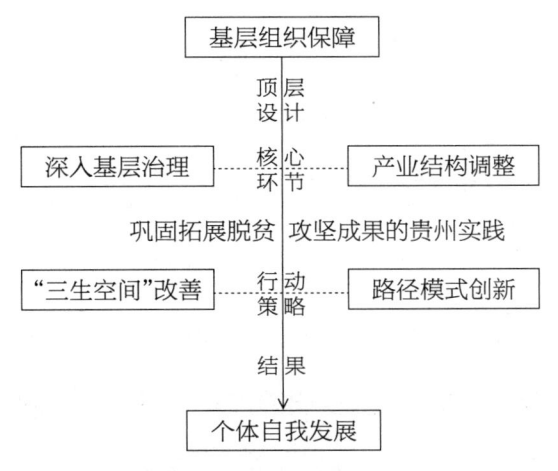

图2　核心范畴的证据链

核心范畴的证据链显示，基层组织保障、深入基层治理、产业结构调整、路径模式创新、"三生空间"改善、个体自我发展等6个主范畴可由"巩固拓展脱贫攻坚成果的贵州实践"这一核心范畴来统领和概括。其中，基层组织保障是巩固拓展脱贫攻坚成果的顶层设

---

[1] 陈向明：《质的研究方法与社会科学研究》，北京：教育科学出版社，2000年。
[2] 陶厚永、李燕萍、骆振心：《山寨模式的形成机理及其对组织创新的启示》，《中国软科学》2010年第11期；龙江智、王苏：《深度休闲与主观幸福感——基于中国老年群体的本土化研究》，《旅游学刊》2013年第2期；黄敏学、李小玲、朱华伟：《企业被"逼捐"现象的剖析：是大众"无理"还是企业"无良"？》，《管理世界》2008年第10期。

计,深入基层治理和产业结构调整是减贫实践的核心环节,"三生空间"改善和路径模式创新是减贫实践行动策略,最终实现个体自我发展的脱贫结果。

(四)饱和度检验

研究对剩余资料和相关案例比对分析发现扎根理论得到的范畴已饱和,可从以下两个方面阐释:一是在仔细分析剩余33个案例后未出现其他概念和新的范畴,无法起到补充现有范畴的作用;二是研究在分析80个案例过程中发现编码进行到第65个案例后再无新概念生成,据此判断,巩固拓展脱贫攻坚成果的贵州实践研究模型达到饱和。

四、研究发现

研究对贵州脱贫攻坚实践过程进行扎根分析,在系统工程思想指导下梳理各系统要素间的结构关系和价值意义,探索构建巩固拓展脱贫攻坚成果的理论模式,如图3所示。

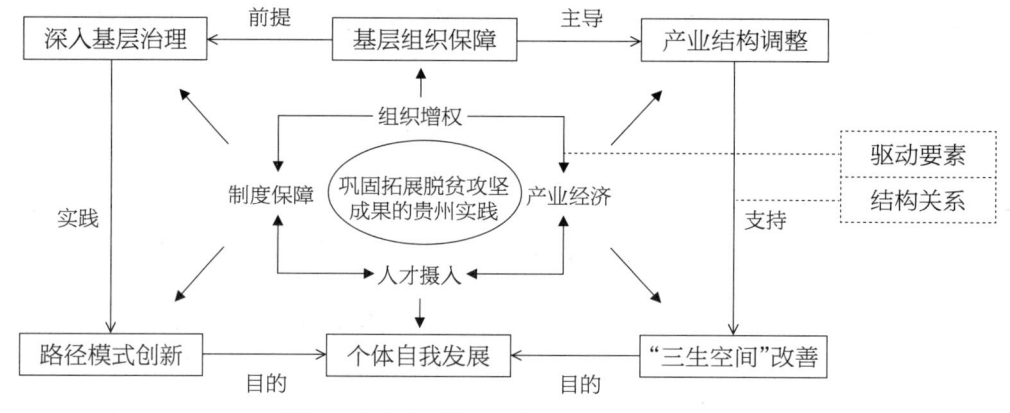

图3 巩固拓展脱贫攻坚成果的理论模式示意图

(一)基层引领确保深入治理,组织保障深化产业结构调整

基层组织保障贯穿贵州脱贫实践全程,是贵州消除绝对贫困的前提和基础。基层党组织在脱贫攻坚的各个环节发挥着引领和示范的作用,党组织通过适度组织增权的方式有效驱动多方主体积极参与到改革与创新中来,通过资金扶持、树立榜样等经济增权、社会增权的方式,引导基层治理革新、产业结构调整等环节,驱动多方要素协调配合确保完成脱贫攻坚目标,凝心聚力从教育、医疗、产业、人居、生态等多方面确保各层级目标的顺利实现。

深入基层治理和产业结构调整是基层党组织人员在社会治理和经济发展过程中的落脚点。一方面,基层组织保障是深入基层治理的前提和基础。在驻村第一书记深入一线展开实地调研的前、中、后不同阶段均需要基层党组织在各个方面的协调安排,有效对接和调用精锐人员开展扶贫工作,确保发挥出专业人员的自身优势。另一方面,基层组织保障对产业结构调整起着主导的作用。基层党组织引领企业、村民以及社会组织等不同主体建立多种形式的利益联结模式,通过引进专业技术人才、储备培养本土人才进一步完善人才体系的建设,推动本土产业向生态化、模式化方向发展。

(二)深入实践探索创新模式,产业布局优化"三生空间"

路径模式创新和"三生空间"改善是基层党组织在完善模式机制和改善人民群众生产生活等方面的关节点。一方面,深入基层治理为路径模式创新提供实践层面的指导。在针对地区特色提出创新性的帮扶政策和减贫路径的过程中,驻村第一书记与村支两委一同深入贫困群众家庭挖掘致贫原因,具体问题具体分析,通过实地调查来针对性地制定帮扶政策,改良基层工作模式,解决群众的现实困难。另一方面,产业结构调整支持"三生空间"的改善。贵州相对落后地区的经济振兴离不开产业的良性发展,产业发展带来的经济红利为当地的生活服务设施、生产服务设施的建设提供保障,坚持宜种则种、宜养则养、宜林则林的发展理念,为当地和谐、美丽的生态文明建设筑牢基础,故产业发展在乡村"三生空间"的改善中起到支撑作用。

从驱动要素层面看,制度保障驱动着深入基层治理子系统和路径模式创新子系统的有序运转,将驻村第一书记等领导干部深入一线的实践调研成果上升到制度保障层面,从村民的实际需求和困境出发创新帮扶政策和减贫路径,确保规章制度可落地、可执行。产业经济驱动着产业结构调整子系统和"三生空间"改善子系统的有序运转,耦合乡村周边多种经济形式以协调产业的系统升级,为乡村在生产、生活和生态环境方面的改善提供基础条件。

(三)人才赋能系统全局,地区经济与个体发展实现闭环迭代

路径模式创新和"三生空间"改善的最终目的是实现个体的自我发展。基层党组织以培养本地群众可行能力和内生动力的方式实现志智双扶,体现着以人为本的发展理念。人才直接驱动个体自我发展子系统,间接驱动其他子系统的有序运转,为整个系统的运行提供智力支撑。在面对贵州减贫实践的具体困难和不可抗力因素时,人的主观能动性发挥了最大的效用,在关键节点处依靠顽强精神扭转难以改变的局面,最终将为人民服务落到实处,惠及贵州广大农村地区的百姓生活。当地群众通过自我发展改善自身经济状况从而带动地区经济好转,地区经济的提振反过来作用于当地群众进一步提升自我发展能力,形成良性的循环迭代助力地区的可持续发展,最终殊途同归实现个体的自我发展。

在以上分析的贵州减贫各个实践环节中,均需要脱贫攻坚精神作为动力源泉提供有力支撑,以坚定不移的精神为引领、以严密细致的组织为保障、以英勇奉献的领导干部为

依托不断攻克一个又一个困难,最终达成脱贫攻坚目标的顺利实现。脱贫攻坚战的全面胜利以党的领导为主线,从六个维度展现了脱贫攻坚精神,具体来看,基层组织保障子系统从组织、观念和服务层面体现了上下同心的脱贫攻坚精神,深入基层治理子系统从一线实践、榜样带动层面体现了尽锐出战的脱贫攻坚精神,产业结构调整子系统从利益分配、产业模式、人才体系层面体现了精准务实的脱贫攻坚精神,路径模式创新子系统从政策、模式、路径的创新层面体现了开拓创新的脱贫攻坚精神,"三生空间"改善子系统从生产、生活、生态的完善层面体现了攻坚克难的脱贫攻坚精神,个体自我发展子系统从可行能力、内生动力层面体现了不负人民的脱贫攻坚精神。新时代脱贫攻坚精神彰显了中国在减贫、扶贫领域的中国经验和中国智慧,是我国新时代精神文明建设的重要成果,对接续奋斗推进乡村振兴、逐步实现共同富裕具有重要的理论和现实意义。

五、对乡村振兴的启示

巩固拓展脱贫攻坚成果理论模式的发现对于接续奋斗推进乡村振兴可提供指向性的管理启示。巩固拓展现有脱贫攻坚成果与推进乡村振兴不是割裂开的两个阶段[1],在衔接之中、之后等阶段仍有巩固的任务需要进一步完成,且两大战略的有效衔接是巩固拓展脱贫攻坚成果的层层递进,只有巩固好已有治贫成果才能更好地推进脱贫地区和经济欠发达地区全面振兴,实现富民愿景。

一是巩固拓展脱贫攻坚期间建立的乡村人才振兴机制。发挥政府部门在人才培育上的主动引领作用,将外部引入与内部培育相结合的培养方式贯彻落实到底。推进回流专业人才的逐步转型,发挥出大学生村官、青年农民创客、科技特派人才以及驻村第一书记等人才驻留优势[2],将其在脱贫攻坚过程中的示范效应和引领作用加以巩固利用。同时,为避免帮扶政策仅惠及少数龙头企业和本地精英,可尝试培育建设一批通过产业带动实现稳定增收的就业主体,培训具备实用农业技术的新型农民,发展一批乡村休闲旅游示范工程并给予政策上的倾斜,持续加大乡村劳务协作力度和提升公益性岗位供给水平,优化扶贫资产配置,有序增加脱贫群众的财产性收入,将前期投入大量资源而形成的脱贫成果牢牢守住,并尝试转化成推进农业农村现代化、乡村高质量发展的有利条件。

二是乡村基层治理体系整体性重塑,拓展县域全局发展能力。巩固完善脱贫攻坚期间建立的返贫监测体系,提高监测数据的质量和可信度,延续此前较有成效的领导机制、责任机制、评价机制,推动经济部门干部进穷村、政法部门干部进乱村,实现以需求为导向的因村

---

[1] 陈明星:《脱贫攻坚与乡村振兴有效衔接的基本逻辑与实现路径》,《贵州社会科学》2020年第5期。
[2] 彭华涛、皇甫元青:《巩固拓展脱贫攻坚成果与乡村振兴的衔接机制分析》,《江汉论坛》2022年第1期。

派人要求。完善省、市、县、乡、村五级书记齐抓共管机制,增加制度供给以促进集中性防贫治理向常规性防贫治理转变[1],将工作责任可量化、约束性手段运用到乡村振兴工作的推进中。从拓展视角来看,将精准治贫机制、东西对口帮扶机制、驻村责任机制的合理转换作为提升县域整体发展能力的关键抓手,并将良性工作机制拓展到县域治理的多个领域。

三是提高乡村基本公共服务均等化水平和可及性水平。脱贫地区同其他地区相比在公共服务层面还存在系统性的供给差距,从巩固视角来看,强化脱贫攻坚期间形成的老年人减贫、乡村基础教育、医疗补贴等层面的基础条件维护,提升基础设施维护和公共服务质量。同时,创新农村三产融合发展体系,推广更大范围的农村土地整治行动和更高标准的优质农田建设,将原有农业增产导向转变为提质增效导向,以引进创意农业建设、培育特色文化产业、发展农村共享经济等方式让农民共享乡村产业链升级带来的收益。从拓展视角来看,优化进城务工农民在社会保障、教育医疗等方面的公共服务,避免出现农村转向城镇的返贫空间转移问题,以一体化的城乡公共服务体系推动均等化服务供给。

四是推进乡村生态经济和低碳经济的系统性重构。实施脱贫地区农村电商赋能行动计划,发挥地方龙头企业配置产业链上下游资源的核心优势,靶向定位促进群众持续增收的科技项目并实现引进培强,将优势特色农产品做大做强,认证本地有机食品、绿色产品和地理标志,培育具有民族、地域特色的优质农产品品牌,形成品牌聚力。[2]整合乡村地区农业新产业和新业态,建设拥有创意农业、循环农业项目的特色小镇和田园综合体,使小农户发展契合大市场需求。[3]同时,部分脱贫地区天然的生态资源可转变成具备持续造血能力的绿色资本,可在当地因地制宜发展生态旅游与康养制药产业。适当提高碳交易指标单价,增大森林碳汇撬动绿色循环经济的发展支点。

五是提升农村地区群众收入可持续增长能力。农村地区脱贫群体收入持续性增长能力不强,就业能力有待提高,从巩固视角看,继续巩固收入较低人群持续增收机制,强化精准帮扶、对口帮扶等手段的执行力度,缩小此类群体与其他群体的收入差距。从拓展的视角看,将持续增收机制拓展到更大范围、更广区域的受众群体,为收入较低人群提供社会保障、帮扶资产、集体经济等多维度增收渠道,以解决区域发展不平衡不充分问题。尝试精准调配互联网农业、物流供应体系、数字化供销平台等新型基础设施,提升数字化产业在乡村地区的整体布局与配置水平,进一步延长农业产业链、强化农产品供应链以实现产业带动持续增收。

---

[1] 涂圣伟:《脱贫攻坚与乡村振兴有机衔接:目标导向、重点领域与关键举措》,《中国农村经济》2020年第8期。
[2] 叶兴庆:《以提高乡村振兴的包容性促进农民农村共同富裕》,《中国农村经济》2022年第2期。
[3] 贾晋、尹业兴:《脱贫攻坚与乡村振兴有效衔接:内在逻辑、实践路径和机制构建》,《云南民族大学学报》(哲学社会科学版)2020年第3期。

Theoretical model of consolidating and expanding the achievements of poverty alleviation and its enlightenment for rural revitalization:

Grounded analysis based on meritorious deeds of the exemplary individuals in Guizhou's poverty alleviation

Wang Chao, Cui Huaqing, Guo Na

(College of Business Administration, Guizhou University of Finance and Economics, Guiyang in Guizhou, 550025)

Abstract: Aligning efforts to consolidate and expand the achievements in poverty alleviation with efforts to promote rural revitalization, as well as comprehensively promoting rural revitalization, is a major concern of the Party and the country in the new era. Taking the meritorious deeds of the exemplary individuals in Guizhou Province who have made great contributions to the national poverty alleviation as the research subject, using the Grounded Theory as the analysis method, combined with the analysis by applying NVivo12, it is found that the theoretical model of consolidating and expanding the achievements of poverty alleviation is composed of six subsystems: grass-roots organization guarantee, deepening the primary-level governance, industrial structure adjustment, path and mode innovation, improvement of spaces for "agricultural production, life and ecology", and individual self-development. The structural relationship between each subsystem is systematically analyzed, and it is found that the theoretical model of consolidating and expanding the achievements of poverty alleviation practice in Guizhou Province is that grass-roots organization guarantee is the premise of in-depth governance of village cadres, and the primary-level organizations in rural areas also dominate the adjustment of rural industrial structure. In the process of in-depth practice to solve the problem of poverty reduction, the path and mode of poverty alleviation should be innovated to achieve the purpose of individual self-development. At the same time, the dividend of industrial development supports the improvement of rural production, life and ecological space, and effectively improves the living conditions of farmers. Finally, the individual self-development will be promoted in different ways. The theoretical model has provided the following guidance for comprehensively promoting rural revitalization: First, it consolidates and expands the rural talent revitalization mechanism established during the poverty alleviation; Second, it remodels overall the grass-roots governance system in rural areas, and enhances the capacity of overall development of the county; Third, it improves the level of equalization and accessibility of basic public services in rural areas; Fourth, it promotes the systematic reconstruction of ecological economy and low-carbon economy in rural areas; Fifth, it enhances the ability of sustainable income growth in rural areas.

Key words:consolidate and expand the achievements of poverty alleviation; rural revitalization; Grounded Theory; theoretical model; Guizhou

发展农业适度规模经营　促进农业绿色生产行动
——关于农业规模经营与农业绿色生产的研究综述

赵　昶　杨宜勇

（国家发展改革委中国宏观经济研究院市场与价格研究所，北京100038）

摘　要：随着生活水平的提高，人们对于安全优质的农产品以及良好生态环境的需求日益迫切。与此同时，推进土地流转、发展多种形式的适度规模经营是中国农业现代化转型中所重点关注的问题之一。现有研究对农业规模经营的界定主要有两种：一种是以土地流转为实现形式的土地规模化经营，另一种是以规模经营主体对各类生产、社会化服务的外包为主要形式的服务规模化经营。农业规模经营的效益不仅仅体现为经济效益，越来越多地体现在绿色效益方面。农业规模经营的两种实现形式，通过不同的路径来影响农业绿色生产：一是土地规模扩大通过农户效益最大化来影响其生产行为，进而促进绿色生产；二是服务规模化经营通过现代化的农业生产方式以及系统的监督和监管来直接或间接促进农业绿色生产。现有关于农业规模经营的研究仍存在对绿色效益关注不足、理论支撑较弱，以及数据和方法较为单一的问题。未来实现乡村振兴，需要以促进多种方式的农业规模经营为抓手，走绿色、高质量的中国式农业现代化发展道路。

关键词：农业适度规模经营；农业绿色生产；农业高质量发展；研究综述；中国式现代化

农村仍是全面建设社会主义现代化国家进程中任务最艰巨、最繁重的区域。深入推进中国式现代化，要坚持"三个必须"，即必须坚持农业农村优先发展、必须坚持城乡融合发展和必须畅通城乡要素流动。2022年10月16日，习近平总书记在中国共产党第二十次全国代表大会上的报告《高举中国特色社会主义伟大旗帜　为全面建设社会主义现代化

作者简介：赵昶，中国人民大学农业与农村发展学院博士研究生毕业，现为中国宏观经济研究院市场与价格研究所助理研究员，主要研究方向为宏观经济、大宗商品价格、农业经济和乡村振兴等。杨宜勇，中国宏观经济研究院市场与价格研究所所长，二级研究员，国家发展改革委高级职称评定委员会委员，国家有突出贡献的中青年专家，国务院政府特殊津贴获得者，世界经济论坛全球议程理事会理事；目前主要从事有关宏观经济、市场体系、价格规制、社会发展、乡村振兴和工程咨询等方面的政策研究。

国家而团结奋斗》中明确指出:"巩固和完善农村基本经营制度,发展新型农村集体经济,发展新型农业经营主体和社会化服务,发展农业适度规模经营。"

一、农业规模经营研究基础综述

发展农业适度规模经营就是一切从中国的基本国情出发,兼顾经济学中的农业规模经营理论,努力做到因时制宜、因地制宜、因人制宜。

(一)何谓农业规模经营

从传统的经济学理论视角来看,农业规模经营的概念来源于经济学理论的"规模经济"和"规模报酬"。传统的规模经济理论认为,在工业部门中,分工和专业化能极大促进劳动生产率的提高,大规模、大批量生产可以带来规模效益,同时,该效益会经历规模报酬递增、不变和递减三个阶段,其中递增是产生规模经济的重要原因之一。[①]中国农业中的土地规模经营是规模经济的一种,但也有自己独特的含义。在农业部门中,土地具有其独特性,是最基本的、不可取代的生产资料,因此,农业规模经营主要依靠土地规模的扩大来实现,这是国内外大部分学者对农业规模经营进行概念界定的出发点。比如,郭庆海在分析短期平均成本曲线包络出的长期平均成本曲线的基础上,认为农业规模经营是以土地规模调整为中心的,且土地规模大小是影响规模经营的最关键因素。[②]何秀荣认为对于传统的粮、棉、油、糖这类土地集约型作物来说,经营收入与农地数量呈正相关关系,因此农地的规模经营实现的重要途径即将农地规模扩大到务农收入底线经营之上。[③]还有较多学者提到了适度规模经营的概念,认为适度规模经营是农业经营主体处于获取最佳经营效益时的土地规模经营状态,在这种特殊状态下,合理配置土地、劳动力、资金和技术等各种生产要素,最优运行,达到提高土地生产率、降低生产成本的目的。[④]

在现实中,单纯依靠土地规模扩大实现规模经营是难以实现的。农户能否获得土地会受到市场条件的限制。[②]土地缺乏弹性的供给特质导致土地规模难以达到经济学中最优效益的实现规模(即保持规模报酬递增的土地规模)。因此,对农业规模经营的定义不应局限于对土地规模的考量,还应将其他生产要素的专业化、规模化程度考虑在内。已有

---

① 许庆、尹荣梁、章辉:《规模经济、规模报酬与农业适度规模经营——基于我国粮食生产的实证研究》,《经济研究》2011年第3期。
② 郭庆海:《土地适度规模经营尺度:效率抑或收入》,《农业经济问题》2014年第7期。
③ 何秀荣:《关于我国农业经营规模的思考》,《农业经济问题》2016年第9期。
④ 张成玉:《土地经营适度规模的确定研究——以河南省为例》,《农业经济问题》2015年第11期;罗丹、李文明、陈洁:《粮食生产经营的适度规模:产出与效益二维视角》,《管理世界》2017年第1期。

学者将生产要素的投入比例也包含在规模经营的内涵中,Woodhouse 基于土地规模大小(farm size)和要素规模化(farm scale)区分了规模经营不同维度的概念,指出土地、劳动力和资本等要素的投入成本不同会导致规模化差异,规模经营不仅仅是由土地数量决定,更是要素投资组合的优化。[1]朱文珏、罗必良总结了规模经营的生成路径,认为农地经营权流转和要素市场发育共同决定了农地规模经营,其中劳动力市场、生产性服务外包市场的发育是进一步扩大农地规模的关键因素。[2]规模经营的制度安排就是农户承包地通过不同形式的组织化实现大规模集中,通过组织化降低要素投入成本,实现制度净收益。规模经济的本质是分工和专业化,罗必良在分工理论的基础上对规模经济的本质进行了深入剖析,进一步将规模经营分为土地规模经营和服务规模经营,随着土地规模的扩大,要素投入的成本将超出农户的行为能力,对此,则需要通过购买生产性服务实现服务规模化,深化农业分工。[3]

通过国内外对规模经营的概念研究可以看出,农业规模经营不仅指狭义上的土地经营面积的扩大,还包含对除土地外的多种其他要素的优化投入。规模经营的概念已经从农地规模经营拓展到了服务规模经营,最终实现各要素充分利用、土地面积达到最优规模的适度规模经营状态。可见,学者们对于农业规模经营的认知经历了不断深化、全面的过程,观察视角也从传统农业向现代农业发展转变。

(二)规模经营的实现形式

基于已有研究对农业规模经营的多维定义,结合中国农业分散化、小规模经营的实际情况,采取多种方式推动规模经营是现行政策的发展方向。国内理论界关于规模经营的实现路径形成了"土地规模论"与"服务规模论"两大派别。[4]

"土地规模论"主张通过促进农地的流转,改变小农户分散化经营的现状,实现农地集中经营。何秀荣总结提炼出了农地规模扩大的三种路径,包括农户间自发或者有组织的土地流转,依靠土地股份制合作社实现土地流转,以及通过工商业资本租地进入农业。[5]他进一步分析了三种方式的优缺点,农户间自发流转更适合于欠发达地区,发达地区可能因为缺乏经营者导致难以实现;土地股份制合作社则更适合于发达地区,其对经营管理团

---

[1] Woodhouse P., "Beyond Industrial Agriculture? Some Questions about Farm Size, Productivity and Sustainability," *Journal of Agrarian Change* 10, no. 3 (2010): 437-453.
[2] 朱文珏、罗必良:《行为能力、要素匹配与规模农户生成——基于全国农户抽样调查的实证分析》,《学术研究》2016年第8期。
[3] 罗必良:《论服务规模经营——从纵向分工到横向分工及连片专业化》,《中国农村经济》2017年第11期。
[4] 胡新艳、朱文珏、罗必良:《产权细分、分工深化与农业服务规模经营》,《天津社会科学》2016年第4期。
[5] 何秀荣:《关于我国农业经营规模的思考》,《农业经济问题》2016年第9期。

队要求较高,且要求当地农业劳动力已经实现大部分转移;工商业资本进入农业的方式则更适合于大规模的农场。总之,不同流转形式各有利弊,应该让农户在充分了解各类流转形式的适用条件的基础上自由选择,最终实现土地流转经营的目标。然而,在土地流转的进程中也出现了不少的问题,如中介组织无序、流转形式分散、利益主体虚化等,这阻碍了农业规模化、现代化的发展,因此在推行多元化流转的同时,还需要建立诸如"散户—中介组织—大户"这类高效、有序的土地流转模式。

"服务规模论"则主张通过组织规模化,将农户的经营权进一步细分,实现规模经营主体对各类生产、社会化服务的外包,进而促进要素优化投入。比如,张光辉认为,规模化的本质意义就是引用先进的生产技术和工具,进而促进单产提升,因此要促进农地经营权向专业大户等经营主体转让。[1]赵鲲区分了规模经营的不同实现形式,提出了"共享土地经营权"的做法,认为要从土地细碎化、农户担心失去补贴的现实情况出发,鼓励农户与新型经营主体共享经营权,加入农民合作社,获得社会化服务。[2]杨子等用2016年中国家庭追踪调查数据研究发现,农业社会化服务在减少农户的劳动力、技术资源禀赋约束的同时,促进了土地规模经营的发展。[3]孔祥智、穆娜娜深入比较了土地流转型规模经营与服务带动型规模经营,研究发现要在中国实现小农户与现代农业有机衔接,以土地租赁为主的流转型规模经营道路是行不通的,通过农民的组织化,发展农业社会化服务才是发展现代农业的有效途径。[4]国内外已有大量文献表明,以农民合作社为代表的组织化主体可以通过分离经营权实现分工合作、降低交易成本,从而使小农户专注于生产性活动,同时接受合作社提供的产前、产中、产后的一条龙社会化服务,抵抗市场风险,获得规模化收益,是实现规模经营的另一条可行路径。[5]

随着规模经营的内涵不断深化,越来越多的学者开始意识到,走"土地规模化"与"服务规模化"相结合的双重路径才能更有效率地实现规模经营。张红宇总结了规模经营的两种路径选择,在城郊和发达地区通过土地经营权流转促进生产规模化,而在劳动力大量外流的广大农村地区,则通过培育新型经营主体、发展生产性服务的方式来促进服务的规模化。[6]李宾、马九杰明确提出实现适度规模经营的两个方向,即以土地单一集中为主的"专业化"和以农户间纵向、横向合作为主的"合作化",也就是加入农民合作社。[7]朱文珏、

---

[1] 张光辉:《农业规模经营与提高单产并行不悖——与任治君同志商榷》,《经济研究》1996年第1期。
[2] 赵鲲:《共享土地经营权:农业规模经营的有效实现形式》,《农业经济问题》2016年第8期。
[3] 杨子、饶芳萍、诸培新:《农业社会化服务对土地规模经营的影响——基于农户土地转入视角的实证分析》,《中国农村经济》2019年第3期。
[4] 孔祥智、穆娜娜:《实现小农户与现代农业发展的有机衔接》,《农村经济》2018年第2期。
[5] 孔祥智:《新型农业经营主体的地位和顶层设计》,《改革》2014年第5期;Ma Wanglin and Abdulai A., "Does Cooperative Membership Improve Household Welfare? Evidence from Apple Farmers in China," *Food Policy*, 58(2016): 94-102.
[6] 张红宇:《农业规模经营的两种路径选择》,《人民日报》2015年9月13日第10版。
[7] 李宾、马九杰:《劳动力转移是否影响农户选择新型农业经营模式——基于鄂渝两地数据的研究》,《经济社会体制比较》2015年第1期。

罗必良通过构建"行为能力—要素匹配—规模农户"的理论框架，分析了农户实现规模经营的行为逻辑与内在机理，并总结出规模经营的基本优先次序：首先是基于农地转入的规模经营初始扩大，这个过程受土地产权以及农地经营权流转市场发育的影响；然后是基于生产性服务外包市场发育的农地规模进一步扩大；最后则是取决于农业信贷市场完善情况的农地规模再一步扩大。[1]赵颖文等提出农业规模经营的效益可以通过内部、外部两种方式来实现，内部规模经济解决土地规模偏小的问题，主要通过土地入股、托管和地块互换等方式来促进土地有序规模化；外部规模经济则有赖于社会化服务体系的完善，要通过推动合作组织化的方式来实现。[2]鲍静、张士云也强调除了土地规模化外，农民合作社在实现组织规模化、发展范围经济方面起着重要作用。[3]

可以看出，不论是基于农地流转的土地规模化，还是依靠共享经营权的组织规模化（服务规模化），都是不同形势下中国特色的规模经营实现路径，但在具体实施过程中还要根据实际情况综合考虑，一方面要注意土地规模扩张与自身生产经营能力相吻合，另一方面合作社等服务主体要根据自身的服务能力和盈利情况确定服务规模与半径，提升自身的服务质量。

（三）规模经营的效益研究

已有大量研究表明，规模经营取得了具有良好的经济、社会效益。

首先，规模经营提升了经济效益。传统的小农经济具有劳动边际报酬递减的特质，主要依靠劳动力的投入来获得经济效益，因此不可避免地会造成劳动量的"内卷化"。[4]规模经营有利于增加农户的收入[5]，扩大农户的种植面积，提高土地利用效率，从而提高农业产出效率[6]。国内外关于规模经营经济效益的文献十分丰富，部分学者从要素配置的角度，论证了规模经营促进农业生产效率提高[7]；还有学者通过建立生产函数，从投入产出的角度来衡量规模经营的经济效率变化[8]。

---

[1] 朱文珏、罗必良：《行为能力、要素匹配与规模农户生成——基于全国农户抽样调查的实证分析》，《学术研究》2016年第8期。

[2] 赵颖文、吕火明、刘宗敏：《关于推进我国农业适度规模经营的几点思考》，《农业现代化研究》2017年第6期。

[3] 鲍静、张士云：《粮食作物规模经营对化肥使用量的影响——以安徽省11个县198户小麦种植农户为例》，《沈阳农业大学学报》（社会科学版）2019年第2期。

[4] 黄宗智：《华北的小农经济与社会变迁》，北京：中华书局，2000年。

[5] 王嫚嫚、刘颖、陈实：《规模报酬、产出利润与生产成本视角下的农业适度规模经营——基于江汉平原354个水稻种植户的研究》，《农业技术经济》2017年第4期。

[6] 陈秧分、孙炜琳、薛桂霞：《粮食适度经营规模的文献评述与理论思考》，《中国土地科学》2015年第5期。

[7] Bojnec Š. and Latruffe L., "Farm Size, Agricultural Subsidies and Farm Performance in Slovenia," *Land Use Policy*, 32 (2013): 207-217.

[8] 吕晨光、杨继瑞、谢菁：《农业适度规模经营研究——以山西省为例》，《统计与决策》2013年第20期。

其次,规模经营促进了现代农业发展。舒尔茨认为,由于传统农业中生产要素的投资回报率很低,农民难以主动产生投资需求,因此改造传统农业的根本途径是通过农业投资,引入新的生产要素来打破原有的均衡条件。[1]这启示我们要通过技术进步来促进传统农业向现代农业的转变。然而,农业技术的引进是有条件的,必要的农地规模是新技术应用、推广的前提。小规模农户采用先进农业技术的动力不足,制约了农业机械效率提升,进而阻碍了农业生产水平的提高[2],而规模经营通过引进新的生产要素,改变了传统的生产要素,极大提高了农业生产效率。通过组织规模化发展也可以促进新的生产要素投入。大量研究证明,规模经营不仅促进了农业生产环节的服务外包,还促进了农户对农业技术、农业机械的使用。[3]新型经营主体作为规模经营的主要组织力量,在测土配方施肥、土地深耕、植保机、机械化插秧育秧等专业技术的推广中发挥着主力军的作用,不仅促进了现代农业的发展,还缓解了农户进一步扩大农地规模的技术约束。[4]总体来看,规模经营可以通过两条技术路径来促进现代农业的发展:其一是节约劳动力的机械化发展,其二是节约土地与劳动力的生化技术发展。这二者是相容的,因此政策导向不仅仅应该关注大规模机械化,还应该着眼于生化技术与绿色生产。

最后,规模经营会带来社会及生态效益。农业规模经营有利于提高农民的组织化程度,促使农民有组织地进入市场,缓解社会矛盾,促进社会和谐。[5]组织化的规模主体除了促进现代农业发展之外,还能缓解就业问题,提高农民的财产性收入,进而增加社会福利。包括农民合作社在内的新型经营主体,在生产方面带来规模效益的同时,还促进了乡村治理、民主进步和农民幸福。[6]目前,中国农业污染形势依然严峻,农药残留等农产品质量问题还比较突出,在发展农业现代化的过程中,现代投入物越来越多,而分散化小农经营难以实现对生产环节和产品标准化的管控,规模经营则有利于提高政府对于环境污染、食品安全监管的有效性,有利于农业的可持续发展,具有一定的生态效益。

总之,规模经营不仅有现实必要性,还具有经济、社会以及生态等多维效益。不过,各界对于规模经营效益的关注多集中在经济方面,而对于生态效益的关注相对较少。从学界关于规模经营的界定来看,其内涵不仅仅包含经济层面,各类其他要素综合优化配置会

---

[1] 西奥多·W.舒尔茨:《改造传统农业》,梁小民译,北京:商务印书馆,2021年,第15页。
[2] Jones, R. S. and S. Kimura, "Reforming Agriculture and Promoting Japan's Integration in the World Economy" (OECD Economics Department Working Paper, 2013).
[3] Ji Chen et al., "Outsourcing Agricultural Production: Evidence from Rice Farmers in Zhejiang Province," *Plos One* 12, no. 1 (2017): 16.
[4] 杨子、饶芳萍、诸培新:《农业社会化服务对土地规模经营的影响——基于农户土地转入视角的实证分析》,《中国农村经济》2019年第3期。
[5] 董雪娇、汤惠君:《国内外农地规模经营述评》,《中国农业资源与区划》2015年第3期。
[6] 刘同山:《农民合作社的幸福效应:基于ESR模型的计量分析》,《中国农村观察》2017年第4期。

潜在地产生非经济效益,这显然会对影响生化要素投入的绿色生产行为产生作用。

二、农业绿色生产研究综述

习近平总书记指出,推进农业绿色发展是农业发展观的一场深刻革命。在实施乡村振兴战略中,我们必须一以贯之地坚持绿色发展,做到思想上自觉、态度上坚决、政策上鲜明、行动上坚守,这是决定能否成功走出一条中国特色社会主义乡村振兴道路的关键。

(一)农业绿色生产:内涵与特征

1.内涵研究

关于农业绿色生产相关内涵的界定,国内外部分学者均对其进行了研究和总结。大部分学者都一致认为,农业绿色生产强调可持续发展,也就是资源的可持续,以发展生态农业为宗旨,建立绿色清洁农业生产体系,在生产过程中要兼顾经济、社会和生态环境。Garibaldi等指出虽然将农业可持续发展定义为涵盖经济、社会和环境多维度的概念已成共识,但目前该发展模式尚未形成规范,虽然涉及环境和社会效益的考量,但是主要目标仍为最大化粮食产量。[1] Rose等拓展了可持续农业的概念和内涵,深入总结了综合农业管理系统的含义,认为应该在保持生产力的同时改善生态环境。[2] 已有研究强调要通过减量使用化肥、农药等农业投入品,极大限度地节约生产要素,改进种养技术,加大新能源技术在农业生产中的投入,发展循环生态农业,从而减少农业废弃物和面源污染,实现农业发展、经济效益、能源利用和生态保护多维度协调发展。中国于2003年首次提出"绿色农业"的概念,国内很多学者在对各种概念深刻理解的基础上进一步归纳出绿色农业的内涵,认为绿色农业是集有机农业、生态农业、环境友好型农业等为一体的综合系统,有别于传统农业,但兼具各类绿色生产模式的优势。

2.农业绿色生产的特征

国内外学者对于农业绿色生产的特征的研究总结如下。一是农业绿色生产体现了"人合"的理念。区别于传统的生产方式,农业绿色生产在生产的全过程中更加注重人与自然和谐相处,尽量在满足当代人需求的同时增强生产的可持续性,将人们健康生活的权利考虑在内。二是农业绿色生产依托绿色农业技术来实现。绿色生产技术的使用可以极大地提高生

---

[1] Garibaldi L. A. et al.,"Farming Approaches for Greater Biodiversity, Livelihoods, and Food Security," *Trends in Ecology and Evolution* 32, no. 1 (2016): 68-80.

[2] Rose D. C. et al.,"Integrated Farm Management for Sustainable Agriculture: Lessons for Knowledge Exchange and Policy," *Land Use Policy*, 81 (2019): 834-842.

产效率,缓解传统投入要素对环境的压力,具体表现在生物资源良种化、病虫害防治无害化、生产过程现代化、产品销售多元化等多个方面。[1]三是资源利用集约高效。即在整个农业生产过程中将各种农业资源最大限度地合理利用,避免过度投入带来的资源浪费。

(二)农户绿色生产行为:范畴与影响因素

1.范畴

农户的绿色生产行为应该贯穿在整个农业绿色生产过程中,是农户对绿色生产措施进行吸收和实践的过程。基于农业绿色生产内涵中强调的对生物资源投入减量和高效利用,农户绿色生产行为不仅包含对化肥、农药等传统生产要素投入的减量,还应包括对农业绿色生产技术的利用。

中国的耕地总量占世界的9%,但化肥、农药的使用量自2002年起就超越亚洲乃至世界的平均水平,农药、化肥的耗费总量分别占世界水平的20%和35%。[2]这不仅损失了农户的经济效益,降低了农产品的安全性,还给生态环境带来了极大的压力。因此,化肥、农药减量施用是农户绿色生产行为的一个重要方面,可以从源头缓解因过量投入带来的农业污染。

2.农户绿色生产行为的影响因素

国内外学者对于绿色生产行为的影响因素研究十分丰富,本文从化肥、农药使用及绿色农业技术采纳两个方面进行梳理。关于影响化肥施用量与农药使用量方面,很多学者指出,农户对农药、肥料等相关知识的了解程度会影响其用量,依靠传统耕作经验的农户会普遍认为施肥越多产量越高。[3]还有学者认为,农户的个体特征情况也会影响化肥、农药的使用行为,如巩前文等通过对江汉平原的农户调查发现,男性受访者更倾向于使用更多的化肥。[4]经营特征也会影响农户的施肥施药行为。农地规模越大的农户化肥、农药投入比例越低,而非农就业则会增加化肥、农药过量投入的可能性。黄季焜等[5]、仇焕广等[6]指出,农业风险性大,容易受到自然灾害、市场波动的影响,因此还应该考虑农户的风险规避行为,进一步研究发现,农户风险规避程度与过量使用化肥呈正相关。

---

[1] 李铜山、杨晓霜:《生态友好型农业的内涵辨析及发展取向》,《南华大学学报》(社会科学版)2015年第2期。
[2] 占辉斌、胡庆龙:《农地规模、市场激励与农户施肥行为》,《农业技术经济》2017年第11期。
[3] 黄季焜、齐亮、陈瑞剑:《技术信息知识、风险偏好与农民施用农药》,《管理世界》2008年第5期。
[4] 巩前文、穆向丽、田志宏:《农户过量施肥风险认知及规避能力的影响因素分析——基于江汉平原284个农户的问卷调查》,《中国农村经济》2010年第10期。
[5] 黄季焜、刘宇、Will Martin、Scott Rozelle、杨军:《从农业政策干预程度看中国农产品市场与全球市场的整合》,《世界经济》2008年第4期。
[6] 仇焕广、栾昊、李瑾、汪阳洁:《风险规避对农户化肥过量施用行为的影响》,《中国农村经济》2014年第3期。

关于绿色农业技术采纳方面，家庭资产会影响新技术的可获得性，经济水平越高的农户，采纳新技术的能力越高。[1]受教育程度越高，学习新知识的能力就越强，观念也更先进，接受绿色生产技术的可能性就越大。[2]社会网络也会显著影响农户的技术采纳决策，有学者认为，农户决策过程具有"羊群效应"，即通过观察周围农户使用新技术的效果，决定自己是否采用该技术。[3]Hu Yi等建立多元线性回归模型估计农场规模对农户技术采纳行为的影响，发现农场规模越大，农户获取新型农业知识的积极性越高，采纳绿色生产技术的可能性越大。[4]Hailu等利用Probit模型和OLS模型分别估计影响农户绿色技术采纳的因素及其对农场收入的影响，结果表明性别、水利条件、非农收入、农地和市场距离会影响化肥的使用量，而年龄、水利条件、信贷水平和距市场距离则是采用绿色生产方式的决定因素；除了教育、推广程度、农场规模及土地质量之外，信息传播和是否接受技术示范也会影响农户的绿色生产技术采纳行为。[5]储成兵利用Double-Hurdle模型对安徽省402户农户调研数据研究发现，户主的文化程度、环保意识、非农收入以及贷款的可获得性显著影响其对防治病虫害技术的采纳。[6]此外，还有学者认为信贷水平、地块大小、时间偏好等对农户是否采用绿色生产技术有一定程度的影响。

现有研究关于绿色生产行为的影响因素归纳为农户个体特征、家庭特征、生产经营特征及其他外部因素。其中，农户个体特征包括年龄、性别、受教育年限、风险偏好和绿色认知；家庭特征包括经济水平、抗风险能力、社会网络；生产经营特征包括土地面积（土地流转型规模经营）、是否加入农民合作社（服务带动型规模经营）、地权稳定性；其他外部因素有政府政策和绿色技术获得的难易度。

---

[1] 毛慧、周力、应瑞瑶：《风险偏好与农户技术采纳行为分析——基于契约农业视角再考察》，《中国农村经济》2018年第4期。

[2] Aldana U. et al., "Sequential Adoption of Package Technologies: The Dynamics of Stacked Trait Corn Adoption," *American Journal of Agricultural Economics* 93, no. 1（2011）: 130–143.

[3] 吴比、刘俊杰、徐雪高、张振：《农户组织化对农民技术采用的影响研究——基于11省1022个农户调查数据的实证分析》，《农业技术经济》2016年第8期。

[4] Hu Yi et al., "Farm Size and Agricultural Technology Progress: Evidence from China," *Journal of Rural Studies* 93, no. 3（2019）: 417–429.

[5] Hailu B. K., Abrha B. K. and Weldegiorgis K. A., "Adoption and Impact of Agricultural Technologies on Farm Income: Evidence from Southern Tigray, Northern Ethiopia," *International Journal of Food and Agricultural Economics* 2, no. 4（2014）: 91–106.

[6] 储成兵：《农户病虫害综合防治技术的采纳决策和采纳密度研究——基于Double-Hurdle模型的实证分析》，《农业技术经济》2015年第9期。

三、农业规模经营与绿色生产的关系研究综述

2014年9月29日,习近平在中央全面深化改革领导小组第五次会议上指出:"要坚持规模适度,重点支持发展粮食规模化生产。要让农民成为土地适度规模经营的积极参与者和真正受益者。"农业规模经营对可持续发展起着至关重要的作用。国内外已经有大量文献表明,规模经营不仅具有经济、社会效益,还具有生态效益。基于对规模经营的概念及实现形式的综述,对于规模经营与农业绿色生产关系的梳理将继续从土地流转型规模经营、服务带动型规模经营两个方面展开。

(一)土地流转型规模经营与农业绿色生产的研究进展

关于土地流转型规模经营与绿色生产的关系,学术界一直存在两种观点。绝大部分学者持农地规模促进论的观点,即农地规模的扩大有利于农户采用绿色生产行为。有些学者从农地规模与化肥、农药的使用量及其效率的关系出发,来分析集中型规模经营对农户绿色生产行为的影响。国内外有很多学者一致认为,农场农地规模与单位面积内化肥、农药投入量呈显著的负相关关系,随着经营面积的扩大,农户对化肥和农药的使用量在减少,即规模经营有明显的生态环境效益。Wang Xiaolong等通过对华北平原大、中、小型三类农场的投入产出数据分析发现,小型农场氮肥的使用量显著高于大型农场。[1]还有学者从绿色生产技术的应用、能源消费和排放的角度考察集中型规模经营的影响。不少学者指出,规模经营对农户的绿色生产意识有增强作用,能够促进环境友好型生产技术的采用。[2]Zhu Yongchang等利用中国山东省的农户调查数据分析发现,与小规模农户相比,农地规模较大的农户拥有更高的资源利用效率和更少的碳足迹。[3]具体从小麦、玉米和水稻三大主粮的生产过程来看,增加农场规模可以显著减少温室气体的排放量。[4]Wang Xiaolong等利用生命周期影响评估法对环境指数评估发现,随着农地规模的扩大,单位面积的劳动力投入减少,虽然燃料消耗总体上在增加,但机器的使用效率高出小型农场约20%,因此粮食生产对环境的负面影响在不断降

---

[1] Wang Xiaolong et al., "Preliminary Analysis on Economic and Environmental Consequences of Grain Production on Different Farm Sizes in North China Plain," *Agricultural Systems* 153, Suppl. C (2017): 181-189.

[2] 徐志刚、张骏逸、吕开宇:《经营规模、地权期限与跨期农业技术采用——以秸秆直接还田为例》,《中国农村经济》2018年第3期;李兆亮、罗小锋、丘雯文:《经营规模、地权稳定与农户有机肥施用行为——基于调节效应和中介效应模型的研究》,《长江流域资源与环境》2019年第8期。

[3] Zhu Yongchang et al., "Large-scale Farming Operations Are Win-win for Grain Production, Soil Carbon Storage and Mitigation of Greenhouse Gases," *Journal of Cleaner Production*, 172 (2018): 2143-2152.

[4] Yan Ming et al., "A Comparative Study on Carbon Footprint of Rice Production Between Household and Aggregated Farms from Jiangxi, China," *Environmental Monitoring and Assessment* 187, no. 6 (2015): 332.

低;同时,大型农场使用有机肥的比例更高,这也减少了环境污染。[1]

另一种观点认为,农地规模对绿色生产行为有负向作用。中国的农业技术变迁正呈现出明显的诱致性偏向,劳动力成本不断上升是必然趋势,农业生产也开始呈现出节约劳动力和资本深化的现象。[2]劳动力成本随着农地规模的不断扩大而不断增加,化肥与劳动要素投入的替代性作用日益明显,为了降低生产成本,农户会通过增加化肥使用量来替代劳动要素的减少,从而对环境产生不利影响。[3]同时,土地规模越大,地块可能越分散,诸如雇工管理、监督等管理成本也在上升,这可能会导致超过一定规模后,采用绿色生产行为的成本大大增加。[4]褚彩虹等指出,土地规模与农户施用农家肥的行为呈显著负相关。[5]田云等通过对湖北省的调查数据分析发现,小农户会采取劳动密集型、精耕细作的经营方式,随着土地经营面积扩大,农户更容易大量使用化肥、农药等来提高农业生产效率,增加收益。[6]马才学等、李昊等通过分别对武汉市及鲁、陕、晋等省的调研数据进行计量分析,也得出了一致结论。[7]此外,规模经营较大的农户在雇佣劳动力时面临着道德风险和逆向选择。同时,农业生产和市场销售存在极大的不稳定性,规模经营较大的农户预期收益减少的风险也相对更大,这会致使他们不愿意实施绿色生产行为等中长期投资。

总体来看,土地流转型规模经营与农户绿色生产行为的关系尚未有定论。不过值得肯定的是,农地规模不能盲目扩大,要与自身各种生产要素的禀赋相匹配,坚持适度规模经营的原则,才能促进农业可持续、高质量发展。盲目依靠土地面积的扩大来实现农业可持续发展,效果会适得其反。

(二)土地流转型规模经营影响农业绿色生产的原因

关于土地流转型规模经营为何会促进绿色生产,学者们大多基于规模户与小农户的差异进行比较分析。规模户与小农户的生产目标存在差异,小农户更关注即时效益,规模户更注重长期收益,因此相对于小农户,规模户更倾向于使用绿色生产技术,来获取有利

---

[1] Wang Xiaolong et al., "Preliminary Analysis on Economic and Environmental Consequences of Grain Production on Different Farm Sizes in North China Plain," *Agricultural Systems* 153, Suppl. C (2017): 181-189.
[2] 吴丽丽、李谷成、周晓时:《要素禀赋变化与中国农业增长路径选择》,《中国人口·资源与环境》2015年第8期。
[3] 邹伟、张晓媛:《土地经营规模对化肥使用效率的影响——以江苏省为例》,《资源科学》2019年第7期。
[4] 曹慧、赵凯:《耕地经营规模对农户亲环境行为的影响》,《资源科学》2019年第4期。
[5] 褚彩虹、冯淑怡、张蔚文:《农户采用环境友好型农业技术行为的实证分析——以有机肥与测土配方施肥技术为例》,《中国农村经济》2012年第3期。
[6] 田云、张俊飚、何可、丰军辉:《农户农业低碳生产行为及其影响因素分析——以化肥施用和农药使用为例》,《中国农村观察》2015年第4期。
[7] 马才学、金莹、柯新利、朱凤凯、李红艳、马艳春:《基于STIRPAT模型的农户农药化肥施用行为研究——以武汉市城乡接合部为例》,《资源开发与市场》2018年第1期;李昊、李世平、南灵、李晓庆:《中国农户环境友好型农药施用行为影响因素的Meta分析》,《资源科学》2018年第1期。

于农业可持续发展的长期收益。[1]此外,对小农户而言,扩大规模带来的收益远不及非农收入高,因此理性小农会选择增加化肥使用量,减少农业劳动力投入。[2]同时,随着非农工作时间的增加,其花费在田间管理的精力大大减少,粗放的管理模式丧失了原本精耕细作的优势,可能会带来过度施肥的现象。与小农户的兼业身份不同,规模经营农户种植作物的目的是追求更多的经济利益,对土地的依赖程度也在不断提高,因此会对土地进行具有长期效益的绿色生产投资。[3]

规模户和小农户在知识水平方面存在差异。规模户本身掌握较多的绿色生产知识与技能,而小农户普遍受教育水平偏低,学习能力较弱。[4]随着中国城市化进程的推进,一些知识较为丰富的农民不断推动集约化生产,而小农则将更多的劳动力投入非农市场,这导致他们更加不愿意为有限的土地学习知识和新技术。更有学者指出,小规模农户自身缺乏对农药毒性的了解,受教育水平也限制了其对产品说明书的理解,导致其农药使用量远高于大规模农户。

规模户和小农户在学习和引进绿色生产技术的成本上存在差异。随着规模的扩大,为了降低生产成本,农户会选择减少化肥、农药的使用量,增加对农业生产的管理精力,进行科学化、专业化的生产和管理。[5]王嫚嫚等从学习绿色生产技术的成本来考虑,发现对规模户而言,规模经营带来了现代管理方法,这种生产方式提高了化肥、农药的使用效率,从而降低了其使用强度。[6]虽然新技术的学习需要很高的成本,但是这种新技术一旦习得,成本便不会随规模扩大而增加,因此对于规模户而言,高效率、低污染的绿色生产方式是值得投资的。对于追求收益最大化的理性小农而言,土地流转就有一定成本,增加化肥的使用量显然比扩大农地规模、增加技术投资更有利可图,因此小农户对于化肥、农药的使用强度更高。规模户与小农户采用绿色生产技术的成本也不同,因而其绿色生产行为存在差异。此外,与小农户相比,规模户本身土地面积较大,引进绿色生产技术的亩均分

---

[1] 徐志刚、张骏逸、吕开宇:《经营规模、地权期限与跨期农业技术采用——以秸秆直接还田为例》,《中国农村经济》2018年第3期。

[2] Wu Yiyun et al., "Policy Distortions, Farm Size, and the Overuse of Agricultural Chemicals in China," *Proceedings of the National Academy of Sciences* 115, no. 27 (2018): 7010–7015; Ren Chenchen et al., "The Impact of Farm Size on Agricultural Sustainability," *Journal of Cleaner Production*, 220 (2019): 357–367.

[3] 曹慧、赵凯:《农户非农就业、耕地保护政策认知与亲环境农业技术选择——基于产粮大县1422份调研数据》,《农业技术经济》2019年第5期。

[4] 黄季焜等:《制度变迁和可持续发展:30年中国农业与农村》,上海:格致出版社,上海人民出版社,2008年;Ju Xiaotang et al., "Reducing China's Fertilizer Use by Increasing Farm Size," *Global Environmental Change*, 41 (2016): 26–32.

[5] 郑适、陈茜苗、王志刚:《土地规模、合作社加入与植保无人机技术认知及采纳——以吉林省为例》,《农业技术经济》2018年第6期。

[6] 王嫚嫚、刘颖、陈实:《规模报酬、产出利润与生产成本视角下的农业适度规模经营——基于江汉平原354个水稻种植户的研究》,《农业技术经济》2017年第4期。

摊成本更低,而小农户多面临土地分散化、规模小的问题,这也是阻碍机械化发展、绿色生产方式采用的因素。[1]因此,小规模农户进行绿色农业生产的成本过高,动力不足,制约了农业现代化水平的提高[2],而规模经营通过引进新的生产要素,极大提高了农业生产效率。

规模户比小农户拥有更多的物质条件发展绿色生产。小农户相对而言收入水平更低,缺乏相应的运输条件,不利于各类灌溉、耕作设备的初期投资,也不利于有机肥等技术的推广和使用,而规模户本身拥有更多的机械设备和更强的技术力量,有能力采用更好的技术和施肥工艺。[3]由于固定资产投入成本较高,小农户可能会选择投入更多的非固定资产来提高产量。农户的风险偏好也会对农药施用量产生影响。与规模户相比,小规模农户抵抗风险的能力较弱,因此会更多采用施药行为来预防风险。[4]大型农场主对化肥价格更为敏感,并有意使用更少的矿物肥料来降低生产成本,因此尽管中国提供了化肥减量补贴,小农户的化肥使用量仍然在增加。[5]

规模户比小农户有更多的机会获得当地政府和研究机构的外部支持。我国农业支持政策上存在规模偏好,偏重支持龙头企业,而且规模越大越容易获得政策支持,小规模经营主体难以获得政策支持。[6]可以说,新型农业经营主体已经成为农村产业政策支持的新实体。[7]

(三)服务带动型规模经营与农业绿色生产的研究进展

从规模经营实现形式的综述来看,除了通过土地流转等方式扩大土地规模、实现土地规模化之外,通过参加统一生产经营的农民合作社实现组织规模化也可以获得规模收益。诸如农民合作社这种基于组织化的规模生产方式,可以突破空间限制,实现人与各种生产要素的联合,突破细碎化土地难以实现规模化的瓶颈。[8]国内外已有大量研究表明,农民合作社之类的新型经营主体可以促进农民的绿色生产行为,推动农业现代化、可持续发展。

---

[1] 王水连、辛贤:《土地细碎化是否阻碍甘蔗种植机械化发展?》,《中国农村经济》2017年第2期。
[2] 林英华、李红:《基于因子分析法的聊城市农业现代化水平评价研究》,《中国农学通报》2010年第22期。
[3] 李宾、王婷婷、马九杰:《农业规模经营对农户化肥投入水平的影响——基于河南省H县的农户调查》,《农林经济管理学报》2017年第4期。
[4] 毛慧:《契约农业视角下的农户技术采用行为研究——以肉鸡养殖为例》,南京:南京农业大学博士学位论文,2018年。
[5] 方克明、沈慧芳、双巧云、钟国民、邱水胜、余进仙:《水稻化肥使用量增长问题与零增长对策》,《中国农学通报》2016年第27期。
[6] 成都市畜牧业发展研究课题组:《中国畜牧业转型升级的挑战、成都经验与启示建议》,《农村经济》2016年第11期。
[7] 鲁钊阳:《新型农业经营主体发展的福利效应研究》,《数量经济技术经济研究》2016年第6期。
[8] 孔祥智、史冰清:《当前农民专业合作组织的运行机制、基本作用及影响因素分析》,《农村经济》2009年第1期。

农民合作社等服务带动型规模经营方式能促进科学、规范化生产,有效减少化肥、农药的使用量。鲍静、张士云对安徽省11个县的小麦种植农户进行调查分析发现,加入合作社的农户,其化肥使用量显著小于未加入合作社的农户。[①]刘婧、王征兵对山西省44家农民合作社进行规模经济与范围经济的测算,发现加入农民合作社可以实现化肥、农药高效使用的规模经济。[②]这说明加入合作社可以促进农户在合理范围内投入化肥、农药,既节约了投入成本,又增加了农业收入。Abebaw和Haile利用倾向值匹配法对埃塞俄比亚的农民合作社对采用农业技术的影响进行实证分析,发现农业合作社极大地提高了化肥的利用效率,减少了农药施用量,提高了良种投入的可能性,促进了农业可持续发展。[③]李宾等指出当前中国农村不同形式的新型经营主体对农户的化肥投入量影响存在差异,加入了统一经营、集中生产的合作社的农户,其单位面积的化肥投入量显著减少,而分散经营的合作社却没有降低化肥投入水平。[④]蔡荣等利用全国家庭农场监测数据进行计量分析发现,加入合作社的家庭农场促进了环境友好型生产方式的选择,具体而言,加入合作社使得家庭农场化肥减量的概率提升43.3%,农药减量的概率提升43.7%。[⑤]

农民合作社等服务带动型规模经营方式还会促进绿色生产技术的应用。农民组织化对新技术推广有着显著的正向作用,且比政府"自上而下"的技术推广效率更高。[⑥]褚彩虹等对太湖流域的农户数据进行联立双变量Probit回归分析发现,加入农民合作社可以显著增加农户施用商品有机肥和测土配方肥的比例,合作社成员比非成员对绿色生产技术了解更深、接受程度更高。[⑦]Ma Wanglin等利用2013年中国甘肃、山东和陕西省481户苹果种植户的调研数据来估算农民合作社对成员化肥投资行为的影响,采用多阶段抽样法抽取208名合作成员和273名非成员,通过建立动态模型将农户是否加入合作社的决策以及绿色生产投资行为都纳入其中,实证结果表明,合作社显著地促进了成员对有机土壤改良

---

① 鲍静、张士云:《粮食作物规模经营对化肥使用量的影响——以安徽省11个县198户小麦种植农户为例》,《沈阳农业大学学报》(社会科学版)2019年第2期。
② 刘婧、王征兵:《农民专业合作社规模经济和范围经济的实证研究——基于山西省合作社调查数据》,《经济经纬》2012年第4期。
③ Abebaw D. and Haile M. G., "The Impact of Cooperatives on Agricultural Technology Adoption: Empirical Evidence from Ethiopia," *Food Policy* 38, no.1 (2013): 82-91.
④ 李宾、王婷婷、马九杰:《农业规模经营对农户化肥投入水平的影响——基于河南省H县的农户调查》,《农林经济管理学报》2017年第4期。
⑤ 蔡荣、汪紫钰、钱龙、杜志雄:《加入合作社促进了家庭农场选择环境友好型生产方式吗?——以化肥、农药减量施用为例》,《中国农村观察》2019年第1期。
⑥ 吴比、刘俊杰、徐雪高、张振:《农户组织化对农民技术采用的影响研究——基于11省1022个农户调查数据的实证分析》,《农业技术经济》2016年第8期。
⑦ 褚彩虹、冯淑怡、张蔚文:《农户采用环境友好型农业技术行为的实证分析——以有机肥与测土配方施肥技术为例》,《中国农村经济》2012年第3期。

剂的投资。[1]郑适等对吉林省农户的植保无人机技术采纳行为研究发现,农民合作社促进了农户跨越地区农地规模的限制,提高了成员对新技术的接纳度。[2]闵继胜、孔祥智对仁发合作社的案例分析发现,采用组织化经营模式对生产环节进行规范管理,不仅促进了绿色生产技术在各个环节的传播利用,还提高了化肥、农药的利用效率,从而实现了农业清洁生产。[3]环境友好型生产技术本身具有高成本、高风险、收益期长的特性,单个农户难以对抗高昂的技术采纳及传播成本,通过农民合作社等新型经营主体可以获得相关的配套物资、技术指导,降低绿色生产技术的获取和接纳难度。蔡颖萍、杜志雄对全国1322个农村家庭进行分析研究,发现农民合作社可以显著促进家庭农场的各种绿色生产行为,具体包括化肥农药减量、秸秆还田以及节水灌溉等。[4]

不过,也有学者认为,理论上能为农户带来诸多便利的农民合作社等组织化主体,实际上未必能改善农户的绿色生产行为。农民合作社与成员联系的密切程度存在很大差异,统一经营的合作社和分散经营的合作社对于规范生产经营的作用是大不相同的。[5]统一经营的合作社成员之间的联系更密切,分散经营的合作社虽然在形式上对农户有所约束,但其生产经营过程仍然具有很大的自主性,无法获取规模化收益,甚至会出现为了逐利而向成员推广高价化肥的现象。由于合作社内部存在一些不规范现象,比如精英控制、大农吃小农、"搭便车"等,精英农户可能出于套取政策优惠、垄断新技术的目的提供一些形式化服务,导致小农户的利润空间被挤压,无法获取实质性的服务。同时,在成员文化素质普遍不高的情况下,未必能按预期生产出高质量的农产品,反倒容易因过高的维护成本而出现低质量供给的情况。

(四)服务带动型规模经营影响农业绿色生产的路径

在农村劳动力成本和土地租金不断上涨的前提下,为保证盈利水平仍高于普通农户,新型经营主体要采用先进的农业机械和绿色生产技术来替代劳动力和土地。[6]组织化经

---

[1] Ma Wanglin, Abdulai A. and Goetz R., "Agricultural Cooperatives and Investment in Organic Soil Amendments and Chemical Fertilizer in China," *American Journal of Agricultural Economics* 100, no. 2 (2018): 502-520.

[2] 郑适、陈茜苗、王志刚:《土地规模、合作社加入与植保无人机技术认知及采纳——以吉林省为例》,《农业技术经济》2018年第6期。

[3] 闵继胜、孔祥智:《新型农业经营主体的模式创新与农业清洁生产——基于黑龙江仁发农机专业合作社的案例分析》,《江海学刊》2017年第4期。

[4] 蔡颖萍、杜志雄:《家庭农场生产行为的生态自觉性及其影响因素分析——基于全国家庭农场监测数据的实证检验》,《中国农村经济》2016年第12期。

[5] 闵继胜、孔祥智:《新型农业经营主体的模式创新与农业清洁生产——基于黑龙江仁发农机专业合作社的案例分析》,《江海学刊》2017年第4期。

[6] 孔祥智、牛立腾、刘同山:《"四位一体"产权式农业:特征,运作模式与成因》,《中南民族大学学报》(人文社会科学版)2014年第4期。

营主体为了获取组织化最大收益,往往会将各类生产要素最优化配置。出于降低生产成本的目的,组织化经营主体会提升化肥、农药的使用效率,并利用有机肥、生物质原料对其合理替代,减少了农业面源污染。另外,农民合作社、家庭农场这类新型经营主体的发展理念与现代农业的发展要求是一致的,其本身比小农户具有更强的社会责任感。已有学者指出,农民合作社虽作为生产性的合作组织,却具有多元化的生产目标,兼顾公平和效率,其组织绩效包含经济、社会、生态绩效,有利于农业可持续发展。[①]关于农民合作社等组织化主体影响绿色生产路径的研究,大致梳理为以下几类。

一类是通过提高生产收益、降低成本、提供社会化服务来对农户的绿色生产行为产生直接影响。农户在加入农民合作社之后,会以合作社为单位进行农产品规模化销售、接受统一购买的农资服务。[②]农民合作社可以通过增加农产品销售,降低化肥、农药等农资的成本,实现规模经济和范围经济,从而促进农民收入增加[③],这大大强化了农户对绿色生产技术的投资的物质基础。一方面,农民合作社为农户统一购买或租赁生产设备,降低了绿色生产技术的使用门槛;另一方面,合作社通过统一的生产、技术管理,开展各类培训,促进了农户之间的信息传递,深化了成员对绿色生产的认知,拓宽了绿色生产技术的传播渠道,使农户以"干中学"的方式快速掌握了新的生产技能。毛慧等从农户风险偏好的角度进一步提出,农民合作社等契约组织可以通过降低经营风险,提高农户采纳高成本生产技术的可能性。[④]刘希认为,规模经营组织为农民的农业生产实践提供了良好的平台,增加了其对环境友好型技术实践的机会,因此间接促进了农业可持续发展。[⑤]

一类是通过发挥组织规模化主体自身社会交往平台的作用,对改善农户绿色生产行为产生间接影响。受传统文化的影响,中国的乡土社会有着明显的"熟人社会"特征,在选用何种施肥、施药方式时,农户往往会参照周边农户的方法,或者学习老一辈的技术经验。[⑥]对于信息闭塞、信息渠道落后的小农户而言,在生产过程中仍然较多选择传统的施肥技术,获取环境友好型生产技术的渠道和动力均不足。[⑦]相比之下,农民合作社这种基于地缘关系自发成立的社会互助平台,首先拥有较大的规模,能有效地保障绿色生产技术

---

① 蔡颖萍、杜志雄:《家庭农场生产行为的生态自觉性及其影响因素分析——基于全国家庭农场监测数据的实证检验》,《中国农村经济》2016年第12期。
② 鲍静、张士云:《粮食作物规模经营对化肥使用量的影响——以安徽省11个县198户小麦种植农户为例》,《沈阳农业大学学报》(社会科学版)2019年第2期。
③ 刘婧、王征兵:《农民专业合作社规模经济和范围经济的实证研究——基于山西省合作社调查数据》,《经济经纬》2012年第4期。
④ 毛慧:《契约农业视角下的农户技术采用行为研究——以肉鸡养殖为例》,南京:南京农业大学博士学位论文,2018年。
⑤ 刘希:《环境友好型农业技术创新与农业经济增长关系分析》,《产业创新研究》2018年第3期。
⑥ 吴比、Ziming Li、杨汝岱、彭超:《农村政策执行协商会影响农民的政策满意度吗?》,《中国农村经济》2016年第4期。
⑦ 占辉斌、胡庆龙:《农地规模、市场激励与农户施肥行为》,《农业技术经济》2017年第11期。

的效用发挥;其次,内部成员的人力资本水平普遍高于分散化的小农户,成员间、成员与非成员间基于这个交往平台形成社会网络,促进了各类知识、技能的传递沟通。Tregear 和 Cooper 通过对苏格兰地区的贝类生产合作社的案例进行分析发现,成员嵌入合作社的程度会影响其对新技术的学习,嵌入程度越高的成员,从合作社中获取新技术、新知识的可能性越大。[1]研究进一步发现,行业规范和社会习惯对新技术学习的影响要比当地文化环境更大,尤其是合作社内部的共同价值观会促使成员更多地分享生产经验,并信任合作社提供的环保型技术指导。再比如日本的《农业协同组织法》便规定,日本农协具有"营农指导"功能,具体包括指导协会成员进行土壤改良、良种栽培以及化学品投入等。

还有一类是通过发挥组织化主体监督和激励的外部作用,来规范和引导农户的绿色生产行为。与普通农户和土地流转型的规模化经营方式不同,农民合作社等组织化经营主体在追求收益最大化时会通过品牌增值、品质改善来提高市场竞争力,增加销售收入。[2]这会促使他们采取生态循环、绿色有机的农业经营模式,并加强对生产环节的质量监督。通过合作社提供统一的农资采购服务,不但能降低农户获取各类农资投入品质量信息的难度,还能对化肥、农药的质量安全有所把控[3],有助于督促农户生产出更符合品质要求的农产品。合作社等服务带动型规模经营形式在一定程度上可以减少逆向选择和道德风险,通过各自的机制作用,解决了生产、销售过程中的信息不对称问题,将农户各个环节的生产行为置于合作社的监督之下,有助于规范农户的要素投入量,提高农产品的质量。除了监督机制外,有些农民合作社还会通过分级收购制度来鼓励成员生产高质量、绿色的农产品,这些激励措施也会鼓励农户更多地采取环境友好型生产方式。

四、结论和评述

纵观国内外研究,农业规模经营与绿色生产的关系问题正在受到越来越多学者的关注,学者们用经济学、社会学、环境学以及心理学等交叉学科来对规模经营、绿色生产以及二者关系进行不同层面的讨论,虽然奠定了坚实的研究基础,但目前仍存在以下不足。

第一,规模经营的效益虽得到了各界关注,但对其环境效益关注仍不够。从文献梳理来看,早期学者们对于规模经营的效益研究聚焦在经济领域,而绿色效益没有受到太多关注。近几年环境污染问题依然严峻,对粮食等农产品的需求不断扩大,农业规模经营与环

---

[1] Tregear A. and Cooper S., "Embeddedness, Social Capital and Learning in Rural Areas: The Case of Producer Cooperatives," *Journal of Rural Studies*, 44 (2016): 101–110.
[2] 闵继胜、孔祥智:《新型农业经营主体经营模式创新的制约因素及制度突破》,《经济纵横》2016 年第 5 期。
[3] 蔡荣、汪紫钰、钱龙、杜志雄:《加入合作社促进了家庭农场选择环境友好型生产方式吗?——以化肥、农药减量施用为例》,《中国农村观察》2019 年第 1 期。

境保护之间的矛盾开始凸显,对于规模经营的绿色效益的关注也开始增多。但大部分学者还是将其作为综合效益衡量的一部分,对经济效益、社会效益的研究比较深刻,较少有学者专门对规模经营的环境效益进行研究。此外,大部分学者仅仅将规模经营作为影响农业绿色生产的因素之一,很少有学者将其作为关键解释变量,考察其对农业绿色生产的影响,这都可能导致对规模经营绿色效益的评判存在偏差。

第二,关于规模经营如何带来绿色效益,目前尚未有全面分析的理论框架。首先表现在对于规模经营的实现形式考虑不周全,只有少部分学者同时关注到了土地规模化和组织规模化(或称为专业化与合作社、规模化与服务化),但大部分学者还是基于规模经营的某一形式对其绿色效益进行考量。其次,在考虑到多种实现形式的学者中,只有一部分学者对规模经营影响农业绿色生产的机理进行分析,大部分学者仅仅做了较为初步的原理解释,尚未有全面的分析框架,将规模经营、绿色生产以及中间的作用机制连接起来。

第三,从研究方法和数据来源来看,现有研究存在研究方法不丰富、数据样本量不足的问题。研究不足、样本量小,那么规模经营与绿色生产之间的相关性便无法被明确发现,这可能是因为反映环保绿色生产行为的指标测度难度大,不易获得。从研究方法来看,大部分学者采用二元Logit模型、线性回归模型以及Tobit模型等方法,还有学者采用单案例、多案例分析法进行研究,只有一小部分学者采用倾向值匹配法、内生转化模型,将内生性等其他可能引起偏差的因素考虑在内。

2016年中央一号文件就提出:"积极培育家庭农场、专业大户、农民合作社、农业产业化龙头企业等新型农业经营主体。支持多种类型的新型农业服务主体开展代耕代种、联耕联种、土地托管等专业化规模化服务。"结合对党的二十大报告的学习,我们深刻认识到这是一项十分长期的艰巨任务,在新发展阶段我们必须从农业高质量发展和农业现代化相结合高度,大力发展农业适度规模经营,促进农业绿色生产行动。

Develop moderate-scale operation of agriculture to promote green agricultural production:

A review of research on agricultural scale management and green agricultural production

Zhao Chang　Yang Yiyong

(Institute of Market and Price, Chinese Academy of Macroeconomics, Beijing 100038)

Abstract: With the improvement of living standards, people's demand for safe and high-quality agricultural products and good eco-environment is increasingly urgent. Meanwhile, promoting land transfer and developing various forms of moderate-scale management is one of the key issues in the transformation of agricultural modernization in China. There are two main definitions of agricultural scale operation in the existing research. One is land scale operation in the form of land transfer, and the other is service scale operation in the form of outsourcing of various production and social services by business entities. The benefits of agricultural scale management are not only reflected in economic benefits, but also increasingly reflected in green benefits. The two forms of agricultural scale operation affect green agricultural production through different paths. One is that the expansion of land scale affects the production behavior of farmers by maximizing their benefits, thus promoting green production. The other is that service scale operation directly or indirectly promotes green agricultural production through modern agricultural production methods and systematic supervision and regulation. The existing research on agricultural scale management still has such problems as insufficient attention to green benefit, weak theoretical support, and single data and method. To realize rural revitalization in the future, it is necessary to promote agricultural scale operation in various ways and take a green and high-quality development path of Chinese agricultural modernization.

Key words: moderate-scale operation of agriculture; green agricultural production; high-quality development of agriculture; a review of research; Chinese modernization

交叉视点

| 交叉视点

关于发展中国家农村综合开发的跨学科研究：社会科学的作用[①]

德克·范·杜塞尔多普 西尔普·威格博尔杜斯 撰
（瓦格宁根农业大学）
黄菊 王慧 陈虹宇 黄斯琦 译

摘　要：本文的研究基于瓦格宁根农业大学多个跨学科研究和规划团队的经历。在对跨学科研究进行归类之后，作者调查了在对发展中国家农村开发具有重要意义的不同领域中社会科学对于跨学科研究的作用。本文中所讨论的跨学科研究类型是所谓"广泛的"跨学科研究，涉及的学科范式大不相同。文章概述了广泛的跨学科研究的潜力和限制，并提出了一些一般性意见；最后，系统性地评估跨学科研究计划将会促进跨学科研究的进展。

关键词：交叉学科；农村综合发展；发展中国家

政策制定者和规划者所面临的问题正变得越来越复杂——因为极少有行动方案不需要涉及诸多部门的协力。这也意味着，他们需要了解多个学科的知识来为健全的政策及实施奠定基础。因此，在过去的几十年里，学界对于跨学科的研究兴趣愈发高涨。

---

① 原文为：van Dusseldorp D., Wigboldus S., "Interdisciplinary Research for Integrated Rural Development in Developing Countries: The Role of Social Sciences," *Issues in Integrative Studies*, 12(1994): 93-138.
原文作者简介：德克·范·杜塞尔多普在荷兰瓦格宁根农业大学获得了博士学位，出版了关于农村地区服务中心规划和引进 Gramodaya Mandala（斯里兰卡的一种参与式系统）的书籍，他参与编写了一本关于发展中国家区域规划指导方针的书。他的研究兴趣是斯里兰卡地方级发展的民众参与，社会学家/文化人类学家在农业研究中的作用等。1989年以来，他一直担任发展问题科学研究咨询委员会主席，该委员会现有三位部长。他目前正在为发展中国家项目的准备工作及实施，以及农村发展行动导向研究编写教科书。西尔普·威格博尔杜斯于1991年毕业于荷兰瓦格宁根农业大学的农村社会学专业，其研究重点是社会农学。他发表过一篇关于跨学科研究的论文。后来作为研究助理，他对跨学科研究做了广泛的文献研究，并钻研了一些跨学科研究项目。他在哥斯达黎加和尼泊尔进行了实地研究，目前正在为在一个发展中国家的工作做准备。
译者简介：黄菊，西南大学教师教育学院副教授；王慧，上海外国语大学研究生；陈虹宇，西南大学教师教育学院研究生；黄斯琦，西南大学教师教育学院研究生。

此后,跨学科研究的概念便指向了所谓的"广泛的"跨学科研究。这意味着跨学科研究特别要涉及从科技到社会的众多学科。

从一开始我们就应该清醒地认识到,无论跨学科研究多么重要,在许多情况下,可靠的单一学科研究不仅更有效果,而且效率更高。正如在后文中将要展示的,跨学科研究是一种充满困难的研究方法,其中陷阱甚多,存在满盘皆输的可能性。因此,为了解决社会或社区问题,在选择烦琐的跨学科研究作为了解受影响的过程的最佳方法时,必须有非常令人信服的理由。

跨学科研究中的问题部分是由于围绕它的误解造成的。因此,我们必须清晰地理解政策的或行动导向的跨学科研究意味着什么,应该如何施行,以及它的潜力和局限各是什么。

从最近的文献中可以看出,尽管对跨学科研究的讨论一直在进行,但新理论概念的发展却有一定程度的停滞。[1]自从莱卡讷[2]和科克尔曼斯[3]的综述文章之后,鲜有新的观点出现。罗素编纂的出版物贡献了一些有趣的实践理念。[4]丘宾等人的书主要转载文章和现有书籍中的章节,但几乎没有给出任何新的见解。[5]对于那些想了解最新现状的人来说,克莱因的《跨学科:历史、理论与实践》[6]可能是有用的。

尽管关于这一主题的文献大量涌现,但"广泛的"跨学科研究的结果仍然不是很理想。部分由于人们不知道跨学科的研究应该包括哪些内容,研究企划往往设计得不尽如人意。此外,以政策/行动为导向的跨学科研究的成果在大多数情况下并没有得到科研界的高度认可,所以杰出的科学家往往对单学科研究更感兴趣。这种倾向在许多大学都有,影响了跨学科研究的质量。于是,跨学科研究便陷入了一个恶性循环。

接下来,我们先对跨学科研究进行了分类,然后讲述多种方法,可用于区域(综合)农村发展、耕作系统研究和使用植物生长模型的农业研究等领域的关于农村发展的跨学科研究。最后,我们可以简要地归纳出跨学科研究的潜力和限制,结尾再给出一些总括性的评论。

---

[1] Wigboldus S., "An Inquiry into the Discussions on Interdisciplinarity" (Wageningen: Agricultural University, Department of Rural Sociology of the Tropics and Subtropics, 1991).

[2] Lekanne dit Deprez B. E. J. C., "Macht en onmacht van interdisciplinair samenwerken (Potential and impotence of interdisciplinary collaboration)," *Intermediair* 12, no. 45 (1976): 1-7 and no. 46 (1976):61-67.

[3] Kockelmans J. J., *Interdisciplinarity and Higher Education* (University Park: The Pennsylvania State University Press, 1987).

[4] Russell M. G., *Enabling Interdisciplinary Research: Perspectives from Agriculture, Forestry and Home Economics* (Minnesota: Agricultural Experimenting Station, 1982).

[5] Chubin D. E., Porter A. L. and Rossini F. A. (eds.), *Interdisciplinary Analysis and Research* (Mt. Airy, Maryland: Lomond Publications, 1986).

[6] Daane J., "Le diagnostique: Communication au seminar national sur le theme 'recherche developpement au Benin': Acquis et perspective" (Coutonou: Université du Benin, 1990).

一、跨学科研究的类型

对多种跨学科研究进行区分是可以做到的。这种区分的有用之处在于,在准备和实施不同类型的跨学科研究过程中,人们遇到的制约因素有相当程度的差异。表1概括了"跨学科的类型"。

表1 跨学科类型

A.狭义的跨学科性	B.广义的跨学科性
(1)不同学科的沟通: ——相同范式 ——相同方法 学科产出整合容易	(1)不同学科的沟通: ——不同范式 ——不同方法 学科产出整合困难
(2)小型跨学科: 沟通简化	(2)大型跨学科: 沟通复杂化
(3)学科代表来自同一机构: 沟通和组织简化	(3)学科代表来自不同机构: 沟通和组织复杂化
(4)学科代表来自同一文化: 沟通简化	(4)学科代表来自不同文化: 沟通复杂化

不同的跨学科研究项目存在差异,原因如下:

第一,跨学科团队中或多或少存在使用相同范式和方法的学科代表。比如,一个由农业学家、土壤学家和气候学家组成的团队,或一个由生物学家、化学家和物理学家组成的团队。在这种情况下,团队内的沟通相对容易——这反映了有限的跨学科性。然而,当一个跨学科的团队由使用不同范式、不同方法的农业学家、土壤学家、经济学家和社会科学家所组成——这反映了广泛的跨学科性——团队成员之间的沟通发生问题的可能性就会大大增加。

第二,在小型的跨学科团队之中,沟通问题将会少于大型的团队,因为在大多数情况下,大型团队中自然会有更多样的学科代表。

第三,当跨学科团队的成员来自不同的机构时,沟通和组织问题将比他们来自同一机构时更大。不同的组织往往会形成不同的组织文化,这决定了相互合作和沟通的方式。

第四,一个跨学科团队的成员,其所属的国家文化背景可能大不相同。这增加了团队成员之间沟通的复杂程度。

总而言之,从一个由来自相同组织和文化且学科密切相关的少量成员组成的团队,到来自不同的组织和文化背景且学科几乎没有共同之处的大型跨学科团队,沟通和组织上的问题将会持续增加并不断累积。在农村综合开发的跨学科研究中,是有外部捐助者参与的,程度最复杂的跨学科研究模式总是可行的。因为在这种情况下,广泛的跨学科性是必要的,需要一个相当大的团队,团队中的研究人员和他们在团队外的同行具有不同的组织和文化背景。这意味着准备这样大型的跨学科研究比更简单形式的跨学科研究需要更多的关注。

二、区域规划的跨学科研究和农村综合开发的跨学科研究

(一)历史背景

早在几十年之前,人们就认识到,项目法(Project Approach)经常失败是因为其规划和执行是孤立的。因为缺少学校和卫生设施,灌溉方案无法被执行或没能得到最大限度的落实。因为市场体系和物理上的基础设施(道路、储存设施)都无法应对不断增长的产量,新生产技术很难被成功引进。在那个年代,区域规划的概念开始流行起来——至少在发展中国家是如此。但是,长篇累牍的区域规划很少被施行,因为它们对于大多数发展中国家的政府部门来说过于复杂。区域规划的潮流很快被"农村综合开发项目"(IRDP)的概念所取代。在这个概念中,自下而上参与和实效性方法的理念被以某种方式结合起来。但考虑到这种类型的项目所占用的人力和资金,大多数项目在效率、效益或作用上都没有足以为傲的成果。

有趣的是,区域规划的综合分析仍然在被使用。然而,大多数的农村综合开发项目仍然欠缺对于项目所要实施的目标地区的全面的总体分析。基于跨学科研究的全面分析不仅应该是任何一个区域规划或农村综合开发项目的基础,而且是它们成功的关键。

以下描述的研究过程来源于受委托制订区域规划的跨学科研究小组的经历。在开始跨学科研究之前,有必要强调的是,跨学科研究的最终成果是对单学科研究结果的集成。一个常见的误解是,跨学科研究意味着所有学科的融合——农业学家必须参与经济学家的工作,社会学家对于土壤的分类应该与土壤学家有着同样的发言权。然而,在广泛的政策/行动导向的跨学科研究中,这种达成统一科学的努力注定要失败,而且会导致肤浅的结果——如果有的话。在跨学科研究中,学科本身的整合不应该发生,而跨学科研究的特点是:

第一,它是一个综合的研究设计,由所有参与的学科研究人员制定并同意;

第二,在一个时期内进行单学科的实地研究,并进行密集的信息交流,它可以影响单学科研究的方向;

第三,对所研究的问题进行综合分析。

表2说明了一个以政策/行动为导向的跨学科研究项目可以而且应该经历的阶段。下面将介绍农村综合开发的跨学科研究过程。各阶段括号内的数字与表2中的数字一致。需注意,这是一个反复性过程而非线性过程。

表2 政策导向跨学科研究的不同阶段

准备工作	(1)决策者提出问题 (2)将政策问题转化为研究问题 (3)问题的可操作性和每一学科的工作计划 (4)将学科研究计划整合为跨学科研究项目
野外工作	(5)实地研究的总方向[快速农村评估(SONDEO)] (6)研究问题和工作计划的调整 (7)单学科研究,定期商讨和交流初步研究结果,必要时调整学科研究问题和工作计划
合成	(8)呈现纪律调查结果 (9)通过定期会议整合调查结果 (10)团队成员在整合过程中跟踪其投入的使用方式 (11)最终合成
报告	

(二)研究方案的准备工作

(1)行动导向研究与科学研究的主要区别在于,由政策制定者而非研究人员提出问题,而研究项目则为解决问题提供信息,形成初步解决方案。

(2)这一区别并不代表科学家在问题提出阶段没有重要任务。出于以下原因,政策制定者提出的问题往往需要重新定义。

a. 政策问题必须转化为研究问题。

b. 对于决策者想要摆脱的不利状况,所确定的政策问题并非真正原因。例如,一项新的生产技术接受度低,会被认为是推广服务效果不佳的结果。但实际上,这是市场系统的表现不良造成的。在这种情况下,必须对可能造成问题的解释变量进行分层。[1]如前所述,将政策问题转化为可研究的问题在政策导向研究过程中相当关键,原因如下:在这一阶段,科学家和政策制定者的观点可能已经出现分歧。因此,研究人员和研究委托人之间必须进行定期磋商。[2]

---

[1] Birgegard L. E., *Manual for the Analysis of Rural Underdevelopment* (Upsala: International Rural Development Center, Swedish University of Agricultural Sciences, 1980).

[2] Lohuizen C. W. W., "Enkele vraagstukken rond het planologisch onderzoek en beleid," In *Spanning in Onderzoek en Beleid* (Amsterdam: Cahiers beleidsonderzoek nr. 2 Stichting Interuniversitair Instituut voor Sociaal Wetenschappelijk Onderzoek, 1983), pp. 8-57; Majchrzak A., *Methods for Policy Research* (London: Sage Publication, 1984).

还有一些研究过程中的内部原因,使得表2中的第(2)(3)(4)阶段至关重要。首先,各学科代表必须就一般的研究问题达成一致。

在通常情况下,政策问题是由多个过程引起的,需借助不同学科的知识进行研究。因此,一般的研究问题必须被分解成几个研究问题。考虑到特定过程的重要性,它们被挑出来进一步研究。[1]这通常是一个武断的决定,受到相关科学家的世界观的强烈影响。做出这一决定至关重要,同时十分艰难。将一般研究问题分解为各学科的研究问题,其方式必须确保各单学科研究子项目的成果在汇总阶段得以整合。在这个时候,应该建立单学科研究成果的整合框架。如果在这个阶段没有做到这一点,可能会出现相当多的问题。在准备研究方案时,还必须考虑到以下重要方面。

a.各个学科的结果必须具有可比性。例如,在区域分析中,数据可以在地理基础上进行比较。

b.单学科研究和分析结果的呈现必须便于其他学科的研究人员理解和使用。

c.信息水平应该大致相同。如果一个学科的信息远远多于其他学科,综合分析就会出现偏差。

d.避免收集太多的数据。最后的分析通常只使用一小部分收集到的数据。有时,大量的数据实际上造成了更多的混乱,反而无法对一个地区或区域的发展潜力和制约因素进行透明分析。在贝宁的一个研究项目中就出现了这个问题。[2]诚然,在初期,知道具体需要哪些数据或信息并非易事。事先考虑为什么必须收集数据、如何处理这些数据、跨学科小组中谁要使用这些数据,以及为了什么目的,这些都会延长准备时间。同时,这种对过程的关注缩短了收集数据所需的总体时间,相应减少了数据收集的成本,而数据收集是研究过程中成本最高的部分。

e.被研究的地区或区域总是属于一个更大的实体,无论是一个流域、一个更高的行政单位,还是一个市场系统。[3]因此,一些学科研究必须收集该地区或区域以外的信息。这一步在准备实地调查时也必须经过讨论和协调。如果不采取这一步骤,可能会造成误解,特别是在需要像交通设施等稀缺资源时。

所有这些方面都必须在所涉及的各个相关学科之间进行详细讨论。如果这种讨论开展不当,那么在实地考察的过程中就会出现很大的问题,在整合各种单学科研究工作的成果时也会出现问题。

---

[1]　Mannheim K., *Man and Society in an Age of Reconstruction* (London: Routledge and Kegan Paul, 1960).

[2]　Daane J., *Le diagnostique. Communication au seminar national sur le theme "recherche developpement au Benin": Acquis et perspective* (Coutonou: Université du Benin, 1990).

[3]　Weintraub D. J. and Margulies J., *Basic Social Diagnosis for IRDP Planning* (Vermont: Gower Publishing Company, 1986).

基于上述问题框架,各学科必须将其研究问题具体化,并暂定一个工作计划。在大多数情况下,可用的时间或资源有限。因此,研究的深度受到限制,这种情况将对方法的选择会产生影响。由于时间和资源有限,认真的协调必不可少。基于各学科提出的工作计划,为团队准备一个工作大纲,指定每个学科的研究人员在什么时间收集什么样的数据,最好也能指定在哪里收集。此外,还应提到一个学科的研究人员在何时向另一个学科的研究人员提供具体数据。如果农学家不能及时收到气候学家和土壤学家的信息,他就无法指出一个地区的物理农业生产潜力。例如,可视化工作程序的模型概述了数据收集和信息交流环节,从而描绘出团队内部应有的交流过程。范·斯塔维伦和德克·范·杜塞尔多普为区域规划中的跨学科研究提供了更详细的工作方案图。[1]

最后,必须做好预算工作。对于需要在大区域内活动的大型团队,必须特别注意后勤方面的问题,如交通、住宿等。

工作计划必须经过跨学科研究小组及其负责人讨论并认可。尽管团队所有成员都要对单学科研究的成果质量负责,但其他团队的成员肯定也能提出关键问题,而这些问题会影响研究问题和最终工作方案的操作性。同时,团队成员必须尊重彼此的专业性。从一开始,所有学科就应该加强交流。当最终的研究方案得到所有团队成员认可,并且负责人同意为该研究方案提供资金时,就可以开展实地调查。

(三)实地考察

(5)在收集和分析现有的次要数据之后,就可以做出初步的假设,这个领域研究的总体方向就随之确定。[2] Sondeo方法可以实现这一点。该方法可作为农村快速评估方法[3]的一部分。Sondeo方法是一种简单的程序:团队成员两两进入现场,与现场人员一起观察和讨论一个地区发展的潜力和制约因素。每一天,团队成员都会更换,这样所有参与成员都有机会从不同的科学角度观察同一领域。这种安排为今后的交流奠定了重要基础,在此期间,每个学科或多或少都会有所进展。

(6)在勘测调查的基础上,可能需要调整研究问题和工作方案。

---

[1] Staveren J. M. and Dusseldorp D. B. W. M. van, *Framework for Regional Planning in Developing Countries: Methodology for an Interdisciplinary Approach to the Planned Development of Predominantly Rural Areas*(Wageningen: International Institute for Land Reclamation and Improvement, 1980).

[2] Hildebrandt P., "Combining Disciplines in Rapid Appraisal: The Sondeo Approach," *Agricultural Administration* 8, no. 6 (1981): 423-432.

[3] Beebe J., "Information Collection: Rapid Appraisal and Related Methodologies. Publication No. 4.," In *Socio-economic Research on Food Legumes and Coarse Grains: Methodological Issues*(Bogor, Indonesia: Center for Research and Development of Coarse Grains, Pulses, Roots and Tubers in the Humid Tropics of Asia and the Pacific, 1985).

(7)下一步,各学科的代表开始自己的研究。在单学科研究的过程中,团队成员之间应定期进行磋商;交流初步数据和信息,使得实际问题的提出和所涉及学科的工作计划能够相互影响。一个团队成员提出的观点和分享的信息可以影响其他成员的看法。相应地,他们可以专注其他问题或领域,而不是最初在工作计划中提到的那些问题。

各学科必须收集的数据类型取决于该地区的性质。对于社会学科,范·斯塔维伦和德克·范·杜塞尔多普提供了经常参与区域规划研究的学科清单。[①]

以农村为主的区域规划工作包括一些研究项目。在这些项目中,某些学科必须在早期就提供信息:例如气候学、水文学、地质学和土壤科学。在其投入的基础上,其他学科会聚焦于自己的研究和规划活动,如农学和畜牧学,这些学科又为社会学和经济学提供信息。有些小组成员已经离开调查地,因为他们的研究活动在这个阶段已经结束。当暂住在附近时,他们仍有可能参加团队会议,但那时他们往往已经承担了其他职责,其参会成本会很高。在这种情况下,离开团队的人员应该及时提交学科研究报告,以便与其他团队成员进行详细讨论。

(四)整合

(8)在这个阶段,必须向所有团队成员提供各种单学科研究工作的结果。

(9)当有较大的团队参与时,有时会让一个核心团队首先负责,将参与学科提供的信息整合到综合的动态分析中。然而,所有团队成员都应该有机会就整合方式提出建议。

(10)更重要的是,团队成员要密切关注其学科成果在整合过程中的使用情况。如果可能的话,所有成员都应做到此点。此外,部分整合工作可以,有时甚至应该在实地考察中进行。

(11)需要强调的是,在最后的汇总中,跨学科研究的成果离不开各学科的贡献,即使这些贡献可能微不足道。但这种综合分析的质量是由各学科的贡献决定的。分析基础的基石,必须在最终报告的附录中有所体现。如果这些基石不明确,判断综合分析的质量就会变得棘手,甚至导致误判。从科学的角度来看,这将是一个失败。

学科贡献质量参差不齐,即使整合工作做得再好,也无法挽救研究成果质量,行动方案的准备和实施过程也会出现混乱,特别是在以政策行动为导向的研究中。在这种情况下,高质量的多学科研究更为可取。

---

① Staveren J. M. and Dusseldorp D. B. W. M. van, *Framework for Regional Planning in Developing Countries: Methodology for an Interdisciplinary Approach to the Planned Development of Predominantly Rural Areas* (Wageningen: International Institute for Land Reclamation and Improvement, 1980).

(五)报告

在以政策为导向的研究中,必须特别注意研究报告的呈现。它应该是决策者和外行人都能理解的。

三、社会科学家在农业系统研究(FSR)跨学科合作中的作用

(一)FSR的历史背景和主要特点

农业研究为西方国家和发展中国家农业生产的快速增长做出重要贡献。然而,其主要的受益者一直是农民,或者那些生活在土壤肥沃、气候适宜、基础设施完备(如灌溉系统)地区的人。高产品种等创新成果大多脱离研究站诞生。人们对现有本土知识[1]或农民立场和他们的环境很少给予关注。农民应该主动适应研究人员的创新成果。结果,许多创新成果并没有被接受,或者只得到部分引进。截至目前,发展中国家的小农户占大多数,他们可能需要很长时间才能从农业研究的成果中获益。

在过去的几十年里,尤其是在条件相对不利的地区,人们越来越重视农民所掌握的知识。显然,农民比农业研究人员更了解其所在环境。博克斯1988年在多米尼加共和国发现,农民对木薯品种的了解远远多于研究人员。其中许多品种在以前不为研究站所知,但对农民的生存至关重要。这种认识催生出了一种新的农业研究方法,即更加重视农民的知识;此外,部分实验是在农场进行的,即所谓的农业系统研究。

根据沙纳等人[2]的观点,农业系统研究(FSR)的主要特点如下。

(1)以农民为基础。农民、他们的家庭,以及他们对农场和身处其中的(物理、生物、经济和社会)环境的了解是研究的起点。

(2)解决问题。食品安全研究倾向于关注短期目标。该方法指出了农民无法控制的制约因素。从这点出发,评估是否可以改进实际的耕作方法,或者是否可以将农民仍然不了解的创新方法纳入他们的耕作系统。

(3)全面。FSR研究整个农场环境,以确定发展过程中的问题和机遇,指明它们之间的相互关系,根据农民和社会目标确定研究重点并进行试验,根据这些全面的观点提出变革意见,根据对农民和社会的影响对结果进行衡量,观察农民对变革的接受程度,可接受的结果最后交由执行组织。这意味着,不仅农业实践非常重要,还必须关注非农业活动,

---

[1] Brokensha D., Warren D. M. and Werner O., *Indigenous Knowledge Systems and Development* (London: University Press of America, 1980).

[2] Shaner W. W., P. F. Philipp and W. R. Schmehl, *Farming System Research and Development: Guidelines for Developing Countries* (Boulder: Westview Press; London: University Press of America, 1980).

因为在许多发展中国家,家庭收入的主要部分并非来自农业生产。这种外部收入往往是按工时计算的,并且高于农场收入。

（4）跨学科。全面的研究方法需要跨学科的知识。也就是说,不同的学科必须密切联系。由于妇女承担许多,甚至是大部分农务（在非洲）,女性研究人员应被纳入FSR团队中。

（5）互补性。食品安全研究既不取代商品研究或学科研究,也不取代推广研究。无论农民的知识多么重要,仍有大量的知识等待他们去学习。但是,不应该有单向的信息流。农民的实践可以为农业研究开辟新的途径,即找出具体问题进行研究。此外,农民应对其所处环境的方式可以为农业研究人员带来新的见解。FSR可以在农民、农业研究人员和推广人员之间架起桥梁。为了改善与农业研究站的合作,将社会科学纳入其中尤为重要。德克·范·杜塞尔多普和博克斯阐述了他们在那里可以发挥的各种作用——中间人和翻译、监督者、社会影响的评估者、本土知识的分析者、住宿提供者或信息搜集员。[1]

（6）迭代和动态。它是反复的,因为当一个过程从部分信息开始时,研究和实验可以带来新的理解,行动也会相应进行调整。金融风险评估是动态的,因为未来工作的目标和方法可以根据既有成就来调整。

（7）对社会负责。农业系统研究从农民和社会的角度出发开展工作。例如,只关注农民在短期内的最高收入是不够的,可持续性也必须被考虑在内。再如,农民应当改正加速侵蚀的行为。

最近,有迹象表明,农业系统研究的全盛时期已经过去。发展中国家的一些批评意见表明,FSR是一种成本很高的研究方法,只有在资金来源稳定的情况下才能使用。此外,所需的一些学科人才稀缺,农业研究站缺乏这样的人才,就像社会科学家的情况一样。最后,复制该研究方法也不容易。适用领域（农民可以使用农业系统研究结果的领域）往往是有限的。

（二）可以运用的社会学理论

为了发展和改善农业系统,促进农村发展,相应的研究建议指出农民的行为适应是必要的。换句话说,农民和他们的家庭成员必须决定以不同的方式进行某些活动,引入新的做法,或者摒弃旧的做法。在这种情况下,根据农民所在的环境,社会学家必须指出这些变化是什么,以及农民和他们的家庭是否愿意和能够调整他们的行为。农业系统研究也是如此,农民的知识在其中起着核心作用。

---

[1] Dusseldorp D. B. W. M. van and Box L., "Role of Sociologists and Cultural Anthropologists in the Development, Adaptation and Transfer of New Agricultural Technologies," *Netherlands Journal of Agricultural Science*, 38 (1990): 697-709.

社会学家清楚地表达他们所使用的理论至关重要。在FSR研究中,首先形成和检验的是描述性的理论。在这些描述性理论的基础上,可以发展出规定性理论,形成所有待设计行动方案的知识基础。反过来,行动方案将指出如何改变或调整现有的农耕系统,以适应新的情况或FSR团队参与学科研究的创新成果。

为了提供上述信息,社会学家必须把注意力集中在两个主要概念上:行为和能影响行为的决定因素。农民的家庭成员的决策模式与行为密切相关。

人的行为是"在特定情况下,由于以前的人际关系而获得的行为方式"[1]。昆克尔提供了一个行为模型(理论)来解释人类行为是如何产生的以及如何改变的。[2]这个模型有其局限性,因为它相当还原现实。然而,该模型简单实用,所以富有成效。也可能使用其他理论,包括现有的决策理论。然而,如果选择其他理论,就必须收集其他数据和信息。

在昆克尔看来,人类行为是受到刺激而产生的,他区分了强化的刺激(奖励)和厌恶的刺激(惩罚)。[3]根据以往的经验,行为人知道哪种类型的活动可以获得奖励,或被社会环境所排斥。当行为持续不断地得到奖励时,这种行为很可能会在未来重复出现。当一种行为不断地被谴责(惩罚),很可能它就不再出现。主要问题是:行为人把什么看作强化刺激和厌恶刺激?这种判断取决于状态变量。行为者的状态变量由其所在社会的理想价值观和这些价值观到行为规范的转化所决定。这些规范随着时间的推移而变化,因为行动者在不断地与他们社会的价值模式对话。[4]当下被视为不道德的行为,在不久的将来可能被视为是可接受的。

状态变量呈现了缺乏或满足的条件。例如,在野外工作几个小时后,行为人会非常口渴。他们极度缺水,将获得一杯水作为奖励。然而,在三杯水之后,他们的缺水程度就会下降,达到一种满足(饱和)的状态。此时,水不再是一种奖励。如果他们被迫喝更多的水,这甚至会成为一种厌恶刺激。这适用于所有类型的奖励。奖励越具体,迅速达到满意状态的可能性就越大。当通过奖励来影响人的行为时,人们必须了解他们的匮乏程度以及这些匮乏具体是什么。必须找到能满足许多需求的强化刺激。显然,金钱就是这样一种广义的强化刺激。

许多行为会同时被"奖励"和"惩罚"。以伤害他人为代价赚取的金钱回报是可观的,但这也可能导致社会地位丧失,因为在行为人的社会环境中,他们会因此被归为贪婪且不友善

---

[1] Fairchild H. P. (ed.), *Dictionary of Sociology* (Ames, Iowa: Littlefield, Adams and Co., 1955).
[2] Kunkel J. H., *Society and Economic Growth: A Perspective of Social Change* (London: Oxford University Press, 1970).
[3] Kunkel J. H., *Society and Economic Growth: A Perspective of Social Change* (London: Oxford University Press, 1970).
[4] Giddens A., *Central Problems in Social Theory* (London: McMillan, 1979).

的一类。这就意味着行为人必须进行成本效益评估。显然,人类追求的是效益最大化。[1]

此外,必须考虑强化刺激。"刺激的呈现是连续的或间歇性的,是按比例或间隔时间,是固定或可变的,在很大程度上取决于社会背景,例如工作或周期性节日的常规消费。"[2]例如,为预防侵蚀农场有必要开展相关工作,否则长期的侵蚀将会影响农场的发展。那么,这时农民是否愿意接受惩罚(抗侵蚀工程所需的劳动力成本或其他稀缺资源)就成了问题,因为在大多数情况下,农民在多年后才能获得相应的回报。如果继续目前的耕作方式,他们就会毁掉自己的农场,他们也帮不了自己的孩子,让印度农民明白这个道理很简单。然而,他们的回答很可能是:如果没有像现在这样运作农场,他们的孩子也很难生存。那么,预防侵蚀到底有什么好处呢?

社会学家必须查明行为人的行为所得到了什么奖惩。最简单的方法是对农民展开调查,了解他们为什么在过去决定采取某种行为,以及他们进行了何种成本效益评估。但如果这些决定是很久之前做出的,问题就变得复杂了。时间推移会使这些决定变得合理。另一个原因也导致行为人很难解释为什么他们决定要开展一项具体的活动,尤其是一些定期开展且不需要大量稀缺资源的活动。在这种情况下,决策过程往往是以前注意方式进行。"……前注意过程是一种在决策者日常关注和意识之外的处理信息的过程。"[3]

如前所述,行为理论具有其局限性。这种人类行为者观点相当机械。事实上,情况复杂得多。由于行为规范的变化,在很长一段时间内,很难预测哪些强化刺激会影响行为。即便如此,在相当大的程度上,人类的行为是由奖惩塑造的。除非环境突然发生很大变化,否则行为规范只会渐渐地发生改变。因此,在短期内,可以做出一些预测,但需谨慎。

(三)社会科学家在FSR团队中的定位

在讨论社会学家的研究活动之前,必须指出的是,社会科学家在跨学科FSR团队和一般农业研究中通常有两大阵营。

a. 就指导方法[4]而言,社会学家根据他们对农民实际行为的了解指出,为了改进耕作制

---

[1] Dusseldorp D. B. W. M. van, "Development Projects for Rural Development in the Third World: Preparation and Implementation" (Wageningen: Agricultural University, 1992).

[2] Kunkel J. H., *Society and Economic Growth: A Perspective of Social Change* (London: Oxford University Press, 1970).

[3] Gladwin H., Murtaugh M., "The Attentive-preattentive Distinction in Agricultural Decision Making," In *Agricultural Decision Making: Anthropological Contributions to Rural Development*, ed. P. F. Barlett (London: Academic Press, 1984), pp. 115-136.

[4] Dusseldorp D. B. W. M. van, "Some Thoughts on the Role of Social Sciences in the Agricultural Research Centers in Developing Countries," *Netherlands Journal of Agricultural Science*, 25 (1977): 213-225; Dusseldorp D. B. W. M. van and Box L., "Role of Sociologists and Cultural Anthropologists in the Development, Adaptation and Transfer of New Agricultural Technologies," *Netherlands Journal of Agricultural Science*, 38 (1990): 697-709.

度,可以和应该引进哪些技术创新。例如,社会学家发现,如果在现有的劳动电影中加入作物或动物,农民的地位可以得到提高。(劳动电影是一段时间内用于各种活动的劳动时间的图解。)当农民有多余的劳动任务,农民就需要时间和注意力,且时间和注意力既不能用于其他活动,也不被宗教或其他仪式性义务所占用。有了它们,农民就可以利用现有的资源获得更高的收入。

德沃尔特称这为"农业社会科学"。他解释说:"通过研究自然环境、社会文化模式、市场条件、政府政策和技术系统之间的相互作用,来确定农业研究和/或推广的优先事项,从而确定适当的体制结构、研究和推广的责任,预测农业变化的结果,并确认哪些政府、机构和机构政策能够促进社会制度的公平正义。"①

社会学家应该注意,不可过分强调他们的指导作用,原因有以下几点。首先,社会学的预测能力是相当有限的,尤其是需要预测五年或更长时间时。而这又是通过育种来获得具有某种特性的新品种所需的时间。其次,在大多数情况下,相较于非生物环境和生物环境,人们及其所处的社会更容易适应新的外界环境。最后,技术科学家不喜欢由社会科学家、经济学家告诉他们研究的走向。这一点在哥伦比亚的国际热带农业研究中心(CIAT)得到了证实,在那里,经济学家试图凌驾于技术科学家之上来制定政策,至少在一段时间内,事情的进展并不如意。

b.调和方法。在这种方法中,第一步由技术学科决定,在给定的物理环境中,技术学科能探明可以实现什么样的技术创新。根据他们的信息,经济学家可以对预期收益进行评估。然后,社会学家能够通过比较现在的和期望的未来行为模式,结合现有的强化和厌恶刺激,来评估社会接受度。对社会学家来说,这种方法的好处是他们能够知道农业系统的研究重点应该是哪种类型的活动。

(四)在采用调和办法时,技术学科必须提供的信息类别

在实际操作中,FSR 团队采用指导和调和二者结合的混合方法。因此,在研究刚开始时,一旦社会学家掌握了可以影响其他学科研究方向的重要信息时,他们就会提供这些信息。此后,研究重点将会放在调和办法以及技术、社会学科间需要交流的信息类型。

在新的创新,或者在混合方法的创新组合产生预期效果之前,社会学家必须弄清楚需要采取哪些行为。通过深入讨论,技术学科必须明确农民要做哪些事,以便最大限度地利用(现有的或潜在的)创新成果,以及如果不遵循或只部分遵循行为模式会产生的后果。当引进具有不同特性的新作物或现有作物的新品种时,须讨论以下事项。

---

① DeWalt B. R., "Halfway There: Social Science in Agricultural Development," In *The Social Sciences in Agricultural Research*, ed. C. M. McCorkle (London: Lynne Rienner, 1989), pp. 39-61.

a.时间因素往往非常重要。因此,农学家必须非常详细地说明在特定的时刻应该做什么。例如,什么时候必须准备好土地,需要多少时间;什么时候必须准备苗床,需要多少时间。在移栽或播种的情况下,必须明确开展活动的时间点和所需时间。此外,农民必须知道作物种植后该做什么。例如,除草或观察、防治疾病;知道何时应该收割,收割时必须完成哪些工作,以及这些工作的持续时间;储存和加工又包括哪些工作,及其持续时间。这样就可以制作劳动电影,它明确了开展什么活动、开展时间,以及所需的人力劳动时长。通过与现有的劳动电影进行比较,可以初步评估农民和农户对创新的接受度。另一个需要考虑的问题是,如果家务量保持不变,女性是否有额外的空闲时间。

b.时间意识。时间还有另一个层面。有些作物或动物很容易感染某些疾病。如果没有及时发现感染,就会极大地影响作物和动物产量,甚至导致农作物和动物死亡。在灌溉工程中,农民必须在特定的时刻整地。在缺水的情况下,进行灌溉活动的时间需要高度精确。农户成员必须把握好时机并及时采取行动。这种情况会在引种的第一阶段造成问题,因为许多传统作物在疾病观察或感染阶段以及使用杀虫剂或药物方面不需要这种具有时间针对性的方法。

c.劳动的工效学和文化方面。还必须注意到各种劳动活动所涉及的人体工程学方面的知识。这项劳动活动是只需要成年男子,还是也可以由妇女和儿童完成?这里只考虑所需体力。但是社会学家还必须确定,在一定的社会文化环境中,女性的体力可以完成的劳动是否也是可以接受的。此外,还必须关注到在什么样的职位上需要进行哪些活动。她们需要鞠躬、跪下,还是可以站着完成?某些职业在社会上会被轻视。当引进新设备时,这一文化层面需要特别注意。例如,阿姆哈拉农民居住在埃塞俄比亚的阿瓦什山谷中,他们在收割棉花时不想弯腰——至少在一开始时是这样的,而这是农民在棉花收割中必不可少的姿势。

d.知识和技能。为了成功引进一项创新需要许多步骤,而这些步骤又需要什么样的知识和技能?在感染疾病的情况下,农民必须能够识别其症状,并将这种疾病与其他具有类似症状的疾病区分开来。有时,这需要农民认识到新的因果关系。如果他们相信某些疾病是由超自然力量引起,他们会觉得自己没有能力做出改变,除非求助于魔法。但这并不意味着他们之前的行为是非理性的。以对超自然力量的信仰为例,在他们的世界观中,他们之前的活动(例如用动物来献祭)合乎逻辑并且合理。对于耕作制度中新出现的动物,农民必须知道如何利用它们,对拖拉机或水泵等也是如此。

e.投入。需要什么类型的投入?农民是否能获得这些投入?他们熟悉怎么使用这些投入吗?使用杀虫剂或新的机械设备伴随着困难和风险。

f.福利。当正确地引入所提出的创新(或创新组合)时,农户家庭会得到什么额外的好处(强化刺激)?重要的是农民们要知道不仅是作物产量会增加,经济效益也会提高。在提供信息方面,经济学家扮演了重要的角色。

g.风险。同样需要注意风险因素。动物新品种往往更容易受到环境变化的影响。它们在干旱或洪水面前生存能力可能不强,对某些疾病也没有免疫力。换句话说,当一项创新被引入和接受时,技术学科是否能够以量化的方式清楚地表明此项创新潜藏的额外风险?特别是对小农户而言,即使是"低风险"也应尽可能避免,毕竟这些农户几乎或根本没有承担任何风险的能力。研究人员必须对这个问题保持敏感,因为在大多数情况下,他们并不能设身处地为农民考虑。因此,他们倾向于认为(非常)低的风险是可以接受的。

h.行为部分改变的后果。最后,技术学科必须明确如果某项工作的开展方式不当或时间不合适,会导致什么后果。例如,如果农民注意到疾病或使用杀虫剂的时间晚了两天,产量损失的百分比或数量将是多少?

当土壤科学家、农学家、灌溉专家和经济学家提供这些信息时,社会学家就能更清楚地了解所需的行为模式,以及预期好处(激励、强化刺激)、成本和风险(厌恶刺激)。与农民进行交流十分必要,而这些信息可以发挥重要作用,因为这样可以了解他们对可用的或农业研究站研究出的新作物、动物或生产技术的意见。

(五)耕作系统的关系模型

前一节重点关注为确保某一具体创新取得成功农民所必须采取的行动。农民是否接受一项创新,不仅取决于该具体创新的效益,更重要的是该创新如何与整个农业制度相适应。因此,FSR小组必须清楚地了解所调查的农业系统的所有组成部分,以及这些组成部分之间的关系。这一点可以通过模型来实现。

有三种类型的模型。概念模型呈现了系统的所有组成部分,但忽略了这些组成部分之间的关系。关系模型呈现的不仅是系统的组成部分,还有它们之间的关系。最后是数学模型,其中的关系可以用数学公式来表达。这种类型的模型将在后面讨论。

关系模型内部的线条表明存在于组件之间的关系。维护农场建筑、修理或建造农场设施所需工作,以及妇女照看幼儿、打扫房屋、取水和/或拾柴、做饭、为家庭成员洗衣、修理和缝制衣服等所需时间,这些都是农业系统的重要组成部分。这些活动在"再生产活动"标题下有所提及。另一个重要的组成部分是农业系统以外的活动,即所谓非农活动。在发展中国家的许多家庭中,这些活动可提供家庭总收入的50%或更多。因此,有必要把家庭作为一个整体来调查,农场是家庭的一个子系统。

FSR小组应尽快对他们正在调查的农业系统建立一个关系模型。在建立了概念模型之后,接下来是关系模型的构建。仅通过线条指示关系是不够的,如就劳动而言,无论是组成部分还是它们之间的关系，都有必要弄清所提到的活动包括多少劳动。例如，仅知道木柴是从森林里收集的是不够的。应对所花费的时间和参与人员进行说明。同样，也应指出用作家庭食物、动物饲料或用于交易的作物数量。

农业系统的关系模型可以成为协调FSR团队成员活动的重要工具。这样一个模型展示了不同部分的相对位置、所涉及的各种学科，以及它们与其他学科可能存在的潜在关系。

(六)家庭与农场历史上的三个时期

在调和方法中，社会学家试图与他们的同事合作，确定未来的行为模式。这必须在成功引进某些创新成果之前完成。下一步是分析农户家庭成员的实际行为模式。此外，社会学家必须了解决定行为的强化刺激和厌恶刺激。现在的行为是过去事件的结果。因此，有必要梳理一个家庭及其农场发展史。将这段历史分为三个时期可能会有所帮助。

a.农户形成时期。此时期应包括他们父母的背景、他们的家庭构成、教育背景，以及他们在建立家庭和农场之前的活动。

b.从农场出现到FSR出现的时期。在这一时期，应该对重要事件及各种决定做出概述。从这一时期获得的信息有一些缺陷：首先，被访者对过去的记忆并不清晰，因为大部分事件都发生在很久以前；其次，农户成员很可能会合理化他们做出决定的理由。因此，这些信息在表面上不被接受，需要定期检查。

c.FSR的实施时期。在大多数FST中，相当多的信息是由技术和经济学科的研究人员收集的，精准再现了农民做过什么和他们做的决定。这些信息必须尽快提供给社会学家，并列入农场发展史时间表。

(七)有待调查的旧事和决定

接下来是一些值得调查的事件和决定，它们可以帮助我们深入了解家庭的功能，以及做出决定的原因，从而有助于解释农场的现状。为了梳理出一段完整的家庭和农场的历史，调查应该从家庭和农场形成开始。因为已经过了很长一段时间，受访者的记忆出现问题是意料之中的。因此，应特别注意过去五年中做出的重大决定。

必须对FSR期间登记的决定进行详细的分析。因为这些决定只是在此前几周做出的，人们仍然记得做出决定的原因。分析前，行为者会对检查中所做的决定做出成本效益评估，其评估类型应是分析的重中之重。此外，还应查明是否考虑到了其他备选办法，以及出于何种原因而放弃了这些办法。最好还应注意那些不常有且涉及大量稀缺资源的决定。否则，前注意决策就可能出现问题。受访者可能并不总是愿意提供这些信息。信息提供者必须是所有相关的家庭成员，而不仅仅是户主。

a. 家庭的发展取决于子女的出生、死亡、收养和婚姻,以及他们离家闯荡的时刻。这些信息,连同从家庭形成阶段获得的信息,可以在家谱中图形化地呈现。上述的农民家庭网络,只要是以亲属关系为基础,可通过家谱这一工具体现。然而,这种亲属关系网络可能相当庞大,而且可能无法涵盖网络中最有用的成员。当涉及孩子的收养或离家时,重要的是找出原因。

b. 土地的历史。农场一开始的规模有多大?它是继承的、购买的、租赁的、合租的,还是其他情况?新的土地是买的、租的,还是共享的?已有的土地是用于卖的、租的,或与其他人共享的?购买土地的价格是多少?土地出租或共享的条件是什么?地块位于何处?还有,土地的得主是谁,从谁那里得到的,出于什么原因?

c. 作物。农场开办时种了什么?是否引进了新作物?什么时候引进的?为什么要获取这些作物的信息,从哪里获取?种子或幼苗是从哪里来的?作物是否被从耕作系统中淘汰,原因是什么?农民是否观察到了产量的变化或疾病的出现?他们对此给出了怎样的解释?

对于目前种植的作物,社会学家和农学家必须探明如何栽培这些作物,各种栽培做法是出于什么原因,以及由谁操作。

d. 牲畜。农场诞生初期,那里有牲畜吗?是什么类型的?新品种是否被引入到农场系统中?原因是什么?关于新品种的信息从何处获得?牲畜是卖的、买的,还是租的?在什么条件下,从谁那里,出于什么原因?牛的收购价是多少?农民或他们的家庭是否观察到动物出产率的变化或疾病的出现?他们对此有什么样的解释?

e. 投入。农场诞生初期,农户使用了何种投入——例如,粪肥、化肥,还是杀虫剂?是否引入了新的投入,何时引入,出于什么原因?关于这些投入的信息是从何处获得的?农民是如何获得这些投入的,在什么条件下获得的?

f. 设备。农场诞生初期,农民有什么类型的设备?是否引进了新设备,如新型犁、小型拖拉机或喷洒设备,在何时引进的,为什么引进?他们是如何获得这一设备的,在什么条件下(例如,有无贷款购买、出租、借用或共享)?他们自己制造设备了吗?原因是什么?他们从何处获得关于新设备的信息?

g. 建筑物。首先,应当研究家庭住宅的历史。这户人家最初住在什么样的房子里?它是自有的、出租的,还是免费提供的?住宅环境有无改善?在同一地点建造的新房子,还是在另一个地块?在建造和/或改善房屋时使用了哪些材料?这些是如何获得的,从谁那里获得的,在什么条件下获得的?涉及的费用包括什么?这些问题对于马厩、棚或农场储存设施同样适用。

h. 非农活动。家庭中的不同成员进行了哪些农业和非农业活动?这些类型的活动何时首次进行?何时首次发起?进行这些活动的原因是什么?时薪是多少?根据不同受访者的意见,这类工作的社会地位如何?是否忽视了从事非农业活动的机会,原因是什么?

i. 贷款。重要的是要弄清楚以下问题:农民和他们的家庭是否曾获得信贷(无条件贷款),在农场经营的哪一时刻获得,出于什么原因,从何处获得,以及在什么条件下获得?农民是否发现信贷制度或提供信贷的条件发生了变化?他们对这些变化给出了什么解释?

j. 市场营销。农户卖什么样的产品?这些产品是何时、何地卖的,卖给谁,由谁销售的?各种产品的第一次营销发生在什么时候,出于什么原因?各种产品的价格是多少?农民及其家庭成员是否注意到营销体系和价格的变化?他们对这些变化有什么解释?

所有重要事件和农民及其家庭做出的相关决定都可以汇集在农场历史的时间表中。

(八)社会经济环境

农户成员不是在真空中经营。他们植根于其村庄和地区的文化、社会和经济环境。因此,有必要深入了解他们所处社会的价值模式和社会结构,以及他们与各种个人、群体和机构的关系。

根据农民获得的信息——例如,他们与谁有联系,无论是在获取信息或信贷方面,还是在销售产品、出租或出售土地方面——可以绘制一个社会网络图。这类图表用处很大,因为它们可以呈现活动参与人员系统性的互动,这些活动可以改变他们所在的机构。这类图表明确的结构会影响网络中心的应答者的行为和态度(自我意识)。这一信息在FSR的后期阶段可能很重要,因为在引入拟议的创新成果时,必须就如何以及通过谁来接触农民最有效提出建议。

必须认识到,农民的社会网络更大,因为他们可能有一些关系,与农场或家庭并不直接相关。他们可以加入其他组织,如宗教团体、村民委员会、合作社等,从中获得援助和各种信息。此外,深入了解农民妻子和年长孩子的网络也很重要。

(九)所要使用的研究技术

显然,社会学家想从受访者那里获得的信息可能是敏感的。不是每个人都愿意详细说明做出某一决定的原因。研究人员必须意识到,如果受访者愿意回答问题,答案未必总是正确的。他们可能有不愿明说的目的,因为他们处于社会规范和价值模式的边缘。例如,他们购买一块土地的主要原因可能不是真心想扩大他们的农场,而是想阻止与他们争吵过的邻居获得一个更大的农场。为了获得这种类型的信息,研究人员必须竭尽全力与他们的受访者建立良好的关系。

在获得上述数据和信息时,研究人员可以使用诊断性案例研究方法。[1]这种方法依赖

---

[1] Doorman F., "Strengthening Qualitative Methodology in Agricultural Research: The Social Scientist's Contribution," *Sociologia Ruralis*, 29 (1989):250-264.

于观察方法,以及开放的结构化访谈。一旦获得信息,必须将其录入可在以后进行分析的田野笔记中。

研究人员必须认识到,这种与农民的密集讨论可以影响他们未来的行为。例如,在与农民讨论各种可用信贷时,农民可能会意识到他们可以用非政府组织等其他来源的信贷来代替中间商的信贷。这将影响他们未来的决策。然而,研究人员只会得到过去决策的信息。

(十)数据和资料的呈现

数据和信息可按以下方式呈现。

a.报告。社会学家可以根据他们的田野笔记写一份报告。在对案例研究进行大量描述时,在报告草稿中必须尽可能详细。在最后的报告中,只有那些与论点相关的事件需要包括在内。然而,只使用支持论点的信息,这种危险行为必须避免。

b.农场历史时间表和社会网络图。报告草稿,甚至最后的案例研究,可能十分冗长,技术性太强,团队成员无法理解。然而,诊断性案例研究的结果必须结合技术学科进行深入讨论。

(十一)如何形成建议

根据过去和现在的决策时间表,可以与其他团队成员开展讨论。需要重视以下问题:

a.是否存在一些活动或事件,社会学家没有观察到或没有被告知,但其他团队成员知道并认为其重要?如果是这样,应将这些信息纳入时间表。

b.根据技术和经济学科的观点,是否存在一些重要的决定需要更深入的信息?

基于这些讨论,社会学家可以重访农民,以便完善他们的信息。

目前社会学家对以下两种行为模式有了清晰见解:

a.一个家庭中信息提供者过去和目前的行为模式,以及他们对具体决定做出成本效益评估的方式;

b.成功引入特定创新成果所需的行为模式。

通过比较这两套行为模式,社会学家可以评估家庭行为和决策模式中必须做出的改变。

根据农民及其家庭成员所经历的强化和厌恶刺激,以及与提议的创新或创新组合有关的预期强化和厌恶刺激,社会学家可以:

a.评估创新成果被接受的可能性;

b.如果被接受的机会很小,说明应如何在技术和经济上可行的范围内调整创新,以获得更高的接受率;

c.提及农民家庭可以接受其他哪种类型的创新;

d.概述可取、必要或建议的措施以加快接受;

e. 在社会网络图的基础上,找出与家庭成员接触的最佳渠道。

可以理解的是,只有在与农民及其家庭成员进行深入讨论后,才能提出这类意见和建议。小组讨论是更好的选择,尽管妇女和儿童可能没有参与这些深入讨论。农民的意见至关重要,他们是必须做出最终决定并承担风险的人。

四、模拟模型和社会科学的联系

数学模型在农业研究站正得到大量应用,在那里,农作物模拟模型已十分普遍。农作物模拟模型的有趣之处在于,它们为生理学家、农学家、土壤学家和植物源学家之间的跨学科合作提供了一个具体的框架。

最近,已经开始尝试将这些模型与经济学家的线性规划模型和土地评估模型的数学模型相结合。有迹象表明,结合各种数学模型,可以为政策导向的跨学科研究建立一个框架。社会科学家必须密切关注这一有趣的发展,这与其说是因为他们试图在这一发展过程中有所贡献,不如说是为了看看他们在何时、以何种方式为农业研究进程做出贡献,因为农业研究正处于发展阶段。如果没有这种结合,社会科学将在促进农业和区域发展的跨学科研究中与其他学科脱节。最近(1992年3月)在瓦格宁根举行的农业发展建模者研讨会上,没有社会学家的身影。其他学科的研究人员都表示:我们继续我们的工作,如果我们决定要做什么,社会学家编写指导手册就行。

要强调的是,有经验的建模者很清楚,模拟模型是可以促进农业研究的工具和手段,仅此而已。它们是赫克豪森[1]指出的一种元方法类型,并不导致跨学科性。这些模型的成果在表面上也无法被接受。为了测试这些成果,必须在现场进行实验。

彭宁·德·弗里斯等人对这些模型的解释如下[2]。

作物模型是对作物的简单模拟。它用于研究作物生长和计算生长对环境的反应。常用的作物模型可分为描述性模型和解释性模型。

1. 描述性模型。描述性模型对系统的行为进行了简单定义。该模型很少,甚至不反映行为背后的机制。创建和使用这种类型的模型相对简单。描述性模型通常由一个或多个数学方程组成。

2. 解释性模型。解释性模型即对系统行为背后的机制和过程做出定量描述。这些描述明确陈述了科学理论和假说。为了建立一个解释性模型,要对系统进行分析,并分别量

---

[1] Heckhausen H., "Discipline and Interdisciplinarity," In *Interdisciplinarity: Problems of Teaching and Research in Universities*, ed. L. Apostel (Paris: Organization for Economic Cooperation and Development, 1972), pp. 83-89.

[2] Penning de Vries F. W. T. et al., *Simulation of Ecophysiological Processes of Growth in Several Annual Crops* (Wageningen: Pudoc, 1989).

化其过程和机制。该模型是通过整合对整个系统的这些描述而建立的。解释性作物生长模型包含对光合作用、叶面积扩展和分蘖诱导等不同过程的描述。

在这样一个模型中,每一个过程都必须在环境因素上进行量化,如辐射和温度;还有作物状况,如叶面积、生育期和含氮量。然后,根据实际的作物、土壤和天气状况,计算在生长季节任何阶段的增长率。只要有充分的理论和数据来量化它们,所有重要因素都可以用这种方法来解释。

有了这些解释性模型,可以进行模拟,从而产生解释性模拟模型,以便能够模拟其他发展方向的结果。

模拟模型对我们周围的世界系统进行了相对简单的模拟。这个模型定义了一个系统以及现实世界的各个部分。根据测量和观察到的目标和世界的内在结构,用户能够确定一个系统。对一个农学家来说,一个系统可能是一个水稻作物,它的元素、植物器官(如叶、茎、根)和生长过程(如发育和蒸腾)之间相互作用明显。天气是一个驱动变量,因为它对作物生长有重要的驱动或调节作用。而农作物几乎无法影响到天气。一般说来,驱动变量会影响系统及其行为,反之则不然。

上述引文的实质是,理论农学家能够通过还原,创建一个作物生长的模拟模型,通过该模型可以用计算机对特定作物进行实验。这并不意味着这种模拟的结果能反映现实中会发生的事情。模型并不囊括所有的过程。因此,必须进行现场试验来检验结果。

此外,这种模拟模型对社会科学价值不大。首先,它的研究对象(农民)具有能动性。因为无论是环境发生变化时,还是预期环境会发生变化时,研究者可以并且将改变他们的行为。这种情况会对环境产生影响。检验社会科学中引入的模拟模型的结果也几乎是不可能的。

总的来说,作物生长模拟模型在农业研究中的优势有以下几点。

a. 模拟模型给出了一个促进跨学科研究的框架。它有助于准确指出在一个特定的研究项目中对每个学科的期望。

b. 该模型使得说明应用研究和基础研究之间的关系更容易。例如,水稻在开花后并非从土壤中吸收氮。然而,在成熟期间,水稻植株内部的变化导致氮素的置换。这个过程远比之前所想的重要。目前,我们对这一过程如何发生知之甚少,这为进一步的基础研究提供了重要线索。

c. 模拟模型使设计更具体的现场试验成为可能。作物生长模拟模型可以让我们更好地了解需要测试的确切内容。

d. 最后,该模型可以用较少的现场试验获得相同的结果。通过使用计算机进行试验,就可能判断出哪些试验无法得出满意的结果或根本没有结果,然后可以放弃这些试验。因为田间试验在农业研究中成本很高,这样做可以大大提高效率。

其中,一些优点在该领域已有所体现。[1]模拟模型一旦引入,可以加强农业科研站的跨学科研究。然而,模拟模型的使用是否会提高效率取决于一个社会学变量。田野试验覆盖的大片区域是一个重要的身份(地位)象征,所以农业科研站的主任并不总是愿意脱离试验田进行实验。

目前,研究者正在努力将作物和动物模拟模型的结果与经济学家的线性规划模型相结合。这种结合很有可能在短期内就能实现。比如,印度尼西亚的一个研究项目就实现了这一点。Stroosnijder和van Rheenen的论文[2]首次对此进行了描述。同时,有研究者正在努力将耕作制度研究的结果与土地评估的定量模型结合起来。[3]这种结合使人们能够对区域农业发展的潜力和制约因素做出估计。

这也表明,模拟模型正在成为农业研究的有力工具,可以为农村综合开发提供坚实的基础。德·威特等人指出,借助模拟模型,可以根据某一特定区域的物理特征获得该区域作物的潜在物理产量。[4]

但这并非没有危险,正如麦克威廉姆斯、克里森和德克·范·杜塞尔多普所说的那样:"交互式多目标线性规划(IMGLP)这项有趣的技术,可以解决农业系统的复杂性问题。根据作物一级模拟模型的结果,用它来制定区域一级的政策时,就绕过了农场一级复杂的决策过程。在没有对农场层面做分析的情况下引入IMGLP,自上而下地制订计划和开展项目有可能存在风险。众所周知,这些计划和项目并不成功,而且浪费了有限的发展资源,因为它们对农民没有吸引力。"

建模者和决策者都在寻找将社会经济数据纳入模拟模型的机会,但同时也必须注意一些问题。

首先,应避免使用非常复杂的模型。它们可能会分散对模型中正在发生的事情的注意力。模型应该保持简洁,就像现在的作物生长模型一样。

其次,结合不同类型的模型,即将一个模型的输出作为其他模型的输入,比起将现实世界的不同层面结合起来,似乎是一种更好的方式。这一过程也变得更加清晰,因为它更容易跟进各个学科的投入。

最后,注意不要强行让所有学科都把它们的信息翻译成适合计算机的数学语言。社会

---

[1] McWilliams J. R., Collison M. P. and Dusseldorp D. B. W. M. van, "Report on the Evaluation of the SARP (Systems Analysis for Rice Production) Project" (Den Haag: Directoraat Generaal Voor Internationale Samenwerking, 1990).

[2] Stroosnijder L. and Rheenen T. van, "INRES Farming Systems Analysis Methodology" (Malang, Indonesia: Brawijaya University, 1991).

[3] Fresco L. et al., "Land Evaluation and Farming Systems Analysis for Land Use Planning" (Wageningen: FAO, ITC and the Department of Development Economics, Agricultural University, 1989).

[4] Wit C. T. de et al., "Application of Interactive Multiple Goal Programming Technique for Analysing and Planning of Regional Agricultural Development," *Agricultural Systems* 26, no. 3 (1988): 211-230.

科学就是一个很好的例子。至少在目前,没有迹象表明模拟模型可以有效模拟人类及其社会,将来有可能仍是如此。社会学信息总是可以量化的,但范围极广,并将毁坏模拟模型。

社会科学必须密切关注上述进展。往往容易出现只做旁观者和事后诸葛亮的现象。绿色革命与费德的图书《逆向发展》提供了很好的例证。关键是要确定在使用模拟模型进行农业研究过程中,什么时候可以引入社会学信息。以下情况可能用到社会学信息。

a.在需要选择必须调查的问题时。农业系统研究人员或推广人员事先确定农业的社会经济制约因素,以在作物模拟模型中形成适当的技术参数。劳动力的可用性、地位和报酬往往对目前和未来可能的农业实践具有关键影响。农民可能只能给水稻除一次草,或者播种时期严重的劳动力短缺可能会使直接播种作为唯一可行的选择。这些知识在使用该模型识别特定耕作系统的水稻品种和管理实践时可能具有重要意义。社会科学可以提供并量化人口统计数据和劳动电影这些重要信息。在早期阶段,也可以发现某些可能阻碍创新成果引入的价值观(指导方法)。

b.在根据模拟结果选择现场试验的方案时。那时,针对拟议的品种或管理做法可能在农场一级对农村社区和区域发展产生的潜在社会影响,社会学家已经可以做出初步评估。如果还没有这种评估所需的知识,就需要社会学家收集必要的信息。

c.当试验证明新品种或农场管理做法在技术上合理时,社会学家应指出成功引进必须满足哪些社会学先决条件,以及如果拟议的创新在农场和区域一级被接受,其潜在的社会影响是什么(调和办法)。

社会学家应该考虑的各种问题已经在"社会科学家在农业系统研究(FSR)跨学科合作中的作用"一节中讨论过。如果不将社会学信息纳入模型,社会学家仍然可以使用模拟模型对农业研究做出重要贡献,前提是他们了解技术人员取得的进展并愿意在此基础上工作。

五、广泛的跨学科研究:潜力与制约

跨学科研究的潜力显而易见。在对复杂现象的进一步分析中,为了扩展我们现有的知识体系,学科间的合作很有必要。许多必须解决的问题过于复杂,仅凭单一学科无法为行动提供坚实的基础。仅依据一个学科的发现来制订社会问题的解决方案很危险,因为其他学科被排除在外。IRD方案是一个很好的例子,在该方案中,农学家指出,贫困的主要原因是穷人没有机会生产更多的产品,而这又是因为缺乏肥料等投入。然而,人们往往忽略了这样一个事实,即存在着诸如市场制度的社会政治机制,也就是说,即使贫穷的农民或佃农获得了投入,他们增加的收入也会被富人抽走。

但这并不意味着所有的研究都应该是跨学科的。单学科研究可以解决很多问题。因为跨学科研究是一项复杂、耗时的,成本很高,所以选择跨学科方法必须有充分的理由。

跨学科研究的主要制约因素是沟通和组织。

第一个制约因素是跨学科研究需要个人之间的合作。在任何方面,合作不容易。然而,这一普遍问题会因跨学科团队成员的教育背景不同而升级。

(1)由于教育制度,在相当长的一段时间年内,特别是在大学,年轻人专攻一门学科,并被灌输其范式、理论整合水平、方法和分析工具,以及科学术语。

(2)这种孤立的学科教育往往导致研究生认为他们的学科最重要,最适合解决特定的社会问题。

(3)大学教育往往非常注重个人的表现,从而激发了对个人成就的追求。

为达成折中方案,这种教育背景无法为需要的公共且深入的讨论提供良好的基础,也没有让学生更愿意去尊重其他学科成员的观点,抑或是改变自己学科的观点和思想。解决办法很简单,那就是改变大学教育制度。给学生更多的时间去熟悉其他学科,这样他们就能够理解其他科学语言,并意识到他们所学的学科是相对重要的。只有在自身领域中有足够资历的科学家才能做出好的跨学科研究。大学必须继续培养出专业的高素质人才,但同时必须注意培养他们与其他学科研究者交流的能力。考虑到时间有限,在教育项目中找到最佳组合远非易事。面对这种困境,瓦格宁根农业大学已经"纠结"了一段时间——如何在一门从5年缩短到4年的课程中培养学生,以使他们精通自己的学科,同时接触到足够多的其他学科,以便他们能够理解和讨论自己学科以外的研究对象。

第二个制约因素是组织的制约因素。研究管理正日益成为一个问题。在大型科研院所或工业企业中,这一问题或多或少得到了解决。然而,在大学里,由于专业院系间结构分散,情况有所不同。大学里盛行的个人主义文化加剧了这个问题。考虑到大多数团队成员的背景,跨学科研究项目必须给团队成员一段相当长的时间来相互了解,并熟悉彼此对待学科的方式。因此,共同提出一个一般性的研究问题是第一步,至关重要。

六、一些一般性意见

1.当涉及扩大我们关于复杂系统(如农业和家庭系统)的知识边界时,跨学科研究是重要的,且常常有必要。它在面向政策/行动的研究中也发挥着重要作用。

2.对正在开展发展活动的领域或区域进行跨学科分析,是农村综合发展的基础。但往往缺少这种分析,有时这是由于准备不足。存在问题的准备工作以及跨学科研究的成本,也可能导致这种缺失。

3.最近对跨学科研究的讨论并没有提供太多新的、适用的思路。此外,这类研究的表现平平。

4.跨学科研究的复杂性往往被低估,尤其是准备工作需要的时间。

5.跨学科研究可以解决很多问题。然而,由于成本高,必须有充足的论据表明在解决问题时,它比单一或多学科研究更合适。

6.跨学科研究并不意味着学科合并。各学科之间在研究过程中相互影响,最终需要整合各单学科的研究成果。

7.跨学科研究的质量取决于:

a.对准备阶段的重视程度;

b.有关学科提供的投入的质量;

c.研究过程中的互动过程;

d.整合的质量。

8.在最后的整合中,各学科的投入并不总是能得到认可。然而,为了便于评估跨学科研究的质量及其责任制度,应在附录中或其他地方提到汇总中使用的学科基石。

9.引入模拟模型和线性规划模型可能导致社会科学被孤立。研究人员应该澄清社会科学在什么时候、以何种方式在使用模拟模型的跨学科研究中发挥作用。

显然,在跨学科研究的实际应用领域,仍有许多地方等待我们探索。最好的学习方法是评估,无论是内部中期评估还是外部事后评估。佩斯顿界定了跨学科研究项目事后和事前评估时应考虑的一些问题[1]:

(1)以跨学科术语设立的项目是否是对各学科现有贡献的认可?

(2)提出包含术语的问题可以使不同学科开展合作而非竞争,在这一层面上,跨学科性是否能够真正实现?

(3)数据获取的方法可能对所有相关学科都有帮助,还是仅对某一学科有所帮助?

(4)跨学科性是增强了,还是掩盖了检验假设的可能性?

(5)研究结果对最终将做出的政策决定有何影响?

只有在编制项目设计书使内部和外部评估人员对各学科研究人员商定的合作和交流信息的方式有所了解时,前四个问题才能得到回答。此外,在实地工作期间进行的沟通和最后报告应记录在案。当进行这种定期评价时,便可预期跨学科研究领域中的更多进展。

---

[1] Peston M., "Some Thoughts on Evaluating Interdisciplinary Research," *Higher Education Review*, Spring (1979): 55-60; Wigboldus S., "An Inquiry into the Discussions on Interdisciplinarity" (Wageningen: Agricultural University, Department of Rural Sociology of the Tropics and Subtropics, 1991).

Interdisciplinary research for integrated rural development in developing countries: The role of social sciences

Dirk van Dusseldorp and Seerp Wigboldus
Wageningen Agricultural University

Abstract: This article is based on the experiences of various interdisciplinary research and planning teams at Wageningen Agricultural University. After giving a typology of interdisciplinary research, the authors examine the role of social sciences in interdisciplinary research in various fields of importance for rural development in developing countries. The type of interdisciplinary research discussed is the so-called "broad" interdisciplinary research in which participating disciplines have very different paradigms. The article closes with an overview of the potentials and constraints in broad interdisciplinary research and some general observations. Finally, systematic evaluations of interdisciplinary research programs will contribute to its progress.

Key words: interdisciplinary; integrated rural development; developing countries

案例集成

武陵山区脱贫攻坚与乡村振兴有效衔接的实践探索与实现路径[①]

蒋和平[1] 丁美华[2] 蒋 辉[2]

(1.中国农业科学院农业经济与发展研究所,北京100081;2.吉首大学湖南乡村振兴战略研究中心,湖南吉首416000)

摘 要:我国正处于脱贫攻坚与乡村振兴有效衔接的五年过渡期,武陵山区作为"精准扶贫"思想的首倡地,顺利推进脱贫攻坚与乡村振兴两大战略的有效衔接意义重大。武陵山区通过推进"三个衔接"、初步建立"两大战略"有效衔接考核评估体系、系统构建防止返贫监测帮扶机制、逐步完善基础设施建设、创新人才培养和引进机制、创新开发金融扶贫项目、夯实特色产业发展基础,"两大战略"衔接取得明显成效。为深入推进武陵山区脱贫攻坚与乡村振兴有效衔接,应进一步落实"两大战略"有效衔接项目,进一步完善绩效考核与奖惩机制,进一步健全防止返贫动态监测帮扶体系,加快补齐基础建设短板,健全乡村振兴人才培养及引进体系,健全农村发展资金保障体系,紧抓产业发展助农增收振兴乡村。

关键词:武陵山区;脱贫攻坚;乡村振兴;实现路径

一、引言

脱贫攻坚的胜利并不是结束,而是新的伟大战略的开始,如何从脱贫攻坚阶段向乡村振兴阶段平稳过渡成为国家和社会共同关注的问题。为此,党中央做出了巩固拓展脱贫

[①] 基金项目:本文系国家社会科学基金重大项目"基于改革视角下国家粮食安全问题的研究"(14ZDA041)、教育部人文社会科学研究项目"农村创业带动乡村振兴的效果、模式与实现路径研究"(20XJC790012)、湖南省自然科学基金项目"湖南省城乡生产要素双向流动与优化配置的机制及政策研究"(2020JJ4512)、湖南省社会科学成果评审委员会项目"湖南省小农户生产与现代农业发展有机衔接的效益评价与典型模式研究"(XSP20YBC383)、湖南省社会科学成果评审委员会重点项目"加快湖南产业数字化数字产业化发展的对策研究"(XSP22ZDI013)的阶段性成果。
作者简介:蒋和平,男,中国农业科学院农业经济与发展研究所教授、博士生导师,主要从事现代农业发展研究;丁美华,吉首大学研究生;蒋辉(通讯作者),男,吉首大学湖南乡村振兴战略研究中心教授、硕士生导师,主要从事农业发展战略研究。

攻坚成果同乡村振兴有效衔接的战略部署,并在之后印发的多个文件中将"两大战略"有效衔接作为当前的重点任务进行系统部署。可见对我国现发展阶段而言,实现脱贫攻坚与乡村振兴的有效衔接具有重要现实意义。脱贫攻坚与乡村振兴有效衔接是为推进乡村整体发展、实现乡村振兴做准备,目的是解决区域相对贫困、推动农村高质量脱贫。为此,应多措并举、多途径推进,维持相关政策、发展要素的供给及内生动力的激发,为脱贫攻坚与乡村振兴有效衔接提供保障。实现脱贫攻坚与乡村振兴的有效衔接,主要从两个方面着手。首先要做到的是巩固拓展脱贫攻坚成果,防止发生规模性返贫现象,实现农民增收。要健全防止返贫机制,对低收入人口和地区执行系列长效的帮扶措施;以产业发展为核心,稳定农村经济发展,实现从巩固拓展脱贫攻坚成果向乡村振兴迈进;持续并创新拓展产业扶贫、思想教育扶贫等卓有成效的扶贫措施与模式,完成其常态化的形式转变;完善易地搬迁贫困村的后续建设工作,健全其搬迁新址的硬件设施和公共服务系统。其次要缩小区域间的发展差距。脱贫摘帽只是减贫长征第一阶段的结束,下一阶段就是要从经济、文化、生态等方面整体推动相对贫困地区长久稳定发展,提高相对贫困地区的经济发展水平,缩小其与相对发达地区的发展差距,主要是缩小生产水平、生活水平、社会保障、公共服务、社会管理,以及发展机制和政策六个方面的差距。[1]

当下,我国学者对巩固拓展脱贫攻坚与乡村振兴的有效衔接进行了较为丰富的研究,研究成果主要体现在以下三个方面。

一是脱贫攻坚与乡村振兴在逻辑上存在一定的交互关系。脱贫攻坚与乡村振兴在内容上具有一致性,在价值上具有一元性,在功能上具有互构性,在主体上具有共通性。[2]脱贫攻坚为乡村振兴奠定了坚实的物质基础和组织前提,乡村振兴为巩固拓展脱贫攻坚成果提供了动力和保障。[3]脱贫攻坚的核心是解决农村居民的温饱问题,乡村振兴的目的是推动乡村全面发展,脱贫攻坚和乡村振兴在逻辑上具有密切的延顺性,脱贫攻坚的过程也是乡村振兴的过程。[4]

二是分析提炼出了脱贫攻坚与乡村振兴有效衔接的重难点。推进衔接的重点在于提高农民产业、治理、社会三个方面的参与度,增强脱贫户的获得感,激发其内生动力,以达成持续性脱贫;[5]实行保障式减贫,保持并稳定现有政策,建立常态化减贫机制,探索开发

---

[1] 尹成杰:《巩固拓展脱贫攻坚成果同乡村振兴有效衔接的长效机制与政策研究》,《华中师范大学学报》(人文社会科学版)2022年第1期。

[2] 李晓园、钟伟:《乡村振兴中的精准扶贫:出场逻辑、耦合机理与共生路径》,《中国井冈山干部学院学报》2018年第5期。

[3] 李宁慧、龙花楼:《实现巩固拓展脱贫攻坚成果同乡村振兴有效衔接的内涵、机理与模式》,《经济地理》2022年第4期。

[4] 郭远智、周扬、刘彦随:《贫困地区的精准扶贫与乡村振兴:内在逻辑与实现机制》,《地理研究》2019年第12期。

[5] 王东宾:《将乡村振兴与精准脱贫有机衔接》,《中国城乡金融报》2018年3月21日B3版。

式减贫办法。[1]推进衔接的难点在于覆盖主体扩展难、聚焦空间延伸难、完成目标跨越难、任务时限贯通难、政策力度持续难;[2]三大机制的调整难度大,即由超常规化向常态化转型的社会机制、兼容特惠和普惠的减贫治理机制,以及兼顾持续性和均衡性的投入保障机制;[3]脱贫攻坚与乡村振兴之间,不同治理体系的兼容与互促、不同利益群体间不同利益诉求的兼顾与协调同样是难点。[4]

三是分析得出脱贫攻坚与乡村振兴有效衔接的实现路径。在新时代大背景下,统筹落实推进衔接的体制机制,探索产业多元发展,激发农户主体意识。[5]完善制度设计,推动特色主导产业发展,构建人力资本建设体系,为"两大战略"衔接提供发展环境、基础和动力。[6]遵循脱贫攻坚逐步迈向乡村振兴的一般规律,构建推进衔接的共性方案,建立风险识别机制、责任落实机制、政策跟进机制、社会动员机制、统筹协调机制与考核评价机制。[7]

综上所述,目前,有相当一部分的学者围绕脱贫攻坚与乡村振兴有效衔接方面做出了较为丰富的研究成果,为本研究奠定了坚实的理论和经验基础。但是现有文献更多停留在学理层面的探讨,较为关注脱贫攻坚与乡村振兴有效衔接的理论逻辑、制度转换、难点重点等理论问题。诚然,理论指导确实具有显著的现实意义,但从实践层面发现和总结一些典型模式和可行经验,将会对持续稳定推进脱贫攻坚与乡村振兴有效衔接提供丰富的经验做法,毕竟这种政策创设和过渡并无先例可借鉴。因此,本研究旨在通过对武陵山区的深入调研,分析总结出武陵山区"两大战略"有效衔接的典型模式、可行机制,系统性提出武陵山区脱贫攻坚与乡村振兴有效衔接的实现路径,为我国更好推进上述两项伟大战略的无缝转换和有效衔接提供科学借鉴。

---

[1] 黄征学、高国力、滕飞、潘彪、宋建军、李爱民:《中国长期减贫,路在何方?——2020年脱贫攻坚完成后的减贫战略前瞻》,《中国农村经济》2019年第9期。
[2] 姜正君:《脱贫攻坚与乡村振兴的衔接贯通:逻辑、难题与路径》,《西南民族大学学报》(人文社会科学版)2020年第12期。
[3] 涂圣伟:《脱贫攻坚与乡村振兴有机衔接:目标导向、重点领域与关键举措》,《中国农村经济》2020年第8期。
[4] 甘文华:《论巩固拓展脱贫攻坚成果同乡村振兴的有效衔接》,《中共南京市委党校学报》2022年第1期。
[5] 豆书龙、叶敬忠:《乡村振兴与脱贫攻坚的有机衔接及其机制构建》,《改革》2019年第1期。
[6] 高静、武彤、王志章:《深度贫困地区脱贫攻坚与乡村振兴统筹衔接路径研究:凉山彝族自治州的数据》,《农业经济问题》2020年第3期。
[7] 毛磊、翟坤周:《巩固拓展脱贫攻坚成果同乡村振兴有效衔接的长效机制构建》,《福建农林大学学报》(哲学社会科学版)2022年第1期。

二、脱贫攻坚与乡村振兴有效衔接的必然性

（一）是深入践行党的初心使命的内在要求

脱贫攻坚与乡村振兴有效衔接是中国共产党初心不变的证明。[①]"以人为本、为人民谋幸福"的使命始终贯穿于中国共产党的行动中。其中，助广大人民群众脱离贫困是完成使命的首要任务。[②]在脱贫摘帽、消除绝对贫困后，如何进一步缩小城乡贫富差距，体现出社会主义本质，实现共同富裕，是中国共产党面临的新挑战。推进脱贫攻坚与乡村振兴有效衔接则是践行中国共产党初心使命的一次战略行动。脱贫攻坚与乡村振兴有效衔接是为解决脱贫地区发展艰难和缓慢等问题所部署的战略。[③]一些地理、历史因素导致我国大多数脱贫区、脱贫户尽管消除了绝对贫困，但状况仍不稳定，依旧存在返贫风险，很可能会因为政策变动、疫情、灾害等原因而重返贫困境地。因此，脱贫攻坚与乡村振兴有效衔接的战略部署是巩固拓展脱贫攻坚成果，带动发展相对落后的地区和人民跟上国家整体发展步伐，建设社会主义现代化强国的必经之路。

（二）是实现均衡发展、走向共同富裕的必然逻辑

根据发展经济学的理念，不均衡发展是客观存在的。不均衡发展的主要观点分为两类：一类认为不均衡发展是经济发展恶性循环的结果，主张政府应该使用积极的经济政策和有力的措施手段来实现经济均衡发展；[④]另一类认为不均衡发展是为实现经济均衡发展的手段，主张应先集中资源优先发展部分地区，再经要素流动、经济效益扩散，由先富地区带动后富地区发展，最终达成均衡。脱贫攻坚通过精准扶贫、精准脱贫，目标对象精准到个人，消除了绝对贫困。乡村振兴则将重点放在整个农村经济、社会、生态、文明等的全面发展上，致力于缓解相对贫困、缩小城乡差距、实现共同富裕。脱贫攻坚与乡村振兴基于同一发展理论，拥有同一发展目标，脱贫攻坚是乡村振兴的基础和保障，乡村振兴是脱贫攻坚的延续和升级。脱贫攻坚是乡村振兴的组成部分，巩固拓展脱贫攻坚成果才能更好地实现乡村振兴，脱贫攻坚与乡村振兴有效衔接是实现均衡发展、走向共同富裕的关键环节。

[①] 黄承伟：《脱贫攻坚有效衔接乡村振兴的三重逻辑及演进展望》，《兰州大学学报》（社会科学版）2021年第6期。
[②] 李小云、徐进：《消除贫困：中国扶贫新实践的社会学研究》，《社会学研究》2020年第6期。
[③] 周扬、郭远智、刘彦随：《中国县域贫困综合测度及2020年后减贫瞄准》，《地理学报》2018年第8期。
[④] 王介勇、戴纯、刘正佳、李裕瑞：《巩固脱贫攻坚成果，推动乡村振兴的政策思考及建议》，《中国科学院院刊》2020年第10期。

(三)是发展战略转向的现实必然

由脱贫攻坚战略直接转向乡村振兴战略,容易出现政策断层,[1]基层干部容易出现盲目把实施精准扶贫的目标、内容和标准放大,从而导致资金资源浪费、政策执行成效不佳。因此,设立脱贫攻坚转向乡村振兴的过渡期,实现脱贫攻坚与乡村振兴有效衔接至关重要,主要是要完成"两大战略"间的体制机制和政策措施的有机衔接。[2]原脱贫攻坚阶段制定且通过实践检验的机制、政策中,部分可在乡村振兴阶段直接借鉴,部分则应根据乡村振兴主线任务进行调整后再使用。可见,脱贫攻坚与乡村振兴有效衔接的战略部署具有重大意义。

三、武陵山区脱贫攻坚与乡村振兴有效衔接的探索实践

武陵山区地处湘、鄂、渝、黔交界地带,是我国首个启动集中连片特困区区域发展与脱贫攻坚战略的地区,更是享誉世界的"精准扶贫"思想首倡地。该区域总面积约为17.18万平方千米,涵盖71个县(市、区)。其中湖北省分布有11个县(市),恩施土家族苗族自治州为主要区域;湖南占有37个县(市、区),主要地区为湘西土家族苗族自治州、张家界市和怀化市;贵州有16个县(市),主要为铜仁市;重庆市有7个(区县),主要为黔江区和秀山县。区域总人口约有3800万人,其中少数民族人口约占全国少数民族总人口的1/8,聚居了土家族、苗族等9个少数民族。在党中央的正确领导下,该区域整体性贫困得到根本解决,并且在迈向乡村振兴伟大征程中取得了显著成效。

(一)完成了"三个衔接"

在实现脱贫攻坚与乡村振兴战略有效衔接的过程中,武陵山区顺利完成了"三个衔接"工作。首先是完成了组织衔接,武陵山区各州市皆成立了实施乡村振兴战略领导小组,如湘西州由州委书记担任组长,由州长担任第一副组长;恩施州由州委副书记与分管副州长共同担任组长;铜仁市由市委书记和市长担任组长,一同领导乡村振兴工作等。同时,武陵山区71个县(市、区)皆成立了相关工作机构,完成了乡村振兴机构的挂牌,实现了脱贫攻坚与乡村振兴的组织衔接。其次是完成了政策衔接,关键在于维持帮扶政策的稳定执行。如:湘西州在2021年整合涉农资金23.74亿元,用于保障农村义务教育、医疗、住房及水电安全,保证主要帮扶政策有持续稳定的资金投入;铜仁市落实贫困学生资助政

---

[1] 汪三贵、冯紫曦:《脱贫攻坚与乡村振兴有机衔接:逻辑关系、内涵与重点内容》,《南京农业大学学报》(社会科学版)2019年第5期。
[2] 姜列友:《正确理解和把握支持脱贫攻坚与服务乡村振兴战略的关系》,《农业发展与金融》2018年第6期。

策,建立农村住房安全保障返贫预警监测机制,制定农村饮用水管理考核办法及督查巡查制度等。最后是完成了工作衔接,武陵山区各州市皆出台了《关于实现巩固拓展脱贫攻坚成果同乡村振兴有效衔接的实施意见》及相关计划和方案,如怀化市制定了《关于切实巩固拓展脱贫攻坚成果坚决防止规模性返贫的十条措施》,铜仁市制定了《进一步加强防贫预警监测巩固拓展脱贫攻坚成果的实施意见》,湘西州制定了乡村振兴"六大行动"实施方案等。

(二)初步建立"两大战略"有效衔接考核评估体系

为对各地乡村振兴进度和成效进行精准掌握,武陵山区各政府初步建立了乡村振兴绩效考核机制,制定并实施了《实施乡村振兴战略实绩州级考核工作方案》及相关考核办法,拟定了《实地考核县级层面核查表》,进一步明确"查什么、怎么查",提供实地考核标准答案。各地区考核内容略有不同,对脱贫攻坚与乡村振兴有效衔接的考核范围也有略微不同,但考核评估内容基本聚焦于六个方面,即聚焦脱贫人口增收、聚焦产业就业帮扶、聚焦"两不愁三保障"、聚焦防止返贫监测、聚焦精神文明建设、聚焦主体责任落实。

(三)健全了防止返贫的监测帮扶机制

武陵山区71个县(市、区)皆建立防止返贫监测帮扶机制,将各辖地农民作为观察对象,对预警对象以及重点关注对象进行入户排查,根据防止返贫监测要求做到应纳尽纳,将符合纳入条件的对象及时纳入监测系统,并为其制订帮扶计划。如:湘西州依托湖南省防返贫监测与帮扶管理平台,2021年共纳入监测对象14201户41128人,消除风险10549户32067人,且专门设立了防返贫致贫专项救助保障基金,规模已有4055万元;隆回县探索建立"三网三员三色"动态监测机制,推行"12345"工作法,以绣花功夫全面提升防止返贫监测帮扶工作水平;铜仁市依托贵州乡村振兴云平台,了解农户收入情况,并针对帮扶对象制订针对性帮扶措施;怀化市建立就业帮扶车间365家,开发乡村公益岗位22000个,并且在进行常态化精准监测帮扶的同时,进一步贯彻落实了低收入群体常态化帮扶机制,共计纳入社会救助兜底保障对象8.84万人。

(四)显著完善了基础设施建设

完善基础设施建设是促进农村经济发展、建成生态宜居乡村的基础保障,健全的基础设施建设可以促进农村发展,推进农业现代化转型,同时吸引更多的资金、资源、人才助推乡村振兴。产业若已经形成规模和效益,不仅仅满足于对水、电、路、网等基础设施的基本保障,而且需要提升基础设施水平以满足更高质量的发展要求。以前,武陵山区由于经济条件和地理环境的限制,农村基础设施或是破旧或是没有,严重影响居民生活和农业生产。自实施脱贫攻坚以来,武陵山区各县(市、区)皆加大了农村基础设施建设的力度,进行厕所革命、修建公路、建设水利工程等,提升了农村居民生活质量以及农业生产效率。2021年,湘西州农村公路提质改造301千米、安防工程554千米,完成农村改厕54089座,且探索实施"改厕+资源化利用"的生活污水治理新方法。怀化市全面推行"首厕过关制",所有行政村污水有效处理率达58.4%,25户100人以上的自然村实现了公路全覆盖。贵州省铜仁市全面启动"厕污垃"项目,卫生厕所普及率达82.03%,垃圾收运体系、农村生活垃圾收运设施实现行政村全覆盖。重庆市武隆区积极构建"五横四纵"交通干线网络,成功实现"村村双车道、组组硬化路",并建成多个中小型水库,形成骨干水网,完善文化活动中心、快递网点、便民连锁等基础设施,建设区域性医疗卫生中心、养老服务中心,把优质公共服务资源下沉到基层。公路网络、水电供应系统、公共服务网点等农村基础设施的完善,解决了农村产业发展的硬件障碍,促进了农村经济的发展。

(五)创新人才培养和引进机制

在脱贫攻坚与乡村振兴有效衔接过程中,达成目标的关键是专业人才。武陵山区作为扶贫区,在经济、文化等方面相对落后,本地人才发展空间较小,人才流失严重,阻碍农村发展,影响乡村振兴进程。因此,武陵山区各地为推进"两大战略"有效衔接,振兴乡村,创新构建农村农业发展人才培养和人才引进机制,补齐人才短板。恩施州鹤峰县石龙洞村启动"头雁工程",帮扶干部与村干部一对一帮扶,学习理论、技能、方法、规矩,形成"114帮带"模式,培养出许多党员致富带头人以及乡村振兴排头兵。张家界市永定区致力于推动人才返乡政策,选拔16人组建乡村产业人才"双创"服务督导组,选聘27名基层人才服务专员,通过代办代跑回引返乡创业人才91人,回引投资资金1104万元,实施产业项目80个,吸纳当地1431名传统农民就业,逐步形成"十带百、百联千、千育万"的人才倍增机制。重庆市黔江区创新建立"政策+激励+待遇"的人才吸引机制,通过出台优惠政策、加大激励力度、提高人才待遇来吸引人才、留住人才,举起人才服务乡村、乡村锻炼人才的留才旗帜。

(六)创新开发了金融扶贫项目

无论是脱贫攻坚还是乡村振兴,都需要产业发展来推动。要推动产业发展就需要资金支持,在自身积累资金不足、无法独自承担长期资金投入的武陵山区,金融扶贫项目在产业发展方面起着举足轻重的作用。武陵山区各地政府加强金融政策支持,创新开展金融扶持项目,助力乡村振兴。如湘西州强化资金需求摸底及风险防控,对有资金需求的脱贫户及边缘户,继续进行脱贫人口小额信贷支持,2021年全州已投放小额信贷总金额3.69亿元,且成立了花垣县十八洞乡村发展基金会,为国内第一个县级乡村发展基金,首期80家企事业单位共募集资金5465万元。

(七)巩固强化了特色产业发展基础

武陵山区能实现全面脱贫,消除绝对贫困,产业发展起着至关重要的推动作用。产业发展也是实现脱贫攻坚与乡村振兴有效衔接的关键环节,从脱贫攻坚阶段过渡到乡村振兴阶段,意味着要从原来的产业扶贫逐渐达成产业兴旺。武陵山区作为脱贫攻坚规划里新设定的扶贫类经济区,湖南、湖北、重庆、贵州四省市对其对应的武陵山区所辖县(市、区)的产业扶持力度亦是最大。如在脱贫攻坚中,湘西州大力发展茶叶、柑橘、油茶、烟叶、猕猴桃、蔬菜、中药材和特色养殖8大特色产业,基地面积超过430万亩,在"两大战略"的过渡期,湘西州农业部门以建设园区、打造品牌、龙头带动、保障服务为"四大抓手",用产业发展推进乡村振兴。重庆市石柱县为推进农业农村现代化,统筹生态环境和农村发展,建设示范基地,大力发展黄连、辣椒、莼菜等特色主导产业,将自然优势转化为经济优势,全县农村常住人口人均可支配收入17156元。古丈县产业发展实行县域村际基地"飞地"联合抱团方式,村集体经济收入均超过10万元,逐步形成资源开发、特色产业、资产收益、服务创收、金融合作、入股分红等多元化发展模式新格局。优势产业的快速发展是带动区域经济发展和实现农村人口增收的重要条件。随着产业发展,武陵山区为进一步实现农民增收、推动经济发展,大量增设公益性岗位,促进农村人口就近就业。产业发展为农村发展打下坚实的经济基础,为实现脱贫攻坚与乡村振兴有效衔接提供动力、保障。

四、武陵山片区脱贫攻坚与乡村振兴有效衔接的典型模式

在深入推进武陵山片区脱贫攻坚与乡村振兴有效衔接的进程中,各地乘借政策支持的东风,纷纷稳步推进,积极探索,逐渐涌现出一些举措可行、成效显著的典型模式,相关经验和做法具有一定的复制推广价值。

(一)基层党组织推动型

牛角山村(原毛坪村),地处湘西土家族苗族自治州古丈县,全村居民都是苗族,共有1286人、313户及8个村民小组。该村拥有6家村集体企业,分别经营苗寨旅游、民族餐饮、生态养殖、茶叶等产业,资产总规模达9000万元。2015年,牛角山村成功脱离贫困的处

境,村民人均年收入达8000元以上,并且还在逐年增加。牛角山村的经济能如此稳步快速发展,其村党支部书记功不可没。龙献文是村党支部书记,于1994年起任职,他一直怀着奉献精神,期待着让村里的每个人都能从贫穷走向富裕,最终把牛角山村从一个贫困村变成了"古丈旅游第一村""湖南省社会主义新农村先进示范村"。

1. 模式内涵

贫困的农村同样也存在可以带领村民摆脱贫困、走向富裕的优秀人才,存在一批优秀能干的村党支部书记,他们拥有企业家般的市场风向敏锐度和开拓精神,在充分了解并利用当地资源条件的基础上,依靠全民创业的良好机遇,凭借其优秀才能,带领村民脱贫致富,使得乡村经济大力发展,推进脱贫攻坚与乡村振兴有效衔接。

2. 成功经验

(1)基层领导具备坚实的共产党员素质和企业家精神。早在1990年,龙献文凭借着自己的才学能力进行商贸、施工等经济活动成为村里的万元户,他没有忘记邻里村民,经常帮助村民,为村里发展出力。村民为龙献文的无私奉献动容,且鉴于其拥有带领村民发展的能力,龙献文在1994年成为村党支部书记。在龙献文的组织领导下,村里的农网、道路、水利等基础设施都进行了升级改造,学校也进行了修缮,村里成立专门的建筑工程队,汇集全村劳动力,积极主动揽活,带动村民增收,减轻村民生活压力。

(2)基于当地优质、特色资源打造支柱产业。牛角山村经济发展能如此迅猛,是因为其拥有四大支柱产业。第一支柱产业是茶产业,种植基地规模超6000亩,茶叶总产值超千万元。第二支柱产业是苗族风情村寨旅游产业,旅游公司租用村民的房屋,开发特色旅游项目,再招聘当地村民为旅游服务人员,实现村民增收,村民每户年收入为2万元左右。第三支柱产业为生态养殖业,牛角山村打造了湘西黑猪、湘西芭茅鸡、湘西土山羊等三大特色生态养殖基地,在2015年该产业收入就已达670万元。第四支柱产业为农家乐,在旺季,日接待旅客数超1000人,日收入达几万元。

(3)创建"村支两委+公司+合作社+基地+农民"的新型农业经营主体组织形式。建立新型农业经营主体组织形式,超过80%的村民加入组织,将土地、资金、房产等入股村办企业,成为村办企业的股东,再以租金、返利、分红、劳务工资等形式获得收益,村办企业总规模达9000万元,人均年收入达2万元以上。村办企业同时还向村民提供优质种子、专业技术服务和农田病虫害防治药物,从统筹发展的角度推动牛角山村的产业发展。

(二)新型经营主体引领型

兴棚村,位于湘西土家族苗族自治州永顺县松柏镇,平均海拔高达990米,全村共有

1075人,曾是国家级的贫困村,交通闭塞,生产水平及生活条件落后。2013年3月,湖南省烟草专卖局驻村工作组进驻该村,以"扶基础、扶产业、扶素质"为指导思想,鼓励村民走合作社道路,指导和帮助烟农成立了谷粒瓜瓜烟叶专业合作社,以此带动农民创业。至2021年2月,该合作社带动社员创业收入达500余万元,合作社成立之前的2012年村民人均收入为2200元,2021年超过10000元。

1. 模式内涵

新型经营主体引领型是指在各级党委和政府正确领导下,以新型农业经营主体为龙头,带动村民投身村集体产业,以当地资源禀赋为产业发展基础,以强势产业导入为突破,逐步扩大经营范围,通过不断整合政、人、财、物等各方面资源,打造项目平台,将当地资源优势转化为产业发展的比较优势,增强产业发展的竞争力和可持续性,从而使村民摆脱穷根,走上乡村振兴和共同富裕的道路。

2. 成功经验

(1)产业发展的基础是政府扶持。谷粒瓜瓜烟叶专业合作社是湖南省烟草专卖局驻村扶贫重点援建的专业合作社。为使扶贫工作顺利有序地开展,省烟草专卖局专门成立工作组指导工作,在对兴棚村及周边详细调研的基础上,以"扶基础、扶产业、扶素质"为三大抓手,秉持"一年打基础,两年谋发展"的行动规划,并在扶贫工作中投入资金1500余万元优化兴棚村产业发展环境,规划兴建了村部综合楼及村民活动广场、谷粒瓜瓜烟叶专业合作社办公楼及烟叶烘烤工场,使生产与生活功能分区;优化了路、水、电、耕、渠等"五通"项目;兴修农田水利设施,建设了山塘、拦水坝、过山涧虹吸管,以及近百亩的喷灌设施。

(2)以农民合作社等农村集体经济方式为乡村产业振兴龙头。基于"自愿联合、互帮互助、共同协商"的发展原则,由兴棚村7位烟农作为核心领头人,创立了谷粒瓜瓜烟叶专业合作社;申请注册"谷粒瓜瓜"商标,实现了谷粒瓜瓜网站上线,设计了二维码,品牌识别系统进一步完善,为公司的扩大宣传奠定了基础;按照烟草行业"一基一社"的要求,谷粒瓜瓜烟叶专业合作社与龙祥烟叶专业合作社实施整合,共同使用"谷粒瓜瓜"品牌,成立县级专业合作社,合作社规模不断扩大,经营效益增长显著。

(3)扶志育才是乡村全面发展的催化剂。兴棚村曾是国家级贫困村,村民几乎没有参与村集体经济的动力和意愿。随着政府帮助改善村容村貌和谷粒瓜瓜烟叶专业合作社的成立并有了分红,村民们观念变了,越来越重视自身价值的展现,增强了参与村集体经济的意愿。合作社不定期开展对村民的种养专业技能培训和农机操作、维修技能培训,公开选聘了2名青年赴长沙学习挖掘机操作,学成归来成为合作社挖掘机操作主力;支持30多位敢闯、敢干的农民启动特色种养创业项目;邀请厂家技术人员到村开展农机操作培训8批次,参训人员220余人次;特邀县农机局到村办理农机操作驾驶证,12位村民首次拿到相关证照;组织28户农民到常德、龙山等地学习烟叶集中专业化烘烤。村里还特别组织了29名村民外出考察新农村建设、城乡同建同治建设,增长了见识,拓宽了视野,也进一步强化了建设家乡的动力。

(4)注重经营管理,强化竞争优势,持续巩固拓展脱贫攻坚成果。一是树立并增强品牌意识。合作社成立之初就注册了"谷粒瓜瓜"品牌,推出土鸡蛋、野生山竹笋、野生蜂蜜、猕猴桃等特色产品,坚持绿色无公害的产品生产原则,统一加工包装;合作社制作了视觉效果统一的Logo、标示牌和产品包装,形成了一套较为完备的视觉识别系统。二是多方面拓宽销售渠道。合作社开辟了"餐饮店、农贸市场、网络"三个销售渠道,目前已与长沙四季味堂特色餐饮店合作,在其大堂内开辟专柜销售谷粒瓜瓜产品,向上海红星农贸市场发送了山竹笋、猕猴桃等产品,通过开设淘宝店、网站以及网络推广等网络手段,展销特色农产品。三是走多元化经营道路。谷粒瓜瓜烟叶专业合作社以新产品开发部、工程施工队为平台,以支持"社员创业"的形式推动烟地、烟基设施综合利用和多元化经营,其中包括以合作制的形式设立了蔬菜开发、猕猴桃苗木培育等5个项目组,多元化经营为当地居民提供了大量创业就业的机会和项目。

(三)新兴产业助推型

秀山土家族苗族自治县,位于武陵山区的渝、鄂、湘、黔四省市接合部。以前因为交通阻隔,运输难度大、运输成本高,该地的产品无法走出山区,只能在当地进行销售,超7000个种类的特产只有极少部分能走出大山,严重阻碍了乡村发展。"要想富,先修路,电商是条快速路。"秀山县凭借着当地线上销售平台"武陵生活馆"和用户众多的"农村淘宝"两大电商平台,成功打通了当地特色产品的宣传销售渠道,拓宽了山区发展道路。

1. 模式内涵

紧紧依托"互联网+"、大数据等新技术下的产业发展趋势大力发展新兴产业,通过新技术、新理念和新模式的引领,激发当地生产经营要素的活力,推动脱贫攻坚向乡村振兴的有效转换,通过观念升级、产业升级、资源升级、渠道升级、管理升级,实现了村民增收、产业扩大和乡村发展。

2. 成功经验

(1)抓好"三支队伍"。秀山确定了打造武陵山区独具特色的电子商务产业基地的行动方针,同时制订了专业人才培养计划,重点抓好"三支队伍"。一是做好基层干部队伍建设。通过选优配强用好一批有文化水平、有经验、有情怀的年轻干部,切实提升了农村基层干部服务"三农"的能力。二是专家团队。由县委、县政府引进专业电商导师团队,制定具有民族特色的电商发展战略,建立武陵山区农村电子商务经营模型及发展路线图。专家团队对有意愿、有能力的当地村民实行"一对一"教学指导,已经培养出超500名的电子商务精英。三是创业团队。建立专业电商指导团队,构建"云智网商城",进行示范拉动和孵化辅导,培育出超2000名业务熟练的电子商务人才,构建了"武陵山网商联盟"。

(2)积极培育电子商务产业平台。一是支持主体培育。凡入驻电商产业园的企业皆可享受场地租金"3免2减半"的优惠;享受电商产品发货全国范围内首重3元的物流补贴。二是支持技术创新。对电商企业在技术研发及成果推广等方面的投资,以及在电子商务产业平台建设方面的投资,皆给予相应金额的补助。三是支持品牌建设。电子商务企业若创立知名品牌将获得上万元的品牌建设补贴;对新入驻的3钻级以上网商卖家,给予每单1元、最高10万元的搬迁补贴。四是支持业务拓展。电商产业园内年交易额初次达到某指定金额的企业,将会获得其相对应级别的现金奖励;对年销售2万单的电商企业给予2元/单、最高50万元的营销补助。

(3)配套完善电子商务物流基础设施。近年来,借助国家西部大开发政策,"渝湘+杭瑞"2条高速、"319+326"2条国道贯穿秀山县,还坐拥了渝怀铁路仅有的一个集装箱装卸点;秀山县重点集镇皆完成了过境公路的建设,绝大多数的村庄完成了电网、光纤等通信设施的覆盖,同时建成了秀山(武陵)现代物流园区,超20家快递公司入驻园区,超60家社会物流公司新增添了武陵山区运输专线,为电商企业提供了强劲的物流保障,还建立了一条武陵山区特色农村物流体系。

五、推动武陵山区脱贫攻坚与乡村振兴有效衔接的实现路径

(一)进一步落实"两大战略"有效衔接项目

一是持续深化农村改革。其一是要重视农村文明建设。农民是推动农村发展的主体,实行多项措施并举对农民进行劳动技能培训,加强农村劳动力素质培训,积极培育推动农村经济社会发展的内生动力。其二是要持续推进农村土地制度改革。落实农村土地集体所有权,包括所有权主体和所有权具体权能两方面,盘活因权益不清而被荒废、闲置的集体资产。健全承包地流转交易体系,推动土地流转市场发展,依托市场竞争机制实现土地资源有效配置。其三是要大力培育新型农村经营主体。培育形成现代化、专业化、集约化的新型农村经营主体,为农村经济发展注入活力,满足农业农村现代化发展需求。二是因地制宜规划当地发展。依据各地自身农业农村条件,做好顶层设计,明确推进武陵

山区脱贫攻坚与乡村振兴有效衔接的规划方向,加快各地发展规划具体内容的制定和落实。对于具有当地特色资源的地方,应充分利用其特色资源,形成完整、优质产业链,实现产业振兴。对于没有特色资源的地方,应对当地气候、土壤等自然条件进行勘查,选择具有高经济价值、适合本地种植的农作物进行种植,打造产业链,逐步发展农业产业。对于拥有特色人文资源的地方,应充分挖掘并宣传其特色人文资源,探索发展文旅结合产业。

(二)进一步完善绩效考核与奖惩机制

一是加快构建衡量各地领导推进脱贫攻坚与乡村振兴有效衔接工作的绩效评价体系。依照"两大战略"有效衔接的主线任务安排,从巩固拓展脱贫攻坚成果、推进乡村振兴以及二者过渡项目等方面科学选择绩效计量指标,构建指标体系。建立常态化指标监测系统,实时监测各类指标及项目任务实施进度,同时简化系统流程,提高工作效率。二是构建基层干部奖惩机制。从农村经济、生态、文化、建设等方面综合考量基层干部的工作成效,量化考核其工作绩效,根据绝对绩效和相对绩效制订具体奖惩规则。对推进农业农村发展做出突出贡献的基层干部给予奖励,对工作不力的基层干部进行警告并安排相关专业培训,对严重渎职的基层干部施以惩罚并进行思想教育,调动其工作积极性,确保农村有序发展,推进脱贫攻坚与乡村振兴的有效衔接。

(三)进一步健全防止返贫动态监测帮扶体系

一是健全防止返贫动态监测机制。实行"自上而下"排查与"自下而上"申报相结合的双路径实时监测,政府建立动态监测专项小队,主要关注已脱贫但仍存在一定返贫风险的脱贫户,以及因不可抗力因素如重大疫情、重大灾情等而又出现的困难户,监测其收入情况,对符合纳入标准的,做到应纳尽纳。利用大数据技术,探索创建返贫预警线上平台,便于管理人员间信息流通,提高工作效率与质量。二是健全帮扶机制。在准确了解到脱贫不稳定户、边缘易致贫户、突发严重困难户等群体的困难之处和返贫原因后,做到因人施策、分类帮扶,将精准帮扶落到实处。针对没有劳动能力的返贫户,进行兜底救济式帮扶,在教育、医疗、生活等方面给予补助。针对有劳动能力的返贫户,进行开发式帮扶。其中,对拥有劳动技能的,主要以帮助就业、安排岗位的方式帮助其增加收入以改善生计;对没有劳动技能的,则先对其进行劳动技能培训,提高其劳动素质,再就近安排就业,提高其收入水平。

(四)加快补齐基础设施建设短板

一是加快完善农村硬件基础设施。提升农村公路覆盖率,让交通路线从"村村通"进阶到"组组通",最终实现"户户通"。升级水利工程设施,提升农村防洪、河道治理、污水处理能力,加强农业灌溉工程建设,向农业现代化迈进。加强农村供电、供气设施建设,加快建成农村电网及输气管道,让农村各户都能用上电、气,为农村发展提供基础保障。提高农村通信建设水平,完善信号塔建设,提高农村移动电信覆盖率、宽带网络使用率。加强农村生态环境建设,继续推进厕所革命,规范生活垃圾处理,建设宜居绿色生态乡村。二是加快健全农村基础公共服务体系。改善农村办学条件,加强村镇小学、中学以及职校的建设,落实义务教育,保障教育资助补助,强化学校教学设施,提升师资水平,实现教育公平。提高农村医疗水平,补全乡镇医院基础医疗设备,提升医生诊疗能力,健全乡镇医院诊疗职能。推进农村养老服务体系建设,建立村镇公共养老机构、社区养老活动中心等,组建专业养老服务队伍,关爱农村空巢老人。

(五)健全乡村振兴人才培养及引进体系

一是构建乡村振兴本土人才培养体系。乡村振兴,人才是关键,对于偏远且不富裕的农村而言,培养本土人才是获取专业人才更可靠、更快捷的方式。要加大培养新型职业农民的力度,当地政府应鼓励本土相关农业龙头企业定期派遣专业技术小队下乡,对农民进行专业农业知识宣传和现代化职业技术技能传授,提高农业生产效率。同时,定期挑选村里劳动素质较高的农民进到企业进行生产和销售等方面的专业理论与实践技能培训,确保人才的持续供给,形成一支懂农业、懂技术的本土农业人才队伍,带动农业发展。二是健全乡村振兴外来人才引进机制。一方面,政府出台政策吸引外地有志青年,如有能力的青年党员、退伍军人、大学生、创业达人等,吸纳其加入基层组织,提高农村基层组织的领导治理能力。另一方面,鼓励在外发展的本地能人积极回乡创业,为家乡建设添砖加瓦。基层干部可通过定期联系关怀等正向方式呼吁外出的能人返回家乡,为家乡建设出力。同时,当地政府应出台创业扶持、优惠政策,启动"回巢计划",吸引有能力、有资金的人才回乡创业,推动乡村产业振兴、经济发展。三是建立乡村振兴人才后续保障体系。培养出并吸引来乡村振兴人才后,确保优秀人才不外流,继续建设乡村亦至关重要。构建人才保障与激励机制,拓宽优秀人才的事业发展空间,逐步提高重要人才的经济、社会地位,善用物质奖励、精神激励等保障优秀人才的后续发展。同时,需提高农村生活条件,提升医疗、教育水平等,加大环境对人才的吸引力。

(六)健全农村发展资金保障体系

一是加大政府财政扶持力度。脱贫攻坚任务完成后,财政支持政策要保持平稳性、延续性,对各脱贫地区的财政支持力度不应减少,持续加大资金投入和支持力度,巩固拓展脱贫攻坚成果,为脱贫攻坚与乡村振兴有效衔接提供资金保障。同时,根据当地发展规划逐步调整财政支持的重点,合理安排资金,提高对重点帮扶县的财政支出比例。二是创新农村金融服务体系。农村经济的持续发展需要源源不断地投入资金,需要功能更加完善的农村金融服务体系。拓宽农村金融项目的服务对象范围,从原贫困村户扩大到非贫困村户,从单一农户扩大至合作社等新型农村经营主体。政府通过风险补偿、利息贴息等积极方式鼓励各类金融机构创新推出乡村振兴金融服务项目,更新涉农信贷产品,依据农村资产特征,扩大信贷抵押担保物范围,惠及更多农村经营主体。三是建立社会帮扶机制。当地政府通过税收减免、税收优惠等政策鼓励当地营利性质机构、企业等对本地农村进行一对一帮扶,对帮扶农村产业进行投资,引导社会资本与农户形成长效利益联结机制,联合多方力量共促乡村振兴。

(七)紧抓产业发展助农增收振兴乡村

一是大力发展生态高值高效型农业。着重培育生态高值高效的粮食产业,减少化肥农药的使用量,改用有机肥、复合肥,培育生态友好、具区域特色、有高附加值的、便于现代化生产的新粮食品种。大力培育生态高值高效的特色农业,依托地域特色农业,通过加工宣传,提高特色产品竞争力。大力发展生态高值高效的功能农业,按照国民身体所需微量元素,科学选取能满足需求的功能性农产品进行规模化种植。二是强化产业扶持力度。基于当地发展规划,因地制宜帮扶产业发展,重点帮扶特色产业,整合特色资源,拓展形成特色产业集群,做好品牌宣传,形成品牌效益,增强产品竞争力,增加产业经济效益。健全产业利益联结体系,探索脱贫户加入产业项目并受益的路径,深化脱贫户与产业之间的联结,保障脱贫户收入。三是加快实现"三产融合"发展。延长产业链,探索"三产融合"发展是必然趋势,尤其是武陵山区多为少数民族地区,应充分挖掘其少数民族历史民俗文化等,优化生态环境,保护民族建筑、文物等,打造少数民族生态文化旅游景区。引导资金投入,建设风情酒店、民宿,开展特色民族节日及活动体验项目、特色民族歌舞表演、民族美食品尝等休闲娱乐活动,建成特色文化旅游度假区,带动本地少数民族居民增收。

Practical exploration and realization of effective connection between poverty alleviation and rural revitalization in Wuling Mountain Area

Jiang Heping[1] Ding Meihua[2] Jiang Hui[2]

(1. Institute of Agricultural Economics and Development, Chinese Academy of Agricultural Sciences, Beijing 100081; 2. Hunan Rural Revitalization Strategy Research Center, Jishou University, Jishou 416000)

Abstract: China is in the five-year transition period of the effective connection between poverty alleviation and rural revitalization. Wuling Mountain Area, where the idea of "targeted poverty alleviation" was initiated, is of great significance to successfully promote the effective connection between poverty alleviation and rural revitalization. Wuling Mountain Area has made remarkable achievements by promoting the "three connections", initially establishing the assessment and evaluation system for the effective connection between the two strategies, systematically establishing the monitoring and support mechanism for preventing people from falling back into poverty, gradually improving the construction of infrastructure, innovating the talent training and introduction mechanism, innovating the development of financial poverty alleviation projects, and consolidating the development foundation of characteristic industries. In order to further promote the effective connection between poverty alleviation and rural revitalization in Wuling Mountain Area, it is necessary to further implement effective projects linking the two strategies, further improve the performance assessment and reward and punishment mechanisms, further improve the dynamic monitoring and support system for preventing people from falling back into poverty, speed up the improvement of weak areas in infrastructure construction, improve the system for training and introducing talents for rural revitalization, improve the system for guaranteeing rural development funds, and focus on industrial development to help increase rural income and revitalize rural areas.

Key words: Wuling Mountain Area; poverty alleviation; rural revitalization; realization path

推动小农户和现代农业发展有机衔接的机制创新

——基于永川探索实践的思考[①]

温 涛 张 林 王汉杰

(西南大学经济管理学院,重庆400715)

摘 要:开展小农户和现代农业发展有机衔接机制创新,是实现农村产业兴旺和农业农村现代化的重要手段。重庆市永川区作为全国农村改革试验区之一,通过壮大现代特色农业、发展土地股份合作社和农业生产社会化服务、培育股份农民和新型职业农民、强化农业信息服务等措施,为推动小农户与现代农业发展有机衔接提供了可复制经验。尽管如此,在巩固拓展脱贫攻坚成果同乡村振兴有效衔接的关键时期,小农户与现代农业发展衔接仍面临着利益联结不紧密、衔接的深度广度不足、农民职业转型培育待强化、财政金融支农政策不完善、农业社会化服务覆盖率低、农业产业链价值链有待延伸等一系列问题。未来进一步推动小农户与现代农业发展的有机衔接,亟须加快建立适应小农户与现代农业发展有机衔接的体制机制,创新驱动农业产业链延伸和价值链提升,强化农业农村金融高质量服务供给,建立绿色化财政投入引导机制,打造"多位一体"的农业社会化服务体系,制订互利共享的政策措施。

关键词:小农户;现代农业;有机衔接;利益联结;机制创新

党的二十大报告指出,"发展新型农业经营主体和社会化服务,发展农业适度规模经营"[②],为新时代农业农村现代化提供了基本指引。然而,"大国小农"的基本国情和农情制约着我国农业农村现代化建设。目前,我国70%的耕地面积由小农户经营,农业经营主体

[①] 基金项目:国家社会科学基金重大项目"实现巩固拓展脱贫攻坚成果同乡村振兴有效衔接研究"(21ZDA062);国家社会科学基金重点项目"建立解决相对贫困的制度体系与长效机制研究"(20AZD080);中宣部文化名家暨"四个一批"人才项目"中国特色金融扶贫理论及机制创新研究"(中宣办发〔2017〕年47号)。
作者简介:温涛,西南大学经济管理学院,二级教授、博士生导师;张林,西南大学经济管理学院,副教授、硕士生导师;王汉杰,西南大学经济管理学院,含弘研究员、硕士生导师。

[②] 习近平:《高举中国特色社会主义伟大旗帜 为全面建设社会主义现代化国家而团结奋斗——在中国共产党第二十次全国代表大会上的报告》,北京:人民出版社,2022年。

和农业从业人员以小农户为主,占比分别为98%和90%。[1]显然,小农户在整个农业农村发展中处于主体地位。但由于小农户面临着组织化程度低等问题,其只能被动地参与到市场竞争中,长期处于价值链的底端,难以形成有效的竞争力和谈判力。[2]只有改变小农户单打独斗的生产现状,开展小农户和现代农业发展有机衔接机制创新,把千家万户的小农生产联结起来,实现小农户和大服务、大市场对接,才能加快实现农村产业兴旺和农业农村现代化[3],更好、更快地培育出新型农业经营主体,推进农业适度规模经营,才能更好地解决当前农业农村发展中面临的"谁来种地""如何种地""怎样种好地"等关键问题。2018年,重庆市永川区政府承担了国家农村改革试验区布置的创新小农户和现代农业有机衔接机制试点任务,积极协调各部门制定了《永川区创新小农户和现代农业发展有机衔接机制试点实施方案》,按照产业化、组织化、社会化、股份化、职业化、信息化的"六化"思路,以特色优势产业为基础,扎实有序推进改革创新工作,初步建立起了现代农业"三大体系",在延长产业链、提升价值链、完善利益链等方面均取得明显进展,并通过股份合作、持股分红、保底收益等多种方式让小农户共享了产业链增值收益,为推动我国小农户同现代农业有效衔接提供了有益参考。

一、推动小农户和现代农业发展有机衔接的主要做法及成效

(一)壮大现代特色农业产业,推动小农户融入产业化经营

永川区为刺激小农户融入产业化经营,围绕特色优势产业,安排财政专项资金,健全补贴标准,选择具有一定规模、技术、制度健全的合作社,以及具有永川户籍、家庭劳动力2人以上的小农户作为试点主体。充分发挥合作社(企业)和农户的比较优势,通过技术渗透、订单农业等利益联结机制有效带动区内5.3万个小农户走向三产融合发展之路,实现了风险共担、利益共享。

(二)发展土地股份合作社,助推小农户向组织化经营迈进

永川区为推进小农户经营拥抱组织化经营,融入全国乃至全球大市场,区政府通过聘请职业经理人、给予项目资金补贴等方式,完善小农户从土地入股到产品回收,再到保底分红等利益联结机制,引导农民自愿入股合作社。已实现土地入股面积6.65万亩,新成立40家合作社,相较于2018年分别增加463.56%和66.7%。新型农业经营主体增至4122个,

---

[1] 数据来源:第三次全国农业普查。
[2] 魏后凯:《"十四五"时期中国农村发展若干重大问题》,《中国农村经济》2020年第1期。
[3] 胡凌啸、王亚华:《小农户和现代农业发展有机衔接:全球视野与中国方案》,《改革》2022年第11期。

其中包括84家龙头企业、1084个农民合作社、1086个家庭农场、1868户专业养殖户，分别增长7.69%、25.17%、24.40%、47.32%。

（三）强化社会化服务，把小农生产引入现代农业发展轨道

永川区为提升农业社会化服务，由政府牵头，实行政府买单、定向委托、以奖代补方式，成立了50个农业社会化服务组织，重点服务机耕、机种、机防、机收、修枝整形、烘干、施肥等薄弱环节。目前，已在水稻、油菜、高粱等农作物生产过程，茶园夏秋季修枝整形过程实现了全程社会化服务，累计服务面积达52.5万亩，接受社会化服务小农户比例增至17.6%。

（四）积极培育"股份农民"，促进小农户收入更加多元化

永川区为推进股权化改革，通过摸清集体资产家底并进行确权确股，探索建立固定分红、保底分红、效益分红、实物分红等股权收益管理和分配机制。把特色效益农业产业项目、产业融合发展试点项目、"中国好粮油"仓储加工项目等涉农产业化项目纳入股权化改革。已实现205个村、4177个村民小组均登记赋码，全区总股改资金达到1.05亿元，农户和集体经济组织增加年收益200多万元，农民合作社参与率70%，受益农户达1万余户。

（五）大力培育新型职业农民，助力农民向职业化转变

永川区为加快转变小农经营模式，积极开展新型职业农民培训，引导农民树立规模化经营的目标，养成精细化管理、科学种养的习惯，增强小农户的内生动力及自我发展能力。新型职业农民培训以农民田间学校为载体，以现代农业生产技术、经营理念、营销知识、电子商务等为主要培训内容，以退役军人、大中专毕业生、返乡农民工等为主要培训对象，开展生产经营型、专业技能型、社会服务型等职业农民培训。同时，积极推进新型职业农民的养老医疗保险、职称评定试点，为新型职业农民提供强有力的保障。截至目前，已累计培育新型职业农民8971人。

（六）强化信息服务，以信息化推进小农户发展现代农业

永川区为推进小农户现代化发展，积极发展数字农业和智慧农业，充分利用信息进村入户和农村电商项目的示范带动效应，实现小农生产的标准化、特色化、品牌化。在信息进村入户方面，依照信息进村入户"六有"标准持续推进相关工作，在各站点张贴"益农信息社"提示牌，配备计算机、专用电话、打印机等设备，并接入带宽不低于4M的有线网络和

无线网络，用于专门的信息服务。在农村电商项目方面，积极打造具有永川特色的应用程序，建立区级农村电子商务公共服务中心，完善"区—镇—村"物流体系，实现了从"E创汇商城"电商平台农村电商交易中心，到"村级综合服务社"的快递下乡，再到区级农村电子商务公共服务中心的售前、售中、售后一体化服务。目前，"益农信息社"已全区覆盖运营，先后建立农村电商示范点21个、农产品直销店325个，推动农民合作社参与率达70%，规模化生产组织产销对接率达85.5%。

二、永川区推动小农户和现代农业发展有机衔接的经验启示

（一）依托特色产业增产增效，强化示范效应

永川区形成了以水稻、茶叶、食用菌、名优水果为主导的农业产业化发展格局，农产品采收后的商品化经营、品牌创建、销售渠道拓展等逐步得到加强，大大提升了农产品的销售量，配合农村电子商务的大力发展，形成了良好的示范带动效应。

（二）合理构建利益联结机制，有效发挥带动作用

找准"领头羊"，通过"合作社（农业企业）+基地+农户"模式，由合作社统一供种、统一技术、统一销售，带动小农户融入现代农业发展中，在延长产业链、提升价值链、完善利益链等方面均取得明显进展，并通过股份合作、持股分红、保底收益等多种方式让小农户共享了产业链增值收益。

（三）强化技能培训，促进小农户向现代职业农民转变

吸引34.38%的农户参加相关的技能培训，2020年参与的平均频率为2次。培训以农业生产技术为主，占比为84.85%；智慧农业、外出务工技能、物流管理及农产品电商营销等内容也有所增加，确保培训在其实用性、有效性、针对性方面有了明显提升。

（四）创新金融服务，加快农村市场主体培育

积极开展农业设施登记抵押融资创新，将农村"沉睡资产"变成"流动资本"。共计办理农业设施权属证9个，设施面积43591平方米，办理地上种植物权属证31个，涉及面积11741.41亩，还选择具有地区特色的茶、果、花椒产业，为发展集中且有一定规模的经营主体登记了地上种植物权，累计办理农业设施登记抵押贷款5.44亿元。通过把农业设施及地上种植物所有权反担保抵押给重庆市农业融资担保集团有限公司，支持金融机构发放

农业担保贷款,对100万元以下的贷款实行纯信用、免抵押、零保证金担保;探索成立资产管理公司以及引入第三方资产处置平台,专门处置涉及农业设施、农业种植物等抵押贷款中的不良资产。

三、永川小农户和现代农业发展有机衔接仍然面临的问题

(一)利益联结不紧密,对小农户的带动作用有待提升

一是"三统一分"生产经营机制下,小农户与新型农业经营主体通过松散型的产品买卖或要素租赁形成利益联结模式。小农户主要获得的是种植收益,而关于农产品加工销售、观光农业和乡村旅游经营等多环节的利益分配未能有效参与。例如,黄瓜山现代农业园区,通过流转农户的承包地发展名优水果产业,并聘请农户参与种植与管理,加入旅游景区开放涉及的服务岗位,也会培育适度规模的果园主,收购其农产品。类似的还有以茶叶产业为主导的重庆市石笋山生态农业有限公司,以食用菌产业为主导的圣水湖农业园区。现阶段永川区小农户的收入来源主要有以下三种方式:承包地流转或者承包地入股合作社,获得土地租金;为新型农业经营主体的农业产业发展提供自身劳动力而获得酬劳;小农户作为合作社的成员通过出售农产品而获得收入。这些利益联结模式并未体现"风险共担、利益共享"的紧密型合作,也尚未让小农户与新型农业经营主体间形成荣辱与共的意识。

二是新型农业经营主体对小农户的带动效应较为单一,主要是"外生"的收入增长,如通过保底分红、利润返还等模式增加了小农户的收入,但是缺乏对于小农户的"内生"能力的培养,如人力资本、经营能力、生产能力等方面的提升可能存在不足。而且,永川区要求参与试点的小农户必须为永川农村户籍,且家庭劳动力2人以上,食用菌种植农户须有2亩钢架大棚或闲置农房、内置层,这一要求导致一部分弱势农户群体被排除在外。

三是农业产业发展面临多重风险,现有风险控制机制亟待完善。目前,永川区的茶叶、食用菌、名优水果等产业发展主要依赖于财政支持而形成规模经济,面对未来的市场饱和、劳动成本上升、竞争加剧等风险,能否适销对路就成为主要的潜在风险。同时,随着产业规模的持续扩大,鉴于三大特色产业均存在季节性的劳动密集型生产特征,未来劳动力约束风险可能也会加剧。

(二)小农户衔接的深度广度不足,职业转型培育还需加强

一是小农户和现代农业衔接的深度不足。新型农业经营主体是带动小农户与现代农

业衔接的主要载体,但是在不少农民合作社或者涉农企业中,农村能人等少数核心社员充当主导力量,而小农户更多的是服从领导与指挥,参与的主要是生产环节,导致其在产业价值链中的利益分享相对有限。对新型农业经营主体的调查显示,小农户全部是通过土地入股和劳动供给的方式参与合作,联结方式比较简单,部分涉农企业甚至外聘管理团队,也没有让衔接农户参与日常生产经营管理,这不利于他们"干中学",即通过衔接帮助农户树立现代化农业经营理念、掌握现代农业科学技术、培育新型职业农民的综合素质。

二是小农户与现代农业衔接的广度不足。由于留在农村的主要是中老年、妇女等群体,鉴于其有限的知识、技能,小农户主要参与到劳动密集型生产环节中,从事简单的农业生产活动,较少参与到具体的产业经营决策与运营管理中,与农业企业之间发生直接的关联关系和合作关系极少。抽样调查结果显示,仅有2.08%的农户与农业龙头企业有合作,而且均是通过土地入股的方式参与合作。

三是对于小农户的农业职业培训还需加强。根据农户调研数据,仅有34.38%的农户参加过相关的技能培训,且2020年参与的平均频率为2次。由此可见,农户的技能培训比例仍然较低,而且培训强度较弱。另外,根据农户调查数据,在培训实施中,培训绝大部分是由政府与村委等主体组织,内容以农业生产技术为主,占比84.85%,涉及智慧农业、外出务工技能、物流管理及农产品电商营销等内容的比例较低。尤其是针对小农户的培训内容在其实用性、效率等方面还有待提升,通过培训促进传统小农户向现代职业农民转变的效果尚不明显。

(三)财政金融支农政策不完善,涉农资金整合有待加强

一是农业补贴政策不完善,形成财政支农困境。一方面,农机补贴的覆盖面未能惠及特色产业发展所需要的机械设备投入,如名优水果、茶叶、食用菌等产业发展所需要的装袋机、自动生产线等未被纳入政策补贴范围。另一方面,在能源使用方面,缺乏国家和地方优惠扶持政策支持,如农用电、天然气、汽柴油等仍然按照商业经营性质对待。此外,具有生态优势的特色产业发展并未得到明确的财政支持及政策引导。

二是新型农业经营主体生产发展的金融需求难以得到有效保障。尤其是农民专业合作社实现规模经营以及拓展供应链、价值链的生产性融资困境没有得到根本性扭转。[1]相关数据表明,新型农业经营主体发展壮大的最大难题是资金短缺,有78.3%的新型农业经营主体面临资金短缺问题。此外,永川乡村互联网金融以及农业保险服务方面也发展滞后,制约了新型农业经营主体带动作用的有效发挥。

---

[1] 彭澎、周月书:《新世纪以来农村金融改革的政策轨迹、理论逻辑与实践效果——基于2004—2022年中央"一号文件"的文本分析》,《中国农村经济》2022年第9期。

三是涉农资金整合有待加强。农村公路、便道、水利等涉农资金整合不力,加之果品行业财政支持力度下降,导致茶园基础设施建设滞后,仓库物流冷链设施投入不足,阻碍了茶业、水果产业等合作社的发展。

(四)农业社会化服务发展难度大,农户覆盖比例尚待提高

一是农业生产社会化服务发展支持不足。区内农业生产社会化服务补贴标准只考虑了农业农村部发布的《关于进一步做好农业生产社会化服务托管项目工作的通知(征求意见稿)》,并未做到因地制宜完善补贴标准。由于重庆丘陵地区多,要做好农业生产社会化服务项目,面临的难度比平原地区更大,因此现行补贴标准并不适用。

二是农业生产社会化服务覆盖率偏低。受土壤条件、地形条件、交通条件、品种、播种时期、采摘时期等因素的影响,难以整村、整组推进社会化服务,致使较多的小农户天然地被排除在社会化服务范围之外。

三是农业生产社会化服务供给能力较弱。在改革试验期内,新成立了部分农业社会化服务组织,但也有部分农业社会化服务组织已经破产倒闭,导致总量仅增长3个,接受社会化服务的农户占比仅增长1.3%。此外,还存在部分农机合作社面临设施农业用地约束,导致无库棚、晒场等设施场地,以及社会化服务市场尚未有效形成,所能够服务的生产环节相对有限等问题,均影响了社会化服务供给。

(五)现代农业经营体系尚未健全,产业链、价值链有待延伸

一是农业产业的市场化运作不强。现阶段,永川区形成了以茶叶、食用菌、名优水果为主导的农业产业化发展格局,但是农产品采收后的商品化经营、品牌创建、销售渠道拓展等存在不足。尽管农村电子商务大力发展,已建电商示范点21个,但是电子商务的交易效率、对农产品销售的贡献度尚不高。在品牌建设上,茶品牌、茶文化的宣传力度较小,市场影响力有限。

二是农产品的精深加工不足,导致产业链不长,产品附加值的提升受限,不利于带动小农户发展。[1]小农户仅参与到了整个农业产业链的上中游,对于下游的农产品加工环节参与较少,尤其是食用菌、水果等农产品的精深加工,仅有小部分农户参与到如茶叶初制加工这种产业附加值较低的环节,且不少小农户对于产业的经营管理参与度不足,自身生产经营能力发展较弱。

三是产业发展缺乏足够的技术与人才支撑。在技术方面,食用菌种植主要靠农户多

---

[1] 张益丰、颜冠群:《农产品交易市场能成为小农户与现代农业有机衔接的载体吗?——基于供应链学习理论的案例比较》,《农业经济问题》2021年第12期。

年累积的经验,菌种深层次的研发、优质菌种培育尚缺乏技术支持。根据对农户的调查,采用如"化肥农药减施增效技术""耕地质量提升与保育技术"等农业绿色生产技术的农户比例很低,占比仅为4.17%、2.08%。另外,在农产品电子商务、产品经纪人、品牌建设等方面均存在人才稀缺的现象。

四、推动小农户和现代农业发展有机衔接机制创新的建议

(一)以体制机制创新赋能小农户和现代农业发展有机衔接的治理体系

一是加快建设现代乡村治理体系,赋能小农户与现代农业发展的有机衔接。充分把握新发展阶段农村社会经济特征的变化,建立健全现代乡村治理体系,促进小农户与现代农业有机衔接。加强制度及政策的引导、调节、规范作用,帮助小农户积极转变经营理念和行为,激发小农户拥抱现代农业融入大服务、大市场的内生动力。加强政策宣传,让小农户充分认识和了解与现代农业发展有机衔接的光明前景,提升小农户参与产业融合发展的积极性与主动性。[1]

二是建设乡贤示范引领机制,重塑乡贤文化,鼓励乡贤作为"领头羊"回乡带动产业发展。要充分发挥乡贤在现代农业发展中的要素驱动和治理提升作用,协商解决小农户与现代农业发展有机衔接过程中的社会秩序、利益分配、信息渠道等问题。通过试点建立乡贤咨询委员会,以科学民主的章程引导乡贤有序参与现代化乡村治理。要关注衔接过程中新的生产方式、新的生产关系以及新的产业形态对乡村治理的影响,以常态联络、精准对接、文化引领等工作机制创新更好地服务于小农户与现代农业的有机衔接。

三是构建科学合理的利益联结机制,切实保障小农户的发展权利。要切实建立健全"利益共享、风险共担"的利益联结机制,帮助小农户摆脱"人格依附""市场依附"的状态,破除"三统一分"的生产经营机制。探索建立地方政府、新型农业经营主体、社会化服务组织、金融机构、科研机构等主体构成的农业产业联合体,让小农户感受到优势共享、风险共担的好处,分享到各产业链环节的利益。[2]

(二)以产业链、价值链延伸带动小农户和现代农业发展的深度衔接

一是深化一二三产业融合,延伸农业产业链,发挥产业链"联农带农"功能。一方面,以市场需求为主导,以农业科技知识、科技研发推动农业产业化的创新发展和技术推广,

---

[1] 张晓山:《推动城乡融合发展 促进乡村全面振兴——学习〈乡村振兴促进法〉》,《农业经济问题》2021年第11期。
[2] 王煜宇:《新型农村金融机构法律制度研究——基于法经济学的分析范式》,北京:法律出版社,2022年。

促进一二三产业融合。打造"消费者研究—技术研发—农业推广"的农业创新链条,从源头上创新,将农业产业发展的价值留在农村,让农民充分享受三产融合发展带来的农业产业增值收益。另一方面,应当充分尊重不同类型小农户的分化需求,考虑其发展意愿和条件,在此基础上有针对性地探索差异化的衔接路径,最终增加小农户纵向参与现代农业产业链的深度与广度。

二是发展特色效益农业,有效提升农产品价值链,促进农民多环节参与和可持续增收。首先,要避免同质化竞争,因地制宜优化产品结构,高起点制订特色效益农业的区域布局规划,划定区域性品牌农业发展的优势区和最宜区,形成品牌营销。其次,要创新生产工艺,深入推广种养游、种养加等综合一体化模式,实现产业内良性循环,降低农户经营成本。最后,要注重引进和自主开发深加工技术,实现农产品精深加工,提升农业价值链,让农户分享更多产品附加值提升所带来的收益。

三是依靠科技创新拓展现代农业发展新空间,坚持绿色发展理念,推动现代农业提质增效。聚焦本地产业需求,有序推进山地农田宜机化改造,有针对性地推进高标准农田建设,提升农产品质量。创新绿色防控、生物防治等技术,增强病虫害防治能力。加强新型肥料产品研发推广,集成推广机械施追肥、水肥一体化等技术,保障农产品质量安全,提升农业面源污染防治能力。开展农业废弃物资源化、能源化、基料化、材料化等综合利用试验试点,推广生态高效循环农业发展模式。

(三)以高质量金融服务对接小农户和现代农业有机衔接的资本需求

一是以数字金融服务创新匹配现代农业发展需求。既有农村金融体系更多地表现为普惠性的小微信贷模式,难以满足现代农业发展的金融需求。要加快农村金融产品创新,将数字金融、大数据、区块链等技术与各地的特色农业产业发展有机结合,满足农业现代化发展的多元化金融需求,促进传统农村金融服务体系逐渐向现代农业产业金融服务体系转换。重点探索"数字供应链金融"的产品开发,有针对性地将数字金融要素融入小农户与现代农业有机衔接的产业链条中,实现金融需求的精准对接与金融风险的可防可控。

二是以"互联网+"创新农村信息平台建设。加大新型基础设施建设投入,为智慧化农村信息平台建设提供基础条件。协同地方政府部门、地方金融机构与村级组织等多元化主体,全方位整合收集小农户与新型农业经营主体的经济信息,运用大数据和人工智能技术建立智慧化的信用档案系统,实现信用档案的动态更新与风险甄别,并通过官方部门搭建标准、安全的信用信息共享平台,降低新型农业经营主体的融资门槛与融资成本,以缓解农村金融市场借贷双方信息不对称问题。

三是以农业保险服务创新缓释潜在风险。实现小农户和现代农业发展有机衔接,要大力发展农业保险分担农业风险,使农业风险社会化。[①]根据各地的资源禀赋差异,有针对性地设计特色农产品保险,如气象指数保险、价格险等,提升小农户在从事农业生产和销售过程中抵御自然风险和市场风险的能力,以保障小农户的经济利益。有效利用农村信息平台建设,推动数字农业保险业务,以"数据流"为依托,通过用户画像、人工智能分析,精准投放和推荐农业保险业务,实现保险产品的精准定位。加快创新"保险+信贷"的组合模式,商业银行可将农产品保险作为信贷发放的评估依据,以保险资源撬动信贷资源,实现信贷风险的分担与缓释。充分发挥农产品期货市场的价格发现功能,利用大数据平台实现重点农产品供需和价格的监测预警,及时优化农产品的种植结构与产业布局,并通过"保险+期货"模式实现农业生产的市场风险转移。

(四)以绿色化财政投入引导小农户与现代农业有机衔接的发展方向

一是确立绿色化补贴导向。要加快形成农业补贴的绿色化导向,以财政手段支持符合绿色化农业生产条件的小农户与新型农业经营主体,培育农业绿色发展潜力。要重点推进农村可再生资源综合利用、农业清洁生产与农业补贴相挂钩的方案设计,可考虑实施"奖惩结合"的激励与约束机制,推动绿色化生产理念的形成。要重点探索生产过程中绿色生产要素投入、绿色技术服务使用的财政补贴标准,加强对绿色农业产业发展的支持力度,形成绿色农业产业形态,推动现代山地特色效益农业的高质量发展。

二是强化绿色化基建投入。要积极推进农业绿色生产,利用现代装备、技术手段,提升农业绿色科技含量及标准化、信息化水平。要积极推进高标准农田建设的全面实施,综合考虑西部丘陵山区高标准农田建设的实际投入情况,进行合理的财政补贴,防止"一刀切"的补贴标准。要加快推动农业绿色发展,建立数字农业监测管理系统、遥感监测系统和农业基础数据采集发布平台,以便对耕地质量、作物结构、土地确权边界进行动态监测,为智慧化绿色农业发展提供较好的基础设施条件。

三是增加绿色农业科技投入。充分发挥科技创新在推动农业绿色发展、生态增效中的重要作用,加大农业面源污染治理的科技攻关和投入力度,探索绿色低碳农业发展的科技路径,形成节约资源和保护环境的空间格局、产业结构、生产方式、生活方式。

(五)以"多位一体"农业社会化服务体系有效推进小农户和现代农业的有机衔接

一是打造开放式的农业社会化服务体系。建立健全以"公益性+合作性+商业性"为主的多元化农业社会化服务体系,科学定位各类主体的服务功能。对于公益性农业社会化

---

① 徐婷婷、孙蓉:《政策性农业保险能否缓解贫困脆弱性——基于典型村庄调研数据的分析》,《农业技术经济》2022年第2期。

服务主体，要充分发挥推广农技技术、开展农业技术培训等公共职能；对于合作性农业社会化服务主体，要着重提升农民参与合作的水平和程度，通过完善合作社的农业社会化服务功能，让农户从合作中提高经济收益、增强自身竞争力，这样才能更好地解决农民专业合作社发展面临的"空壳化"、作用小、带动弱等问题；对于商业性农业社会化服务主体，要积极吸引社会各方面力量参与到该领域，有针对性地提供高质量的经营性服务。同时，要充分重视村"两委"的组织作用，提升小农户对农业社会化服务的认知程度与参与意愿。

二是打造农业生产信息服务体系。以遥感技术平台为依托，动态监测当地农业生产的自然环境信息。通过卫星遥感大数据实现气温、土壤湿度、土壤肥力、降水量等自然环境变化的实时发布，并结合作物生长模型预测当地主要农产品的生长环境适宜性。同时，重点监测主要农产品的病害虫害，制订有效的应急措施，及时化解可能产生的自然风险。

三是打造农产品市场信息服务体系。以大数据技术为核心，全面整合当地特色农业的上游、中游、下游产业链市场信息，完善市场信息数据库。定期研判当地特色农产品的供需态势与价格变动走势，多形式、多渠道加强信息发布，综合反映农资成本信息、交通运输费用信息、产品包装费用信息等，发挥信息对农产品生产流通的引导作用，不仅使农业生产主体能够全面对接市场信息，降低市场风险冲击，而且有利于改变小农户在衔接过程中的"市场弱势"地位。

四是打造智能化风险预警信息服务平台。充分融合市场信息数据与农业生产信息服务体系的数据优势，以人工智能技术搭建智能化风险预警平台。根据风险预警的识别结果，相关政府部门要重点关注高风险预警农业产业的发展态势与经营情况，对可能出现较大损失的产业进行提前干预指导，最大限度地避免导致农业发展受损与小农户利益受损的不利因素。

（六）以互利共享的政策措施确保小农户和现代农业有机衔接的可持续发展

一是规范引导工商资本有序下乡。充分认识到工商资本下乡对农民利益和农村社会稳定可能产生的不利影响。合理引导工商资本有序下乡，防止盲目投资。建立健全"地方政府+保险+公司"的多元化风险基金屏障，形成合理有序的投资格局，防止经营失败导致的小农户利益受损。鼓励工商资本进入农业社会化服务领域，为推动小农户和现代农业发展有机衔接提供资金支持，形成优势互补、互利共赢的良性互动。制订合理的工商资本下乡准入条件与监管规则，切实保障集体经济组织和农民的权益，为工商资本下乡营造良好的互利共享软环境。

二是警惕农业非粮化生产倾向。牢牢守住耕地红线，抓紧抓实"三农"工作的首要任务，全力确保粮食安全。一方面，要健全农村土地经营权流转管理办法，强化对新型农业经营主体租赁土地的使用监管,坚决遏制、严肃处理违反农业发展规划的"非农化""非粮化"行为,并制订相应的处罚措施。另一方面,可采取适当的财政补贴和政策优惠等形式,激励新型农业经营主体进行混合种植,完成适量的种粮任务,从而兼顾非粮种植作物的经济收益与粮食安全的政策目标。

三是实现"带动+培育"的双轮驱动。创新小农户的培育模式,改变现有以"大户带动"为主导的单一衔接途径,重塑小农户与现代农业衔接的培育路径,提升小农户参与现代农业发展的内生驱动力。一方面,整合涉农高校、中职学校、企业和研究机构资源,建立产学研用相结合的专职农业科教体系,加快高素质实用人才和职业农民培育。另一方面,充分利用信息技术服务,如网络云课堂、在线直播等,打造线上线下相结合的乡村培训教育平台。发挥"互联网+"时代所具有的不受地域限制、覆盖面广的独特优势,形成以点带面、点面结合的辐射性培育方式,推动单一的教育向复合式的培育方式转变。要拓展投融资渠道,完善新型职业农民培育的经费保障体系。鼓励社会资本、金融资本设立专项扶持基金和项目资金,更好地培育新型职业农民,支持新型职业农民发展现代农业。要加快建立新型职业农民职称评定体系,根据不同的培育类型发放相应的资格证书,以此作为政策扶持的主要依据。

Mechanism innovation to promote the organic link between smallholder farmers and modern agricultural development:

Thoughts based on the exploration and practice in Yongchuan, Chongqing

Wen Tao, Zhang Lin, Wang Hanjie

(College of Economics and Management, Southwest University, Chongqing 400715)

Abstract: To carry out the innovation of the organic linkage mechanism between smallholder farmers and the development of modern agriculture is an important means to realize the prosperity of rural industry and the modernization of agriculture and rural areas. Yongchuan District of Chongqing, a pilot area for national rural reform, has provided a reproducible experience for promoting the organic connection between smallholder farmers and the development of modern agriculture by expanding modern characteristic agriculture, developing land stock cooperatives and agricultural services, cultivating farmers who hold shares of faming cooperatives and new professional farmers, strengthening agricultural information services and other measures. In spite of this, in the critical period of the effective connection between consolidating and expanding the achievements of poverty alleviation and rural revitalization, the connection between smallholder farmers and modern agricultural development still faces a series of problems, such as weak interest linkage, insufficient depth and breadth of connection, the promotion of farmers' career transformation to be strengthened, imperfect fiscal and financial policies to support agriculture, low coverage of social agricultural services, and the extension of agricultural industry chain and value chain to be enhanced. To further promote the organic connection between smallholder farmers and modern agriculture development in the future, it is urgent to accelerate the construction of a system and mechanism that can adapt to the organic connection between smallholder farmers and modern agriculture development, innovate to drive the extension of agricultural industry chain and the improvement of value chain, strengthen the supply of high-quality agricultural and rural financial services, establish a guidance mechanism for green financial investment, and create a "multi-in-one" agricultural service system. We will formulate policies and measures for mutual benefit.

Key words: smallholder farmers; modern agriculture; organic connection; linkage of interests; innovation of mechanism

基于甘肃三个村庄调研的乡村振兴思考及建议[①]

宋圭武

（中共甘肃省委党校，甘肃兰州730071）

摘　要：民族要复兴，乡村必振兴。[②]乡村振兴是中华民族强起来的基础工程。基础不牢，地动山摇。[③]针对乡村如何振兴，笔者选取了甘肃省三个发展程度属于中等水平的村庄进行了专题调研。结合调研，笔者认为：农业产业是一个更适合公有制的产业；农业产业实行公有制需要结合国情选择合作形式；立足中国国情，乡村农业生产组织可考虑多办一些新型集体农场或新型国营农场作为公有制主要实现形式。同时，笔者就新型国营农场或新型集体农场如何建设和运转，提出若干具体建议。乡村振兴要高度重视乡村光棍问题。发展农业与教育培养人类似，因为农业的生产对象是生命体，教育培养的对象也是生命体，同是生命体的一类，必然具有更多的相似性，比如都具有一定的情感情绪和意识灵性等，教育必须通过道德关爱等原则培养高素质的人；发展农业，要生产高质量的农产品，我们也应对生产对象动植物充满道德关爱，应大力发展道德农业。另外，农民要致富，还需要大力发展非农产业，其中乡村养老旅游业发展潜力巨大。从长远看，国家需要重点抓好粮食生产、科技发展、精神建设三大方面，这是建设现代化大厦的三大关键支撑点。

关键词：村庄调研；乡村振兴；农业产业；集体农场

[①] 基金项目：本文系国家社会科学基金西部项目"东西部收入差距视域下西部地区社会救助体系创新研究"（批准文号：20XJY010）的阶段性研究成果。
作者简介：宋圭武，男，汉族，甘肃靖远人，二级教授，主要研究方向为"三农问题"，中共甘肃省委党校（甘肃行政学院）中国特色社会主义理论体系研究中心专职副主任，甘肃省人民政府决策咨询委员会委员，甘肃省政府参事室特约研究员，甘肃省第一层次领军人才，甘肃省侨联特聘智库专家，西北农林科技大学特聘教授，兰州文理学院驻校专家，甘肃省三农问题研究会副会长，上海交通大学甘肃校友会副会长。
[②] 《中共中央　国务院关于全面推进乡村振兴加快农业农村现代化的意见》，(2021-02-21)[2023-02-23]，http://www.gov.cn/zhengce/2021-02/21/content_5588098.htm.
[③] 习近平：《在基层代表座谈会上的讲话》，《人民日报》2020年9月20日第2版。

民族要复兴,乡村必振兴。乡村振兴是中华民族强起来的基础工程。基础不牢,地动山摇。对于乡村如何振兴,笔者选取了甘肃省三个发展程度属于中等水平的村进行了专题调研。结合调研,笔者提出了关于乡村振兴的若干思考及建议,供大家参考。

一、三村调研情况实录

(一)在H县G村调研企业和农户谈话实录

H县位于甘肃中部,土地面积6000多平方千米,耕地面积200多万亩,人口有50多万。县境内群山起伏,沟壑纵横,是比较典型的黄土高原丘陵沟壑区,平均海拔2000多米,年均降水量300多毫米,年均气温8℃左右,年均无霜期150多天。H县过去是一个典型的贫困县,2020年实现脱贫。

1. 与G村一位龙头企业负责人访谈内容实录

本企业为甘肃农业产业化重点龙头企业,主要经营亚麻油、小杂粮等,2013年成立,2015年正式运营,基础设施建设投入有600多万元。有基地1300亩,一亩地每年租金60元。有员工30多人,都是大学生。常年用工6人。本企业多亏损,主要盈利在加工和电商环节。

目前,企业存在的问题主要有以下几点。第一,用工问题,有时招工困难,且年龄偏大,素质较低。第二,融资问题,土地不能抵押贷款。第三,人才问题,尤其缺管理人才。但最大问题是销售,主要是市场波动风险无法有效把握。

2. 与G村农户户主访谈内容实录

本村离县城有10千米左右,本人53岁,家中有4口人,两个孩子外出打工,都是男孩,均高职毕业,一个31岁,一个25岁,均未婚,其中一个正在谈对象。

自家有土地20多亩,共耕种土地30多亩,其中耕种别人土地有10多亩,这10多亩没有交租费,但政府补贴归原土地主人,自己是白种他们的地。

土地主要种玉米、杂粮、麦子等,其中玉米种15亩,麦子种4亩,其余种杂粮。

自家养牛7头,鸡10只。本村养牛最多的有10多头的,养羊最多的有100多头的,养猪最多的有50头左右的。

杂粮、玉米不赚钱,玉米主要用于自家牲口吃。主要靠母牛下牛犊赚钱。但牛的价格波动大。养牛也是一个技术活。

小麦售价2020年每斤1.3元,2021年每斤1.7元;化肥2020年一袋80元,2021年一袋135元。农业投入增加幅度还是大于农产品涨价幅度。

全村有2400多人。本人所在小组有100多户人家,其中有40多个年轻人娶不上媳妇,家里发愁,且大部分都是大学毕业。现在村里家庭不愁吃,也不愁穿,最大问题是年轻人娶媳妇难,这是村里一些家庭最大的愁。

彩礼情况是,一般山区需要现金15万~20万元,城区需要现金8万~10万元。另外,女方一般还要求家里有车、城里有房等,这些都是基本条件。

村里离婚率较高。本村每一个小组一般有5~6户离婚的。女方结婚后,一般生一到两个孩子后,有些闹家庭矛盾,人跑掉再找不回来。由于女方已经生了小孩,男方也就不再打彩礼官司,彩礼等于打了水漂。

村里红白事,一般搭礼20元左右。关系好的,搭50元或100元。

村里合作社多亏损,带动作用不大。本村还是以一家一户经营为主,平均一个农户一年有4万~5万元收入。村里种地最多的有100多亩,有几户全家搬到城里。村里务农的人,年龄最小的有50多岁,有的70多岁还在务农。

自家一年收到政府各种补贴有1000多元,都统一打到存折上。

村里没有犯罪问题,打架也很少。

3. 访谈后的访谈

与龙头企业负责人和农户户主访谈完毕,笔者在与H县中央单位定点帮扶人员就如何定点帮扶效果好这一问题又进行了交流。这些参与帮扶的同志普遍认为,一家一户很难帮扶,应组织起来帮扶效果较好,大企业带动很关键。

4. 笔者调研总结

从H县G村该龙头企业看,为了应对市场风险,该企业自身从种植到加工,再到销售,形成了一个农村一、二、三产业融合发展模式,且盈利主要在二、三产业。另外,在产品方面,该企业有多元化产品生产经营,这也有助于降低市场风险。目前,该企业最大问题是销售,也即市场风险是突出问题。

从H县G村农户看,为了应对市场风险,各农户也在家庭内部形成了一个产业小循环。从种植到养殖,再到销售,其中种植主要满足自家生产和生活需要,收入主要靠养殖和打工。目前,市场风险仍然是农户需要面对的突出问题。另外,G村一些小伙找对象难更是家庭大问题。

(二)在M县S镇Y村调研访谈实录

1. 与Y村党支部书记谈话实录

村人口情况:全村有户籍人口1145人,实际常年居住580人左右。平均一户4~5人,一般一个家庭有两个孩子。村里务农的,都在55岁以上。年轻人都外出,多在新疆和内蒙古,且在这些地方已经有了住房和稳定的工作,多数已安家。有的年轻人带全家外出。云南、贵州的很多农民在这里打工。

村种植业情况:村现有土地3592亩,种蔬菜2588亩,小麦204亩,玉米800亩。

村养殖业情况:村里以养羊为主,养鸡的有一户,有7000多只。平均每户养羊30多只,最多的一户养羊300只,最少的5~6只。一只羊可赚500~700元左右。

村合作社情况:经营较好的合作社有一家,其他经营不好的合作社已被注销。这家合作社主要经营蔬菜,自家有基地6000多亩,采用喷灌技术,比原来少用水一半。蔬菜产品大部分销往广州、香港等地。合作社最初是5个人发起成立的,总资产有500多万元。蔬菜价格每年不一样,但波动不是太大。合作社是季节性雇工,一般雇工时长每年7~8个月,一个人每天150元工钱,从云南、贵州来打工的农民比较多。目前,这家合作社主要存在以下几个问题:第一,用工是大问题,招人难;第二,农民与合作社关系不好协调;第三,政府入股合作社700万元(注:是集体经济入股,是多个村集体经济入股),其中,Y村入股130万元,每年分红8万元左右,合作社负责人认为分红比例有些高(高于银行贷款利息)。

村秩序情况:村里无违法犯罪现象,邻里关系较好。

村教育情况:村里无小学,无幼儿园。学校大部分集中在县城,家长陪读。村里人高度重视教育。M县整个县都十分重视教育。县里最好的设施在学校。但学生一旦考出去,就都不回来,有时甚至带全家都出去。M县的教育资源投入,其收益主要在外县、外省,甚至在外国。

村收入情况:户均年收入大约5万元。

村里存在的主要问题有:一是人少;二是缺水。

2. 与Y村一村民(女)谈话实录

自家人口情况:家有6口人,两个孩子,小的一个已经结婚,大的还没有结婚。大的一个孩子大学毕业5年多了,在新疆工作,是货车司机;小的一个在铁通公司工作,工资每月3000多元。

自家产业情况:种地8亩。自己家的土地承包出去10亩,一亩承包费600元,自己又承包别人的土地8亩,一亩地承包费150元。8亩地主要种植玉米。玉米一部分用于销售,一部分主要供自家羊吃。养羊11只,养鸡30只。经营大棚4个,一个大棚一年可赚1万元左右。大棚主要在冬天经营,种反季节蔬菜。丈夫一年有6个月左右时间外出打工,一年可赚三四万。自己是家里的主要劳动力。

该村民对村里情况的反映:村里彩礼一般6万元左右。村里找不上对象的比较多,找对象难也是一个比较突出问题。村里矛盾不多,吃穿都不成问题,就是严重缺水。

(三)在L区H镇T村调研情况实录

1.T村一般情况

村组织情况：村干部班子有8人。书记、主任各1人，副书记1人，副主任2人，监委主任1人，文书1人，妇联主席1人。其中书记和主任没有一肩挑，书记由毕业大学生专职担任，副书记也是毕业的大学生，都是本地人。

村干部报酬情况：主任、书记、副主任、副书记每年都是3.6万元，监委主任一年1.6万元，文书一年3.6万元，妇联主席一个月300元。村干部报酬各村不一样，一般要结合各村人口等情况计算给付。人口多的村，报酬自然多一些，人口少的村自然少一些。村干部报酬由L区财政统一拨付。

村集体资产情况：总额195万元，主要是前些年一些单位无偿支援扶贫的款项。村委会将这些款项入股到一个合作社，每年收取利息，利率大约在8%。该合作社主要生产项目有：食用菌，有63个大棚；还养一两百头牛。平时雇用人数10人左右，一般根据情况灵活雇用工人。

村合作社情况：有4个合作社，正常运转的有1个。

村人口情况：总人口有1831人，60岁以上有277人，常住人口有1400多人。每户平均人口有4人左右，一般家庭大多有2个孩子，1个的也有，最多的有4个孩子。孩子全是女孩的一般一个村有6~7户。

村家庭婚姻状况：全村找不上对象的有70个人左右（一般指30岁以上还没有对象的），绝户有10多户（因没有对象，最后家庭没有后人了）。小伙子结婚，除需要准备房子、车子外，一般还需彩礼12万左右，合计结婚需花费70万元左右。村里有20~30户左右的家庭，小伙结婚不久，或有了小孩之后，媳妇跑了，找不见人，或找见了，也不回来。附近村子找不上对象的也多，婚姻状况类似。

村养老状况：在养老方面，若老人有养老金，家庭关系较好，老人待遇也较好。养老金一个月128元。

村经济状况：全土地面积有6137亩，都是旱地。在种植业方面，该村一般种小麦、玉米。村里大约60%的土地种植玉米，种玉米而不种蔬菜，主要是因为缺水。一斤玉米市场价在1.4元左右，一般一亩产1600斤玉米，一亩地能够实现净收入1000元左右。若种小麦（冬小麦），一般亩产1000斤左右，一亩地纯收入有300元左右。村里人种小麦，主要是自己吃用，不用于市场销售。还有10户左右种植食用菌。在养殖业方面，养牛较多。一般养4头左右，最多的有养50头左右的，有2户。一头牛一年可赚3000元左右。再就是养羊。除一户有300多只外，一般家庭养10只左右。养猪的较少，最多的一户养40头左右。

一般家庭养鸡20只左右。养鸡主要是自家吃用。水费一亩地800元左右。土地流转费一亩400元左右。有一个小组全部土地流转。土地最多的一家有400亩土地。一般农户最多有土地20亩,最少5亩。其中水问题是阻碍土地流转的主要因素。在外出打工方面,外出打工的有60多人,平均一年有7个月时间在外打工。打工一年的收入相当于50亩地的收入。打工收入占总收入的70%。新冠肺炎疫情没有影响到打工收入。打工主要在建筑行业,平均一天250元左右,其中小工一天180元左右,大工一天300元左右,在杭州打工一天500元左右,90%在新疆打工。

村宅基地情况:有435户,空宅67户,这部分人户口在本地,但全家到了新疆。对长期闲置户,村上挂了牌子。周边村也一样,闲置户大约有八分之一。一户两宅的没有。

村学校情况:村上没有小学,周边有幼儿园3个,私立的有2个。镇上有一所九年制学校,有学生200人左右,老师70多人。

2. 对T村一农户的调研情况

该农户全家有4口人,夫妇二人50岁左右,有两个孩子,两个孩子都是女孩。有11亩地,其中7亩种小麦,4亩种玉米。养牛5头,养羊16只,养鸡30只。大牛生小牛,一头小牛可以卖8000元左右。1只羊羔可以卖600元左右。丈夫外出打工,一年能打工8个月左右,一天能挣200元左右。两个女儿大学毕业后,都在外打工。大女儿已经结婚,丈夫在开车,育有两个孩子。小女儿在西安打工,一个月能挣3000多元。前些年主要是孩子上学开销大,比较困难,一个孩子一年得几万元。目前面临的主要困难是住房比较旧,需要改造。

3. T村一干部反映的情况及建议

第一,农村养老金过低,一个月增加到300元较好。过去这些老人修水库,交公粮,对国家贡献很大,增加一些养老金也合情合理。第二,农村缺人才,能人都进了城,能有吸引人才的政策较好。第三,电商是一个好东西,但目前线上通,线下还没有通。农户可以在线上订货,但没有线下物流配套服务,应想办法开通农村物流。第四,农村老龄化严重。空巢老人有40户左右。一个村子建一个养老院较好,或几个村子可以联合起来建养老院。第五,目前,农村走集体化道路,人心不齐是一个大问题,发展集体经济难度大,需要解决好人心齐的问题。第六,目前,农户家里的地靠机械化有一个人就够了,农闲时间多。要多从打工方面考虑增加农民收入。第七,农村缺水的问题需要解决好,本村缺水20%左右。

4. H镇一干部反映的情况及建议

第一,乡镇干部压力大。上面的工作全压下来,形式主义工作占70%左右。第二,乡镇产业太薄弱,镇上没有企业。第三,农村房屋建设是个问题。政府可以考虑给一个好政策,不一定给钱。危房改造钱太少,非贫困户几千元,贫困户2万元。

二、基于三个村庄调研的关于乡村振兴的若干思考及建议

(一)农业产业是一个更适合公有制的产业

农业是一个特殊的产业,从所有制看,是更适合私人经营,还是更适合公有经营,有不同观点。笔者认为,农业产业更适合公有制经营方式,原因有如下五个方面。

第一,农业是一个低收益、高风险的产业。一是农业面临的市场风险大。农业应对市场波动的能力弱。从生产结构调整方面看,农业产业调整周期要与农作物生长周期对齐。从需求调节方面看,农产品一般保存期短,保存成本大,库存调节能力弱。二是农业面临的自然风险大。自然的任何波动,对农业都有重要影响。三是农业的需求空间增长有限。因为农产品主要涉及饮食。人口数量固定,对农产品的总需求一般固定,要进一步刺激需求很难。在高风险、低收益情况下,私人资本经营必然增加农业发展的不稳定性。

第二,农业若成为高收益产业,对社会也不合理。因为农业要高收益,必须要农产品价格大大高于其价值。但农产品是大众需求品,人人都要吃饭,而且人人天天都要吃饭。若一斤粮食100元,整个社会利益就会受损,尤其是低收入群体利益更受损。所以,农业应成为薄利产业,一般政府要对农业进行补贴或保护。而私人资本经营农业,多追求利润最大化和短期利益,这有可能损害社会大众的长远利益。

第三,农业产业具有一定的公共产品特征。保障国家粮食安全是农业发展的最重要公共功能。粮食安全是社会安全和国家安全的底线。为政之要,首在足食。悠悠万事,吃饭为大。家中有粮,心里不慌;一日无粮,肚里发慌。没有粮食安全,必然没有社会安全。同样,没有粮食安全,也很难有国家安全。粮食是一种重要的战略资源。古人云:兵马未动,粮草先行。在古代战争中,军事家高度重视粮草问题。《孙子兵法》有云:"军无辎重则亡,无粮食则亡,无委积则亡。""深入夺粮""断绝粮道""饿敌必击"是古人打仗常用的三招。现代社会,虽然科技发达,但人是不可能离开粮食而生存的,所以粮食问题仍然是最重要的基础保障问题。目前,面对国际局势的波谲云诡,为确保社会安全和国家安全,农业生产,尤其是重要农产品,特别是粮食生产,国家直接控制和经营较好。追求生态环境效益是农业发展的又一重要公共功能。从生产方面看,生态环境与农业是紧密互助的关系。一方面,要想农业健康发展,必须要有良好的生态环境基础。因为生态环境基础决定了农业的生产质量。另一方面,农业又是一个与大自然有最充分接触的产业,农业的不健康发展,必然对生态环境造成破坏。而生态环境的破坏,又进一步制约农业的健康发展。从消费方面看,"民以食为天","病从口入"。农产品直接关系人民身体健康,是影响人口素质的最重要消费产品。为此,国家在消费品保障方面,一定要把农产品的有机生态品质建设放在比其他产品更为重要的位置。农

业发展的一个重要公共功能是弘扬、复兴农耕文化。社会发展,需要努力实现工业文化与农耕文化有机互补。一方面,国家发展离不开工业文化,因为工业文化促进竞争,有助于提升国家竞争力。另一方面,国家发展也离不开农耕文化,因为农耕文化所体现的休闲、自然等特点,有助于消解工业文明激烈的分工竞争所引致的人格焦虑,这对建设和谐社会大有好处。另外,就文化自身建设而言,农耕文化也是一个国家的基础文化,弘扬、复兴农耕文化也是实现民族文化自信的客观需要。

第四,分散小农户经营农业,必然面临大概率大面积贫困问题。分散小农户经营在自给自足条件下,还有一定的短期生存功能,但在长期内,随着人口的不断增加,人地矛盾必然越来越突出。其结果是:一方面,土地兼并和集中加剧,出现豪强大地主等;另一方面,出现大量失地农民,产生大量贫困人口。最终,社会矛盾激化,随之人口也大量减少,人地矛盾缓解。但随着人口的增加,社会又重复前面的问题。所以,小农经济本身也是中国历史陷入循环的一个经济基础。但分散小农户经济在面对大工业和大市场竞争时,必然面临大面积快速破产的可能。在正常年景下,小农户可能还有一定生存能力,而一旦遇到大的市场波动和自然灾害,必然有可能大面积陷入贫困。而国家要补贴千家万户的分散小农户,必然成本高、效率低。

第五,对于一些农产品加工等农业延伸产业,如酿酒等产业,可以鼓励私营经济发展。但在小麦、水稻、大豆、玉米、中药材、生猪、牛、羊等重要农产品种植和养殖方面,可以多考虑实行公有制经营方式。

(二)农业产业实行公有制需要结合国情选择合作形式

推进公有制建设,客观需要推进合作建设。如何推进农业合作建设,应结合国情。

第一,合作形式要跟要素结构匹配。要素的稀缺程度决定要素的匹配价值和价格。根据经济学要素组合边际法则,越是稀缺的要素,匹配的经济机会成本越高,越是丰裕的要素,匹配的经济机会成本越低,要提高要素组合效率,就必须要尽可能多地投入丰裕的要素,少投入稀缺的要素。在农业要素方面,其中的人地要素结构是最关键的。在人少地多的情况下,农业合作应更多体现土地密集型特点;在人多地少情况下,农业合作应更多展现劳动密集型和技术密集型相结合的特点。

第二,合作形式还要跟人文精神特点匹配。长期自给自足的小农经济容易催生主体不善合作的人文特征。在这种情况下,合作必然要更多地体现政府主导性。要体现政府主导,一是在推进合作的建设中,政府要发挥主导作用,积极介入;二是在形成的合作模式中,政府管理也需要更多介入。

第三,合作形式还要体现产业特点。产业不同,合作形式应有不同。现代大工业,要求更紧密、更精巧的合作；现代服务业，要求更灵活、更具弹性的合作。就农业产业而言，由于农业产业的生产流程，一部分属于人工过程，另一部分属于自然过程，而属于自然过程的部分，是不需要人工参与的。对于这种自然和人工相结合的产业，合作应体现紧密型和松散型相结合的特点。其中，在人工生产流程中，合作要体现紧密型特点；在自然生产流程，合作要体现松散型特点。

第四，合作形式还要跟地区发展水平结合起来。不同的生产力发展水平，必然要求不同的合作形式。对于落后地区而言，尤其是曾经的深度贫困地区而言，合作应更具紧密型特点。这有利于更好地发挥合作优势，规避其他要素不足的缺陷。所以，越是生产力发展水平落后的地区，越要注重合作建设，这也是追赶发达地区的重要经济组织基础。

第五，立足中国国情，探索农业产业实行公有制的有效方式。一是从硬国情看，中国人多地少，城市带动乡村人口能力弱，客观需要实行劳动密集型合作形式。二是从软国情看，中国农业产业发展，靠农民自发合作难度大，且合作多不稳定，合作建设客观需要政府主导。为此，笔者建议，乡村农业生产组织可考虑多办一些公有制形式的新型集体农场或新型国营农场。

（三）新型国营农场或新型集体农场如何建设和运转

在土地制度上，乡村土地分公田和私田两部分。一部分是自留地，是私田，农民有自主经营权；另一部分是农场土地，是公田，农场有经营权。

在农民自己庭院周围的土地，可划归为自留地，属私田，便于农民直接经营。农民可以自主经营自己的自留地，可自主发展庭院经济。通过庭院经济的一些种植和养殖收入，提高家庭收入。

离农户家庭住址较远的一些农村大田及一些撂荒地，可统一归集体或国家所有，属公田，实行农场统一经营模式。承包大田土地的农民，采取自愿原则，身份可变为农场职工，拿固定工资。同时，农场额外招收职工，要优先考虑弱势家庭。依据乡村普遍薄弱的经济发展基础条件，农场农民工只能普遍实行低工资制。一般农民工到城市打工，一天一般是100~200元。在农场工作，等于是就地打工或工作，生活成本要比在城市打工低一些，工资可考虑定在一个月2000~4000元水平上。由于各地生活条件有差异，各地农场职工工资可根据地区差异情况确定。同时，农场职工参加各种保险，并可享受退休待遇。

在宏观管理上，国家可以对国营农场或集体农场实行半计划半市场管理体制。所谓半计划半市场，是指农场部分产品要有计划地生产，部分产品可根据市场生产。由于农产品不适宜长期库存，部分重要农产品有计划生产，可大大减少市场波动对农业的不利影响。

在农场产品流通上，可实行半统购半统销模式。这既是为了确保农场有稳定收益和职工有稳定收入，也是为了确保粮食安全。目前，农产品流通领域内仍存在少数欺行霸市和垄断行为，既损害了农民利益，也损害了城市居民利益。

在农场微观管理上，可实行半自治半行政模式。农业是一种特殊的产业，具有休闲、松散的特点，所以农业的管理模式应符合农业产业的特点，这里既不能完全按行政的模式管理，也不能按完全自治的模式管理，应实行半自治半行政管理模式。具体地，农场书记和场长，任命权掌握在上级组织手里，由上级组织考察并任命，但否决权掌握在农场职工手里。对不称职的农场书记和场长，农场职工可通过党员大会或职工大会投票罢免。同时，涉及重大问题，还可以对农场书记和场长实行一票否决制，比如粮食安全问题等。此外，农场一线职工实行半休闲半忙碌工作制度。农业有农忙农闲之分。在农忙时间，一线职工应全程参与农场劳动。在农闲时间，农场可允许一线职工外出打工。没有外出打工的，农场要多组织各种娱乐活动和学习活动让大家尽量多参与。

农场在主要产业选择上，要以种植粮食为主要产业，这是确保国家粮食安全的需要。在确保国家粮食安全的基础上，农场可实行多种经营。农场在农业产业发展思路上，一定要坚持好生态化思路。农场要以生产有机农产品为主。

农场经营目标主要是确保粮食安全和防止大规模返贫。由于农场产业主要以农业为主，而农业是一个高风险、低收益的产业，所以农场经济效益不可能很大，必然多是低效率的，这也是正常现象。同时，农业也不能追求高利润。因为农业追求高利润，必然要求农产品高价格，这会损害社会大众利益。所以，农场经营目标或农场效益的考核，要以生产高质量粮食为主，经济收入指标可考虑以不亏损为底线，或实现薄利即可，重点要以确保"两条底线"（保障国家粮食安全和不发生规模性返贫）为主要经营目标或主要考核目标。

在农场管理上，为预防农场腐败，要严格避免农场盲目投资和基建。农场的所有账目要全面实行公开制，接受职工全面监督。

国家对农业的所有补贴，都可直接补贴到农场。这可以有效发挥补贴的规模效益。同时，还可以有效预防补贴的精英俘获问题。目前，国家对农业的大量补贴，一部分并没有真正落实到农民手里，中间环节流失较为严重。

农场可吸收大学生就业，也可安排部分乡镇人员进入农场工作。大规模建设农场，对解决大学生就业也大有好处，同时还可部分缓解乡镇财政困难，减轻政府财政供养人口压力。国家应鼓励大学生积极投身乡村振兴事业，成为新一代高素质职业农民。对在农场就业的大学生，也可考虑给予一定的补助，由国家财政直接支付。比如，参加"三支一扶"计划的大学生、西部计划志愿者等，都可安排到农场就业，成为农场正式职工。在农场工作一定期限后，其中部分表现优秀的大学生，可推荐优先提拔重用。

(四)高度重视乡村光棍问题

据研究,在全国的光棍中,有9成在农村。目前,各地在乡村振兴过程中,普遍面临农村光棍多的问题,或农村小伙子找对象难的问题。而且越是落后或越是边远的地区,农村光棍问题越严重。婚姻是人生大事,也是社会经济大事。乡村振兴,乡村婚姻问题自然也是大问题。可以说,乡村婚姻问题解决不好,就难有乡村振兴。乡村婚姻问题解决不好会引发乡村一系列问题,甚至会引发一些严重的社会危害。

一是会引发道德沦落问题。一些光棍对未来生活丧失希望,逐渐变得好吃懒做,当一天和尚撞一天钟,甚至于破罐子破摔,经常干一些偷鸡摸狗的事,搞得村里鸡犬不宁。一些村庄婚外情的增加,也多与光棍有关。

二是引发高价婚姻问题。从经济学角度看,高价格往往是市场需求和供给不均衡导致的。在婚姻方面,由于农村婚姻需求远远大于适婚人口(特别是女性)数量,导致局部不均衡,容易产生高价婚姻问题。而且随着不均衡程度的增加,价格在实质上有上升趋势。而高价婚姻又进一步引发一些家庭婚姻悲剧,形成恶性循环。比如,一些妇女结婚后,不堪家庭巨额债务压力,家庭矛盾增加,离家出走,不见踪影,一些小伙又变成光棍汉——有小孩的,成为单亲家庭,且多是父亲带小孩,又形成不利于小孩健康成长的家庭环境,产生问题儿童或问题少年,最终形成贫困代际传递。

三是由于婚姻需求大,在一些地方的集市上,尤其在一些村镇集市上,还出现了所谓"人市"。一些人成了职业媒人,专门从事婚姻方面的介绍。每逢赶集日,媒人们会聚集在集市上,他们拥有十里八村许多未婚女性的信息,深受单身汉们的欢迎。在"人市"中,出嫁女儿索要的彩礼称为"卖",男方花费的彩礼则称为"买"。"人市"承担着中间沟通协调的重要功能。在"人市"上,多数人相亲还是没有成功,其中高价彩礼是一个主要方面。在调研中了解到,有一个人相亲相了18年,彩礼从3000元涨到20万元,还没有攒够彩礼钱,如今还是单身。在"人市"上,女方则是香饽饽,无论长相,二婚的三婚的,还是身体有残疾的(只要能生孩子),都很吃香。有的女方家一天登门相亲的多达30人,甚至更多。甚至有的女方只要男方提出相亲,不管成不成,都要收钱,即所谓的见面礼。

四是导致农村出现个别绝户现象。有的光棍,相亲相了几十年,也最终没有找上对象。一些家庭成了绝户。

五是也增加社会违法犯罪问题。据研究,光棍越多,犯罪问题越严重。据中国社会科学院人口与劳动经济研究所研究员王跃生的研究,清乾隆四十六年至五十六年(1781—1791年),当时的光棍问题虽未冲击政治秩序,但涉性诱发的命案中,除有29.93%(170例)婚姻状况不详外,余者中已婚者占比为18.31%(104例),未婚者占比51.76%(294例);未婚者中,25岁以上的所谓可能"晚婚"或"不婚"的男性共有235例,占整个未婚者的比例高达79.94%。如今的农村,这种现象依然存在,部分地方更是严重。

如何解决好农村大龄青年找对象难问题,需要综合施策。第一,由各省份乡村振兴局全面负责,会同共青团、妇联等组织,对乡村光棍进行全面统计调查,摸清有关真实情况,分层分类建立数据库。第二,建议各省份采取"脱单"专项治理行动。可分类制定帮扶政策,并落实各级党委和政府及有关领导的责任。第三,乡镇和村一级要大力抓好乡风文明建设,尤其对年轻人要多一些家庭美德方面的教育。第四,对高价婚姻,要采取更为严厉的遏制措施。第五,依法严厉打击拐卖妇女现象。不仅要严厉打击人口贩子,也要严厉处罚人口接收者。要从供给和需求两头进行严厉治理。目前,在需求方面,严厉治理比较缺乏,应进一步加强。实际上,拐卖妇女,需求动力更是主要因素,立足需求严厉治理,效果会更好。总之,对供给和需求两头都要进行严厉处罚和治理,效果最好。第六,城市方面也要配合加强治理。城市的一些机关单位和企事业单位,包括一些宾馆、饭店等,对雇用的农村青年女性临时工,也要多一些了解和摸底。对私自跑出的,该劝返的要劝返,该调解的要调解,该教育的要教育。要把城市单位雇工需要和农村婚姻家庭稳定建设有机结合起来。要优先雇用婚姻家庭稳定的农村妇女和青年女性。第七,城乡要多一些合法、规范的婚姻中介咨询机构。政府可考虑建立自己的婚姻中介咨询机构,对光棍多提供婚姻信息方面的咨询服务。建议在乡镇和村上设立专职婚姻咨询或帮扶干部,原来主管计划生育的干部现在可以承担红娘的部分职能。在县和乡镇一级,要多举办一些婚姻牵线活动,让周边或更远地方的青年男女多一些互相了解的机会,增加结婚的概率。目前,民间的一些媒婆或私人婚介机构,包括在一些集市中出现的"人市",为了牟利,有时候会存在一些合谋骗婚问题,这尤其对农村一些弱势家庭很不好,出了问题,这些家庭也无钱打官司,只能自己承担损失,祸及一家几代人。第八,可考虑对农村光棍在就业政策上采取一些优惠扶持措施。比如,优先安排为公益工等。小伙子只要有一个稳定的工作和收入,找对象就容易得多,这里也不要求他收入有多高,关键是工作要稳定,收入要稳定。一般情况是,工作和收入稳定性好的要比稳定性差的找对象更容易一些。另外,对光棍要多进行专业技术和技能方面的培训,争取每一个光棍掌握一到两门能赚钱的技能或技术。

(五)发展农业与教育培养人类似

为什么发展农业与教育培养人有类似之处?因为农业的生产对象是生命体,教育培养的对象也是生命体。同是生命体的一类,必然具有更多的相似性,比如都具有一定的情感情绪和意识灵性等。培养高质量的人必须通过教育的道德关爱原则。发展农业,要生产高质量的农产品。由于农业对象也是生命体,我们也应对生产对象动植物充满道德关爱原则。为此,本文认为,应大力发展道德农业。

人不负青山,青山定不负人。[1]人只有道德地对待自然,自然才能道德地对待人类,人类对自然的伤害,必然最终也是对人类的伤害。为此,在道德体系建设上,人类不应高高在上,而应把自己看成是自然界中平等的一员,人不仅要对人讲道德,还应对自然界中的一切生命体都讲道德。

发展道德农业,应从以下几个方面入手。第一,对生命要充满敬畏意识。生命是一种十分复杂的现象。敬畏生命是一种理性的选择。敬畏是一种大智慧。第二,要给动植物充足的自由生长空间。对自由的追求是一切生命的本质。在缺乏自由的空间里生长的生命,必然更趋恶的特性。所以,我们不能太多限制动植物的生长自由,不然,生产出的产品必然是低质量的。第三,对动植物的生长过程不能给予太多保护。温室里的花朵必然是脆弱的。生命本身有一种进化功能。过好的环境,反而对生命素质的提高不利。就如人的成长,多经风雨,多见世面,身体素质会更好,更有利于成长为国家的栋梁之材。所以,我们对于动植物的生长,除非有大的自然灾害等,一般不要过多干预,不要给予过度保护。第四,农业更多是一个慢活,不能人为追求速度和产量。动植物的生长与人类一样,有其自然形成的规模,比如生长速度、生产的数量等,都是大自然的规律,不要轻易改变。笔者认为,人为提高动植物的生长速度,或者提高植物果实的产量,或者提高动物一年生幼仔的数量,都是不妥的,其结果是,最终必然产生大量的低质量甚至可能对人类有害的产品。第五,在满足粮食安全的前提下,农业的水利化也要适度。水利化有利于提高农作物的产量,但一些旱地农产品与水地农产品相比,虽然产量不如,但品质往往更好。比如,旱地西瓜,虽然产量不如水地西瓜,但品质通常更好。再比如,旱地小麦的品质通常也比水地小麦品质要好。第六,农业机械化也要适度。农业机械化,可以提倡,但也要看到其不足。因为在动植物的生长过程中,动植物与人直接接触,和动植物与机械直接接触相比,前者对动植物生长往往更有利,其产品质量通常也更高。这里关键还是因为动植物是有生命的,是有灵性的,冷冰冰的机械缺乏温度感和柔和感。食品生产,也有类似情况。比如,手工面通常就比机器面更好,吃起来不仅更香,也更有筋道。第七,要严禁化肥、农药、除草剂等在农业产业中的大量使用。化肥、农药、除草剂对生态环境破坏巨大,甚至会影响农业生产,过度使用会滋生疾病,危及人的生命。第八,对动植物在基因层次上的改造要高度谨慎。对生命的基因改造风险极大,需要人类高度谨慎。一般禁止较好。第九,要严格规范农业科学家的研究行为。一方面,农业科学家对农业的发展作用巨大;另一方面,在农业科学研究中,由于涉及评职称和个人利益等因素,少数科学家可能把科学研究变成个

---

[1] 习近平:《国家主席习近平发表二〇二二年新年贺词》,《光明日报》2022年1月1日第1版。

人牟利的工具,这对农业发展是极大的危害。为此,建议:一是要成为农业科学家,必须要经过严格遴选——农业科学家必须是具备大智慧和大德性的人,应具有大哲学家的品格;二是对农业科学研究要制定严格的研究规范。第十,要把生产有机农产品作为农业发展的主要目标之一。

(六)农民如何富:大力发展非农产业

乡村振兴,既要确保国家粮食安全,还要努力增加农民收入,为此,乡村也需要大力发展非农产业。非农产业包括乡村旅游、地方小工业、劳务输出等。其中,乡村养老旅游业有较大潜力,值得大力发展。所谓乡村养老旅游,是把乡村、养老、旅游三个元素充分结合在一起的一种旅游方式。乡村养老旅游在发达国家起步很早。18世纪中叶以后,一方面,欧洲工业文明和城市文明的发展极大提高了社会生产力水平,并极大丰富了社会的物质财富;另一方面,工业文明和城市文明所伴生的喧嚣、繁忙和快节奏的生产方式和生活方式,也制约了社会幸福度的提高。在此背景下,乡村社会休闲、安静、慢节奏的生产和生活方式越来越受到城市居民,尤其是老年人的偏爱和青睐。20世纪80年代以后,乡村养老旅游在世界各国,尤其是在一些发达国家,快速发展。

1. 发展必要性分析

第一,一些乡镇干部反映,乡村振兴,一方面要落实国家的粮食安全政策,但存在的一个突出问题是,若土地大面积种植粮食,而粮食赚钱空间又小,这必然会影响农民的增收问题。对于如何化解这个矛盾和冲突,笔者认为,大力发展乡村养老旅游,是一个有效突破口。第二,有利于促进乡村全面振兴。通过大力发展乡村养老旅游,可进一步提高乡村开放程度和要素流动程度,在此基础上,带动乡村政治、经济、文化、环境、社会全面振兴。第三,有利于促进城乡融合一体化发展。通过发展乡村养老旅游,可进一步促进城乡要素良性互动,包括人口、资金、文化等方面的双向流动,最终对城市和乡村发展都有好处。一方面是减轻城市人口压力,化解"城市病",推进城市发展;另一方面是助力解决乡村"空壳化"问题,化解"农村病",繁荣乡村生活,推进乡村发展。

2. 发展潜力分析

第一,旅游业是目前全国增长速度最快,也是增长潜力最大的产业之一。20世纪90年代以后,全国每年旅游人数以两位数的速度在增长,其中到乡村旅游的人数约占出游人数的三分之一。这几年,虽然受疫情影响,人们的旅游半径有所缩短,旅游方式也有所变化,但旅游增速仍然强势。2021年,我国国内旅游达32.46亿人次,同比增长12.8%。另据携程网统计,2021年第三季度,全国各省份省域内酒店预订量较2019年同期增长约35%,其中县域内酒店预订量增长60%以上;2021年全国各省份省域内乡村酒店预订人数同比增长55%,乡村旅游亲子家庭订单同比增长30%。第二,在老龄化社会,养老旅游需求,尤其是乡村养老旅游需求必然大幅增加。2021年5月11日国家统计局官网发布的《第七次全国人口普查主要数据情况》的数据显示,我国60岁及以上人口为2.64亿人,占18.70%,其中65岁及以上人口为1.91亿人,占13.50%,这意味我国即将步入深度老龄化社会。[①]据调查分析,退休后,大约70%的老年人有旅游愿望。同时,一些调查显示,退休老人一般较多选择10天以上的中长期旅游,且更喜欢乡村休闲旅游方式。还有研究估计,老年旅游市场规模可达万亿元。同时,老年旅游还有错峰优势。目前,我国养老服务需求的满足率仅为16%,有近84%的老年人养老服务需求暂时还没有得到满足,养老产业尚处于初级发展状态,尤其是乡村养老旅游产业,发展更为缓慢。另据分析估计,乡村养老旅游在旅游产业中可能占比1%左右,这是很小的比例。预计到2030年,我国养老产业规模有望达到22万亿元,银发产业将是未来的朝阳产业,乡村养老旅游产业也将是未来的明珠产业。另外,根据历年出生人口数据,1962年后,我国有一个长达十多年的出生人口高峰期。这也意味着,从2022年开始,我国也将对应迎来一个十多年的退休高峰期。退休人口高峰期,必然也是养老旅游高峰期。为此,可以预计,未来10~30年,应是发展乡村养老旅游业的黄金时期。

3.进一步促进发展的对策及建议

第一,要充分发挥好政府主导作用。国家有关部门要全面整合乡村养老旅游资源,从基层村委会,到乡镇、县(市、区)、省(自治区、直辖市),直至国家,形成全国联网互动、高效协调统一的发展模式。第二,针对老年人需求特点,进一步完善相关制度和管理措施。在相关制度和管理措施制定方面,要多吸收退休老同志参与,要多听他们的意见和建议。第三,在乡村养老旅游流程设计方面,要尽可能体现休闲、慢节奏、方便、轻松等特点,不能跟一般景点旅游混同,也不能跟年轻人旅游混同。第四,围绕养老旅游特点,还需要进一步完善乡村相关配套基础设施。比如,安全防护措施一定要跟上,不能马虎。还有医疗保健措施,尤其是一些应急保障措施,都需要及时跟上,不能有漏洞。第五,要严防针对老年人的各种欺诈等方面的问题。若出现此类问题,一定要严肃处理,严惩不贷。在网络时代,由于消息传播面大,且速度快,往往一个小问题导致经济大损失,这需要特别警惕。第六,开展乡村养老旅游,需要将旅游和养生有机结合起来。在结合养生方面,要发挥好中医药产业的优势,通过开展乡村养老旅游,带动中医药产业进一步发展。第七,开展乡村养老旅游,需要将旅游与文化有机结合起来。在结合文化方面,应在活动过程中,多开展

---

① 按照国际通行划分标准,当一个国家或地区65岁及以上人口占比超过7%时,意味着进入老龄化社会;达到14%,为深度老龄化社会;超过20%,则进入超老龄化社会。

一些学术交流、文化普及和文艺娱乐活动。一些老年人,也是一些学术、文化、艺术方面的宝贝,要多发挥这方面的优势,好处是多方面的。要把乡村养老旅游和乡村产业发展有机结合起来。在产业结合方面,比如,一些退休后愿意在乡村常住的老年人,若自己愿意承包耕种土地,或有意愿发展有关产业,有关部门应给予大力支持。第八,鼓励老年人长期居住乡村养老。可根据居住时间长短,制定不同的优惠服务价格。居住期限越长,服务价格应越优惠。借助乡村养老旅游,带动化解部分过剩房地产问题。尤其是地县一级过剩房地产,在直接销售有困难的情况下,可通过出租方式,或通过购买房屋短期所有权或短期居住权等方式,将过剩房地产转换为养老旅游公寓,让老年人在流动居住中,实现房地产资金逐步回笼。尽可能多以团队形式进行:或以家庭团队形式进行,或以一个单位的退休职工为主,组成一个团队进行。由于大家互相熟悉,也便于互相照应和管理。第九,着力打造乡村养老旅游精干服务团队。要针对如何满足老年人需求,对有关服务人员进行专门的知识和素质的培训。建立全省(自治区、直辖市)统一的乡村养老旅游网站(目前,全国在养老旅游方面有夕阳红旅游网站),并通过App、信息平台等多种途径,实现全省份统一、规范、智慧、高效运行管理。第十,在成本管理上,考虑到退休消费不同于在职消费,应总体以低成本简洁模式运作较好,但对少数特殊群体,可以例外。产品档次可多元化,可分一般普通、优质精品、优质豪华、高级豪华等不同档次,供消费者自由选择。同时,要做好广告宣传工作。目前,在乡村养老旅游宣传方面,虽然全国也有一些宣传,但总体比较薄弱,力度不够。

三、结论与展望

中国的现代化,中华民族的伟大复兴,绝不是轻轻松松、敲锣打鼓就能实现的。我国社会主要矛盾的变化,没有改变我们对我国社会主义所处历史阶段的判断,我国仍处于并将长期处于社会主义初级阶段的基本国情没有变,我国是世界最大发展中国家的国际地位没有变。基于这样的国情,中国的乡村振兴也将是一个长期的过程,需要付出长期艰苦的努力。从长远看,中国的现代化和中华民族的伟大复兴,除需要抓好"三农"这个重要基础外,还需要抓好精神自强基础和科技自强基础建设。三足鼎立,现代化高楼才能稳固。

(一)精神如何自强,关键在人心

精神如何自强。精神自强是一个慢活,素质不可能一下子就能提高,要坚持正确的方向,要有坚韧不拔的毅力。急躁、浪漫以及鲁莽都是大害。最忌讳瞎折腾。总是重复昨天的错误故事,是最悲剧的。为此,一是精神自强需要大视野。需要有站在山顶的自信和兼容并包的大气度。海纳百川，有容乃大。要善集天地之精华，要善纳东西南北之奇才，要善容千奇百怪之想法。二是精神自强需要从心开始。心是精神自强的坐标原点。心正则天下正。原点错位，一切错位，并且原点错越多，其他错也越多。如何强心？少些贪欲最重要。贪欲多，必是心虚所致。因为心虚必然多恐惧，多恐惧必然多贪婪。三是精神自强需要从每一个人开始。若多数人精神不自强，只有少数人精神自强，最终少数人就是多数人的人血馒头。在这种情况下，很可能是越精神自强，越精神不自强。四是精神自强需要学会善退的艺术。精神自强不是一味逞强，而是要根据情况，该强则强，该弱则弱，该进则进，该退则退，尤其要学会善退。

（二）科技如何自强，关键在人才

要树立人人都是才的大众人才观。应认识到，每一个人都有每一个人的长处和优点。所谓发挥人才积极性，实是应发挥好每一个人的优点，应发挥好每一个人的积极性，不是只发挥好部分人的优点和积极性。当然，科技是第一生产力，创新是核心驱动力，社会发展必须要更加重视科学技术人员和创新型人才积极性的发挥，社会应给这部分人提供充足的动力与激励。

一是要树立人人都平等的人才地位观。做饭的，画画的，开车的，搞科研的，掏大粪的，搞教学的，搞管理的，扫马路的，种地的，当兵的，等等，都在为国家做贡献，区别只是分工不同，岗位不同，在社会地位上，大家都是平等的，不能一部分人高于另一部分人，一部分人优于一部分人。在人才问题上，不能一戴上人才的帽子，就高人一等。

二是在人才问题上，需要领导有大胸怀、大视野、大气派。领导是解决好人才问题的关键。武大郎开店，嫉贤妒能，容不得别人比自己强，是领导在人才问题上的大忌，有三大害处：对国家发展和单位发展是大害；对人才自身发展是大害；对领导自身发展也是大害。因为领导心胸狭隘，气量不大，群众自然会看低领导，领导就难以在群众中树立威信。没有人才和群众支持，领导也难以干好事业，也难以干成大事。另外，如何对待一些有独特个性的人才，以及有一些小缺点的人才，也需要领导有包容意识，切忌求全责备，切忌对人才提出十全十美的要求。在单位业绩考核上，要把领导如何对待人才列为重要考核指标。要把领导业绩和人才业绩有效捆绑起来。

三是解决人才问题，也需要高度重视环境建设。环境包括众多方面，但对人才而言，相对硬环境，软环境是更为重要的，尤其是周围的人际关系更为重要，因为人的本质更多体现在社会性方面。有关个人幸福的研究也认为，人际关系是影响一个人幸福程度最重要的变量，而且该研究还认为，人际关系不仅影响一个人的幸福程度，还影响到一个人的大脑发育。所以，在一个单位内部，如果周围人挤兑算计人才，枪打出头鸟，人才就难以立足,难以发挥好作用,而且是对人才的严重摧残。一些单位之所以出现墙内开花墙外红的现象,与单位内部环境不好是有很大关系的。在人才环境建设上,要进一步完善针对人才的保护机制。一个单位应形成互助友爱、重才重能的良好氛围,应形成良性竞争局面。

四是在人才的提拔使用和考核上,一定要注重业绩导向。突出人才作用,落脚点是突出业绩作用。没有业绩,是无法认定人才的。同时,衡量德才兼备,业绩也是最好的证明之一。为人民为社会服务的业绩越突出,必然越满足德才兼备的条件,越需要优先提拔和重用,考核自然要列为优秀。以业绩为导向,既满足公平竞争原则,也满足社会效率原则。各单位要发挥好人才作用,应不断完善业绩考核和业绩奖惩制度。

五是在人才培养上,要高度重视道德建设。德为才之帅,失去德统领的才是社会的危险品,而且越有才,对社会的危害越大。

六是国家要进一步加大对落后地区的人才扶持力度,尤其要注重技术帮扶。国家要实现区域均衡发展,必须要高度重视落后地区发展。国家如何重视?资金扶持很重要,但资金扶持毕竟是输血,不是造血,只具有短期效果,甚至还可能加剧落后地区腐败,而人才扶持则可以增强落后地区的造血功能,具有长期效果。但由于落后地区各方面条件较弱,比如生活环境较差、收入待遇较低、缺乏良好的工作条件等,要长久留人难度较大,尤其要留住一些高精尖专业技术人才,难度更大。所以,国家对落后地区进行人才支援,应更注重所用,而不求所有,应更注重智力支持。而人才的所用方式——人才支援和智力支持,最终落脚点是技术支援。国家应对落后地区重点进行技术帮扶。要把技术帮扶放在比资金帮扶更重要的位置或优先考虑的位置。尤其要考虑在落后地区多办一些具有国内技术领先水平或具有国际先进水平的企业,作为增长极,以点带面,带动落后地区发展。

Thoughts and suggestions on rural revitalization based on surveys of three villages in Gansu Province

Song Guiwu

(Gansu Provincial Party School of the Communist Party of China, Lanzhou in Gansu730071)

Abstract: To revive the nation, the countryside must be revitalized. Rural revitalization is a basic project for the Chinese nation to become strong. If the foundation is not solid, the consequences will be serious. As regards the ways to promote rural revitalization, three villages with the medium level of development in Gansu Province were selected to carry out a special survey. Based on the research, it can be found that public ownership is more suitable for agriculture; the appropriate forms needs to be chosen for the public ownership of agricultural industry according to the national conditions; according to China's national conditions, agricultural production organizations in rural areas may consider setting up more new collective farms or new state farms as the main forms of public ownership. Then, some suggestions on the construction and operation of the new state farms or collective farms are put forward. Great attention should be paid to the problem of rural bachelors in the process of promoting rural revitalization. The development of agriculture is similar to the cultivation of human beings through education, for both of their objects are living beings. To cultivate high-quality individuals through education, it is necessary to embody the principle of moral care. In order to produce high-quality agricultural products, we should be full of moral care for plants and animals, and vigorously develop agriculture with ethical concern. Moreover, non-agricultural industries should also be developed greatly to enrich farmers, among which rural tourism for old-aged people has great potential for development. In the long run, food production, science and technology, and cultural and ethical progress, which are the three key points for Chinese modernization, need to be focused on.

Key words: village research; rural revitalization; agricultural industry; collective farm

青年论道

从"学中干"到"干中学":乡村产业发展的社会学习路径透视[①]

邹宝玲[1,2]

(1.西南大学经济管理学院,重庆400715;2.西南大学农村经济与管理研究中心,重庆400715)

摘 要:乡村产业发展是实现乡村振兴的重要基础。本文以重庆市罐坝村、蛇形村、天印村、双溪村和四川省为干屏村、土门垭村共6个行政村的农业产业发展模式作为研究对象,采用多案例分析方法,基于社会学习视角分析乡村农业产业发展在模仿阶段(学中干)与创新阶段(干中学)的主要实践路径,并总结其发展模式。研究发现:(1)鉴于自然环境与资源禀赋的相似性,农业产业发展主要以乡村旅游、果品经济为基础进行前期模仿;(2)改善农村基础设施条件、环境(土地)整治、盘活农村集体资产是乡村农业产业模仿阶段的主要举措;(3)引进社会资本,促进三产融合是乡村产业创新发展的必要条件;(4)引进新的生产要素,建立因地制宜的组织模式与产业发展模式,开拓农业价值链,成为乡村产业创新发展的重要举措。基于研究结果,建议通过慎重选择试点、做好产业规划,以及发挥政府力量来共同推进乡村产业发展,形成示范效应与学习效应,最终促成乡村产业发展从模仿到创新的转变,形成促进农民增收的长效机制。

关键词:社会学习;示范;乡村产业发展;模仿;创新

一、引言

党的二十大报告强调"加快建设农业强国,扎实推动乡村产业、人才、文化、生态、组织

[①] 基金项目:本文系国家社会科学基金重大项目"实现巩固拓展脱贫攻坚成果同乡村振兴有效衔接研究"(项目编号:21ZDA062)、国家社会科学基金重点项目"建立解决相对贫困的制度体系与长效机制研究"(项目编号:20AZD080)、西南大学农村经济与管理研究中心"坤元·创新团队"的阶段性成果。
作者简介:邹宝玲,女,西南大学经济管理学院、西南大学农村经济与管理研究中心副教授;研究方向:农村组织与制度、农村经济发展。

振兴"。乡村产业发展不仅能促进区域经济发展[1],也在脱贫攻坚战中表现出显著的增收效应[2]。为此,自党的十八大以来,乡村产业发展就成为实现精准脱贫的"五个一批"的措施之一。2018年,中共中央、国务院印发《乡村振兴战略规划(2018—2022年)》,并明确提出产业兴旺是重点,要求构建现代农业产业体系、生产体系、经营体系,实现农村一二三产业深度融合发展。2019年,国务院又印发了《关于促进乡村产业振兴的指导意见》,并强调了产业发展的重要性,即产业兴旺是乡村振兴的重要基础,是解决农村一切问题的前提。2021年中央一号文件还指出,到2025年,现代乡村产业体系基本形成。在政策的推进下,乡村产业在全国不少地方如火如荼地发展起来。但是乡村农业产业发展究竟如何实现?尽管不少乡村进行了实践探索,并走出了独特的发展路径,如建设现代农业产业园[3]、依托"互联网+"发展农村电子商务产业[4]、引入农业龙头企业构建农业产业体系[5]等。

但是,大部分乡村的农业产业化尚处于初级阶段,仍缺乏相对成熟的普适性的经验可供借鉴,在实践中还存在不少困境。第一,在组织层面,"三变"改革背景下的多样化股份合作成为壮大农村集体经济的重要路径,已经逐渐推广,但存在集体资产管理不善、股权设置不合理、利益分配制度不完善等运作问题[6];第二,在产业层面,农业产业体系、生产体系和经营体系都存在高质量发展痛点,如产业结构失衡、产业链效益低,以及产品竞争力不足、新型农业经营主体质量较低等问题[7];第三,在村庄层面,农户作为乡村振兴战略的实施主体与受益者,其参与度、支持度、满意度并不是很高[8]。而更严重的是,由于跨区域统筹规划的缺失,相邻地区农业环境相似导致农业产业结构趋同性较强[9]。由此,可以预见的是当前农业产业兴旺的景象背后存在农业产业发展过度竞争、农产品销售困难、资金资本盘活不足、产业盈利可持续性不强等风险。为了推进农业产业发展,已有研究强调了

---

[1] 梅燕、蒋雨清:《乡村振兴背景下农村电商产业集聚与区域经济协同发展机制——基于产业集群生命周期理论的多案例研究》,《中国农村经济》2020年第6期。

[2] 沈宏亮、张佳、郝宇彪:《乡村振兴视角下产业扶贫政策的增收效应研究——基于入户调查的微观证据》,《经济问题探索》2020年第4期。

[3] 李和平、张晓晓:《农户视角下现代农业产业园利益联结机制探析》,《农村经济》2019年第7期。

[4] 雷兵、刘蒙蒙:《农村电子商务产业集群的形成机制——基于典型淘宝村的案例分析》,《科技管理研究》2017年第11期。

[5] 刘刚、张泠然、殷建瓴:《价值主张、价值创造、价值共享与农业产业生态系统的动态演进——基于德青源的案例研究》,《中国农村经济》2020年第7期。

[6] 王晓娟:《农村社区股份合作制经济组织管理和运作模式分析》,《商业经济》2020年第4期。

[7] 夏显力、陈哲、张慧利、赵敏娟:《农业高质量发展:数字赋能与实现路径》,《中国农村经济》2019年第12期。

[8] 范建荣、龙寸英、石晨阳:《民族地区乡村振兴战略实施的重点及对策——基于农户评价的调研与思考》,《贵州民族研究》2020年第6期。

[9] 李民、贾先文:《扶贫攻坚背景下连片特困地区农业协同发展路径——以武陵山片区为例》,《经济地理》2016年第12期。

数字技术[①]、互联网[②]、农业技术[③]、知识网络与科技人才[④]的重要性,也强调了农业产业链组织发展的必要性[⑤]。然而在实践中,农业产业发展面临乡村的经济基础、资源禀赋、自然条件等方面的约束,并且农业具有自然再生产与经济再生产的两种特性,而农产品又具有生物特性,导致农业产业发展存在明显的区域性、产品个性。已有的研究较少综合阐述这些因素的影响,并且对于不同乡村之间的农业产业发展过程及其内在机理缺乏细致的讨论。

基于此,本文试图梳理目前我国西南地区的乡村产业发展模式,基于重庆、四川的乡村产业发展案例研究对乡村产业发展进行探索性分析。基于目前农村改革中广泛采用的示范工作方法,引入社会学习理论,从社会学习过程去分析乡村农业产业发展在探索阶段(学中干)与发展阶段(干中学)的主要实践举措。可能的贡献在于:一方面,能够通过案例分析更深入地说明乡村产业化发展的过程,并基于观察学习视角说明乡村农业产业发展怎么通过"学中干"进行模仿以及"干中学"实现创新;另一方面,通过不同区域的案例对比分析,进一步说明农业产业特性、资源禀赋与运作模式的匹配程度及其效益。这种探讨将深化关于乡村产业领域的现有成果,并为其他区域的乡村产业发展提供实践指导。

二、理论分析框架

(一)乡村农业产业化内涵与示范实践

农业产业包括农业的"第一、第二、第三产业",其中第一产业是指农业、林业的种植业与牧业、渔业的养殖业;第二产业是指为种植业、养殖业提供加工、制造、修理服务的加工业;第三产业是指为种植业、养殖业及其加工业而组织包装、保鲜、贮藏、运输、销售等服务的服务业。[⑥]农业产业化是基于一定的市场经济条件,整合农业生产的产前、产中、产后等

---

① 刘刚、张泠然、殷建瓴:《价值主张、价值创造、价值共享与农业产业生态系统的动态演进——基于德青源的案例研究》,《中国农村经济》2020年第7期。
② 张在一、毛学峰:《"互联网+"重塑中国农业:表征、机制与本质》,《改革》2020年第7期。
③ 聂高辉、严然、彭文祥:《非正规金融、农业技术创新对乡村产业升级的动态影响——基于状态空间模型的计量分析》,《华东经济管理》2020年第7期。
④ 严瑾、陈巍、丁艳锋、陈利根:《以科技支撑激发产业内生动力——来自南京农业大学产业扶贫的经验》,《南京农业大学学报》(社会科学版)2020年第4期;卢启程、梁琳琳、景浩:《知识网络嵌入影响农业集群企业成长的作用机理研究——以斗南花卉产业集群为例》,《科研管理》2020年第7期。
⑤ 周月书、王雨露、彭媛媛:《农业产业链组织、信贷交易成本与规模农户信贷可得性》,《中国农村经济》2019年第4期;周月书、王婕:《产业链组织形式、市场势力与农业产业链融资——基于江苏省397户规模农户的实证分析》,《中国农村经济》2017年第4期。
⑥ 韩连贵、李振宇、韩丹、吴庆岚、杨微、易继平、王恒、张照利、鲁川:《关于探讨农业产业化经营安全保障体系建设方略规程的思路》,《经济研究参考》2013年第3期。

环节,构建完整的产业系统,以此实现种养加、产供销、贸工农一体化经营。[①]因而,农业产业化可视为农业产业市场化、运作企业化、形态一体化和发展规模化的过程[②],表现为以专业市场组织农民,形成有竞争力的地方产业[③]。

由于农村异质性比较大,乡村农业产业化实践中并没有形成一致的发展规律,而是在适应社会经济环境的变化中,农业产业发展形成了"公司+农户""公司+合作社+农户""公司+新型农业经营主体+农户"等多种模式,并在不同地区取得了不同的成效,形成了一系列典型示范区。特别地,在2019年国务院所印发的《关于促进乡村产业振兴的指导意见》的方向指引下,农户与其他经营主体的契约式、分红式、股份式新型合作在一些地方逐步开展了试点示范工作。而这些农业产业发展的典型示范、试点示范工作正好诠释了我国改革发展的重要机制,即示范创建。示范介于理论与实践之间,表达的是"摸着石头过河"来解决问题的一种方式,具体操作可以分为三个步骤:(1)寻找一个试点,据此识别制度运行过程中的影响因素和内在机理;(2)以试点提升打造示范机制,通过示范推广引领、带动社会发展;(3)评估示范的社会效益及其限度,优化示范机制,提升其影响力。[④]已有研究指出典型示范自古有之,但主要是在新中国成立后,成为广为接受和遵循的工作方法和政治治理方式,主要原因在于国家对社会的动员与控制能力、社会整合能力较弱。[⑤]那么,在现阶段,在农村阶层分化明显,精英文化与大众文化分裂严重的情景下[⑥],乡村产业发展所需的各类资源面临较大的统筹、整合困难,更依赖于示范机制在此发挥重要作用。

(二)社会学习与乡村农业产业发展

在乡村农业产业发展中,示范效应得以发挥的重要一环便是学习。学习是由经验得来的相对持久的行为或行为潜能的变化,由此能够使人适应社会和自然环境。在社会学习理论中,除亲身体验之外,人类行为的学习大部分是对其余人行为的观察,观察学习主要包括四个过程:注意、保持、动作产生和动机过程。具体来说,就是学习者首先注意到被学习的对象或者学习榜样;然后在观察学习过程中将获得的新的内容进行记忆,称之为保持是因为这种记忆可能在一定的情景下也能够被激活;接着就是动作的产生过程,即再现榜样的行为动机的产生;最后是动机过程,即学习者对榜样的模仿的行为动机被激发,接

---

① 江泽林:《机械化在农业供给侧结构性改革中的作用》,《农业经济问题》2018年第3期。
② 姜长云:《农业产业化组织创新的路径与逻辑》,《改革》2013年第8期。
③ 黄思:《乡村振兴战略背景下产业振兴路径研究——基于一个药材专业市场的分析》,《南京农业大学学报》(社会科学版)2020年第3期。
④ 李若青、赵敏:《塑造示范:民族团结进步创建的"结构—行动"实践解释》,《北方民族大学学报》2021年第3期。
⑤ 冯仕政:《典型:一个政治社会学的研究》,《学海》2003年第3期。
⑥ 周君银:《农村阶层分化及其利益差异——基于扶贫资源精准配置的视角》,《学理论》2019年第3期。

着才会进一步进行实践,实现有效的社会学习。[1]

于乡村农业产业发展而言,社会学习在其中发挥的具体作用如下:(1)"注意过程"需要以示范运行的第一个步骤"寻找试点"为基础。这里的"试点"不仅包括政府部门所确立的农村改革试验区、乡村振兴示范区、乡村振兴"百千万"示范工程、全国"一村一品"示范村镇、全国乡村特色产业超十亿元镇超亿元村等典型,还包括更具体的现代农业产业园、特色农产品优势区等建设案例。这些典型示范区的创建在各类媒体的宣传报道、政府工作人员的实地考察活动,甚至乡邻之间的交流中都可能引起不同地区的学习者的注意。(2)"保持过程"表现为学习者可能会通过观察,形成不同地区的农业产业发展路径的记忆,包括当地的农业资源禀赋、农业产业的选择、工商资本的进入与否、利益联结机制的构建等。(3)"动作产生"表现为学习者综合评估自己村内与农业产业发展相关的区位条件、要素资源等,萌发学习模仿其他地区农业产业发展路径的动机,等待合适的契机去实现。(4)"动机过程"即学习者在合适的契机下,将模仿动机转化为实际行动,对农业产业发展"试点"进行模仿,在一定程度上再现"试点"的发展路径。

在农业产业发展过程中,在学习者的有限理性假设下,模仿往往成为简单而有效的方法,也是相对安全的策略。因此,乡村农业产业的发展最开始是寻找"试点",进行"学中干"模仿性的落地,尤其是模仿资源禀赋、自然环境相似的地区的政策制定、组织培育与产业规划等内容。而后,在当地的乡村农业产业发展过程中,学习者可能会进一步评估示范"本土化"实践带来的社会效益及其限度,通过实践的经验总结来不断优化产业发展行为,或者根据当地的特色资源和相较于其他地区的比较优势进行产业结构调整等,提升农业产业发展效率,实现示范机制优化,这也就是"干中学"。机制优化可能源于借鉴不同地区农业发展经验的模仿性创新,也可能是学习者的自主性创新。

综上所述,在目前示范实践广泛运用于农村改革的背景下,乡村农业产业发展可以主要被视为一个"寻找试点—示范机制—优化机制"的过程,而其中发挥关键作用的是社会学习,通过"学中干"或者"干中学",乡村农业产业发展得以在模仿与创新中不断推进。具体如图1所示。

---

[1] 彭华民:《人类行为与社会环境》,北京:高等教育出版社,2016年。

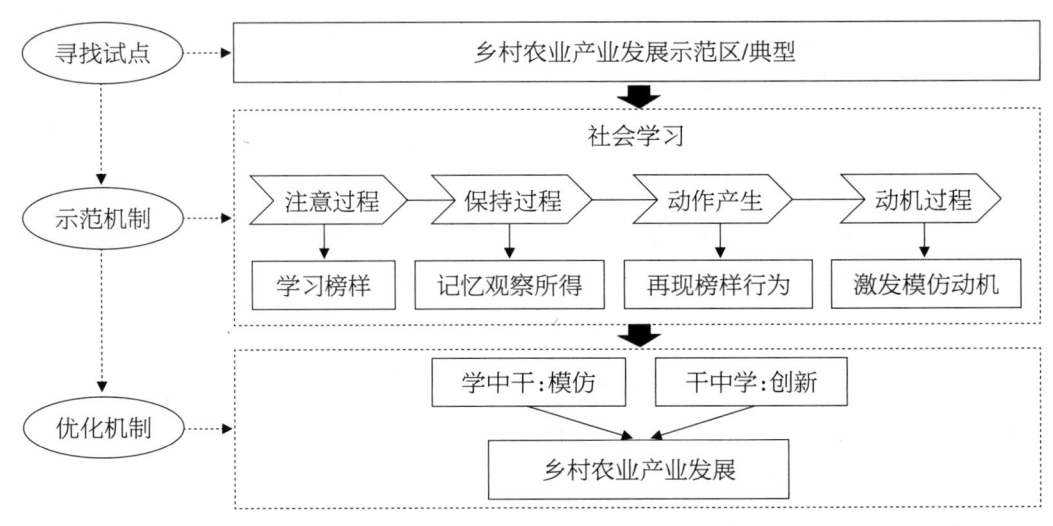

图1 社会学习视角下的乡村农业产业发展逻辑

三、研究方法与数据采集过程

(一)研究方法

案例研究属于质化研究中的一种方法,也是当代社会科学重要的研究形式之一。[1]案例研究方法适宜进行探索性研究,解答"如何"的问题,旨在"发现逻辑"。[2]并且案例研究能够深入考察现象的丰富性,进而对现象进行翔实且深刻的描述。[3]由于案例研究不仅具有探索性功能,还兼具描述性与解释性功能,使之成为在面对复杂的问题与多元情景下最合适的研究方法。[4]因此,考虑到乡村农业产业化发展面对的社会环境与现实情境比较复杂,而且存在区域性差异,因而本文采取案例研究方法以达到本研究目的。另外,相比于单一案例,由多个案例研究更可能观察到不同行为的差异性,进而辨析行为的影响因素[5],由此所推导出的研究结论可信度高、可靠性更强。本文进一步使用多案例研究方法进行乡村农业产业发展过程的探索与比较分析。

---

[1] Yin R. K., *Case Study Research Design and Methods* (4th ed.),(Los Angeles:Sage Publications,2009).
[2] 林艳、李慧、张晴晴:《机会创新性、资源拼凑模式与初创企业绩效关系——基于扎根理论的多案例研究》,《科学决策》2018年第12期。
[3] Tsui A. S.,"Taking Stock and Looking Ahead:MOR and Chinese Management Research," *Management and Organization Review* 3, no. 3 (2007):327-334.
[4] 陈晓萍、徐淑英、樊景立:《组织与管理研究的实证方法》(第二版),北京:北京大学出版社,2012年。
[5] Lambert C. and Sponem S.,"Roles, Authority and Involvement of the Management Accounting Function: A Multiple Case-study Perspective," *European Accounting Review* 21, no. 3 (2012):565-589.

(二)研究样本

本文目的在于讨论乡村农业产业发展中的社会学习实践,为此,所选择的研究区域有两个基本特征:①乡镇地区及以下地区;②已经或正在发展农业产业。依照这两个基本特征,并且为了能够对不同发展阶段以及不同产业发展模式进行比较分析,并考虑样本区域的农业产业特征,本文样本选择了重庆市潼南区太安镇、塘坝镇,重庆市江津区龙华镇,以及四川省遂宁市大英县卓筒井镇、隆盛镇,除了太安镇选取两个代表性村庄外,其他乡镇各选择一个代表性村庄开展实地调查。样本村庄的基本情况与目前的产业发展情况如下。

1. 太安镇罐坝村

罐坝村位于太安镇西南,面积7.3平方千米,辖11个村民小组,总人口4352人。耕地面积6107.8亩(其中水田4320亩,旱地1787.8亩)。村民收入主要来源于蔬菜种植、水产养殖、观光旅游。2007年以来,通过积极引进企业发展种植养殖,以农旅结合等方式,努力实现村民致富增收。罐坝村是第四批全国美丽宜居村庄之一,2016年入选中国美丽休闲乡村之列,荣获"全国休闲农业和乡村旅游示范区"荣誉。近年来,依托良好区位优势,引进各类农业企业30余家、餐饮店10余家,为贫困户提供各类工作岗位110余个,就业贫困户人均收入增加3000余元。全村有建档立卡贫困户70户209人,目前已全部脱贫。

2. 太安镇蛇形村

蛇形村位于太安镇东北,面积7.1平方千米,辖7个村民小组。总人口806户,2816人,其中原有贫困户103户337人,曾是全区50个贫困村之一。全村耕地面积5904亩。该村引进重庆园凡农业发展有限公司,建成田园综合体600余亩,年吸引游客5万人次。蛇形村获批重庆市规划和自然资源局首批国土综合整治的试点项目,已顺利实施3000亩国土整治项目,为下一步发展山地蔬菜、鱼虾养殖产业打下基础。目前,全村建档立卡贫困户已全部脱贫。近期,蛇形村引进了潼南区农业科技投资(集团)有限公司进行产业化的果园投资,栽种沃柑、桃子和李子等经济果林;待两年后将整体移交给村集体。村民以地入股,参与管理经营,按股分红。

3. 塘坝镇天印村

天印村位于马鞍山下、琼江河畔、印天湖旁,距渝遂高速潼南东互通口5千米、潼荣高速塘坝互通口2千米,面积8.6平方千米,总人口4326人。近年来,天印村深入实施乡村振兴战略,以打造"枳海桑田"田园综合体为抓手,加快推进农业农村现代化,先后获评全国首批"绿色村庄"、重庆市"十大特色乡村"、重庆市"三变"改革试点村、重庆新诗学会创作基地、重庆市民主法治示范村,是国家现代农业示范区重要组团、市级现代农业产业园核心区。天印村现有3个专业合作社,6家规模农业企业,并且形成了西南地区最大的标准化枳壳产业园,进行规模化种植,还建有潼南区特色农产品初加工园。天印村有自己的电商中心,19个村级电商服务站。

4. 龙华镇双溪村

双溪村位于江津区西南部、长江东南岸边,距江津区城区路程17.5千米。双溪村由原联合、双溪、大河三个村合并而成,面积9.87平方千米,属浅丘陵地带,土壤肥沃,气候温和。耕地面积5180亩,下辖3个经济合作社,有2149户4688人。该村被评为重庆市民主法治示范村、江津区基层组织建设示范村,村党支部被评为江津区先进基层党组织。双溪村在统筹城乡改革发展过程中,"双溪巴渝新居建设工程"被确定为"江津区重点工程项目"。2016年,双溪村被确定为农村集体资产量化确权改革试点村。全村现有成规模的蔬菜基地1000多亩,柑橘300多亩,花椒800多亩,入驻企业3家。

5. 卓筒井镇为干屏村

为干屏村位于卓筒井镇西南部,距离卓筒井镇政府驻地2.6千米,全村864户,总人口3527人。2019年,为干屏村入围全国乡村旅游重点村,并入选国家森林乡村。2020年,该村入选四川省乡村旅游重点村,入选文化和旅游部第二批全国乡村旅游重点村公示名单。为干屏村从2006年开始发展油桃产业,位于卓筒井镇万亩桃园核心区。2017年1月,该村成立了翠口香桃农旅产联式专业合作社,让乡村旅游落地桃园,全村有260余户种植户加入,其中73户为贫困户(现已全部脱贫)。围绕花期包装旅游项目,为村民量身定制参与方案,是合作社的首要工作。

6. 隆盛镇土门垭村

土门垭村距离场镇1.5千米,面积4.2平方千米,全村共有20个村民小组,991户,总人口2963人,外出务工人员1480人。全村耕地面积2799亩,其中水田1600亩,土地1199亩,堰塘10口,电灌站2个,村道路9千米,社道路6千米。土门垭村是四川省遂宁市乡村振兴示范村,有一定的产业基础,主要产业是土地流转种植中药材和水果。大英县于2017年招商引资,引进遂宁德创源农业科技有限公司,在土门垭村建成刺梨标准化核心示范基地1250亩,带动全县8个乡镇19个贫困村发展刺梨种植4070亩。2019年,村集体经济收入达42850元。

(三)资料采集过程说明

本文资料既包括实地调研与访谈所获得的一手资料,也包括其他渠道获得的二手资料。一手资料主要是在2020年7月,通过实地考察、座谈会,并结合面对面访谈而获得,具体包括:

(1)课题组为了解农村土地流转、农村集体产权改革,以及乡村振兴的主要举措与困境,选取了表1所示的6个样本村庄展开田野调查,通过对种植基地、养殖基地、产业园、电商中心、田园综合体等现场考察,掌握农村土地流转、乡村产业发展与集体产权改革的现状与成效;(2)课题组与样本村庄所属的行政区划的区县政府相关工作人员、乡镇政府工作人员及村委会负责人开展座谈,进一步了解目前乡村振兴的工作进展、成效、面临的现实问题等。收集的二手资料包括:(1)政府官网与新闻媒体关于样本村庄的报道;(2)直接从样本村庄村委会获得的相关材料;(3)样本村庄产业园区、田园综合体等宣传栏中的介绍资料。

四、案例分析

基于社会学习视角,本文将主要从乡村产业的"学中干"起步模仿到"干中学"的升级创新发展对样本村庄进行案例分析,以归纳出样本村庄乡村产业发展的不同特征,以及乡村产业发展怎么与当地的产业基础、资源优势结合起来,并形成市场导向下具有组织性、规模性的产业发展态势。值得说明的是,按照计划行为理论[①],在行为控制认知的影响下,人们行为的发生会具有方向性,个人行为、机会与资源等实际控制条件会约束其行为。因而,乡村产业发展过程中的社会学习作为一种行为,其发生首先取决于村庄基层组织对乡村产业发展的认知和规划构思,从而形成其推动传统农业产业发展转型的行为信念、意向等,这些将构成行为动机;其次,行为动机对于行为的控制还受限于当地的实际条件,导致各个村庄的学习内容与模仿程度存在差异;最后,形成不同的产业发展结果。

(一)学中干:乡村产业起步的模仿实践

样本村"学中干"的具体实施可以归纳如表1所示。从表1可见,样本村庄的农业产业发展的起步阶段在很大程度上取决于当地的自然环境与资源禀赋,产业选择也相对保守,主要是传统的种植业与水产养殖,而且产业结构比较相似,以传统种养业为主。具体说明如下。

1. 自然环境接近,适宜发展山地农业

重庆市地貌以丘陵、山地为主,其中山地占76%,而四川省遂宁市大英县浅丘和深丘也占了较高的比例,而且均属于亚热带湿润季风气候,境内气候温和,雨量充沛,雨热同季。相近的地理环境与气候条件,使得样本村庄所属区域更适合种植果树与中药材。因此,水果种植以及以水果种植为基础的景观旅游成为不少村庄乡村产业发展的选择。

---

① Ajzen I., "The Theory of Planned Behavior," *Organization Behavior and Decision Processes* 50, no. 2 (1991): 179-211.

2. 资源禀赋相似，劳动力短缺是难题

农业产业的发展需要基本的生产要素——土地资源、劳动力资源与资本。从上一节的村庄基本情况的介绍可以看出，农村的土地资源还算比较多，但是其中罐坝村、蛇形村曾是贫困村，其他几个村庄原有的产业基础比较薄弱。这样的村庄往往由于中青壮年劳动力外出而出现农业劳动力短缺，而且也面临人才流失问题。

3. 产业选择保守

相对于劳动密集型的蔬菜作物或者水稻、玉米而言，种植生产周期比较长的果树可能是更好的选择。而且在果树品种的选择上，也多为常见的水果，例如桃子、柠檬、柑橘等。水产养殖则主要是鱼虾。

表1 样本村乡村产业发展的起步模仿阶段（学中干）

样本村庄	学习动机	学习条件	学习内容	学习结果
罐坝村	脱贫致富	具有地理优势，适合种植养殖	集体资产股份制改革；改善基础设施；整治流转土地，建设耕作道路、排灌管网；引进农龙、弘艺、瀚霏等龙头企业11家	形成蔬菜、生猪、苗木三大主导产业，常年提供就业岗位1000余个
蛇形村	脱贫致富	丘陵山地，水域面积多	集体资产股份制改革；国土综合整治，新建排灌沟渠和生产便道工程；成立潼南区乡水百荷种植专业合作社，统一组织生产，统一供应生产资料	夯实乡村产业发展的基础设施；建成沃柑、桃子、李子等种植基地
天印村	产业兴旺，农业农村现代化	国家现代农业示范区重要组团、潼南"塘坝田园综合体"的核心区	2019年开始实施"三变"改革，通过资源、资产、资金、劳动力等入股	盘活集体资产，形成中药材、苗木、花卉、小龙虾等特色产业
双溪村	产业兴旺，促进农民增收	村里有种植蔬菜传统，专供永辉超市	实施集体资产股份制改革；进行水土流失治理；引入业主，规模化种植	建成长江柑橘带种植基地及核桃、花椒等种植基地
为干屏村	产业兴旺，促进农民增收	所在镇有10年桃树种植历史，正打造万亩桃园、万亩橙海	组建桃果种植专业合作社，形成规模化的桃果林；成立农旅专业合作社，打造桃园主题景区	发展桃果产业及以桃花为主题的乡村旅游
土门垭村	产业兴旺，促进农民增收	丘陵地区，人均7分①地	集中转出土地给企业，引入业主4家，覆盖乡村旅游、中药材、经果产业	建成刺梨种植基地，天门冬、黄精、三七等多种中药材种植基地，红豆杉、杷杷柑、红心猕猴桃等种植基地

基于样本村庄的实践，可以将乡村产业发展的"学中干"起步模仿阶段的主要路径归

---

① 分：土地面积单位。1分≈66.7平方米

纳为图2所示。具体而言,产业兴旺是实现乡村振兴的基础,特别是对于一些尚未形成产业基础,而主要依赖传统农业的低收入村庄,乡村产业的发展能够有效地带动农村发展,促使农民脱贫致富。在这样的学习动机下,农村基层组织(村两委)会以乡村产业发展的示范村为参照,综合分析本村产业发展的条件,如地理区位、自然环境、资源禀赋等。在明确乡村产业发展基础与比较优势的基础上,农村基层组织可以研判本村产业发展方向。因而大部分村庄会以种养业为基础,推动种养业的规模化、组织化、集约化发展,通过传统农业向现代农业的转型,减少农业生产成本,提升农民收入,提高农业效率,最终推动农业发展。在传统农业改造的浪潮下,部分农村实行了"资源变资产、资金变股金、农民变股东"的"三变"改革,以盘活村集体资产,吸引社会资本加盟;同时,整合农村土地资源,进行土地的综合整治与集中流转,改善基础设施,为种养业的规模化、集约化经营奠定物质基础。模仿学习的结果主要是盘活了农村集体资产,使农业资源变为资产,成立了与乡村产业发展紧密相关的农民专业合作社或农村土地股份合作社,同时吸引了一些企业入驻,共同推动农业现代化发展。

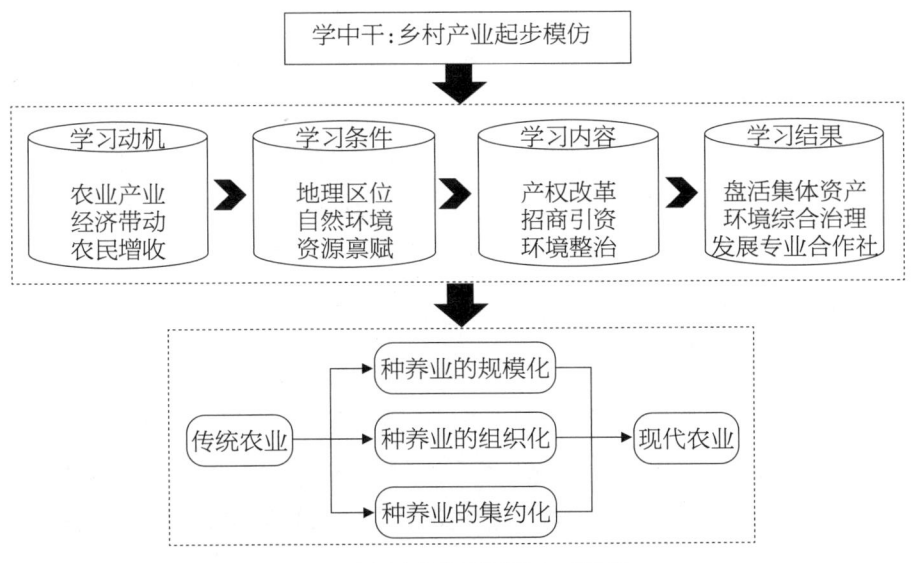

图2 乡村产业发展的"学中干"路径

(二)干中学:乡村产业的升级创新实践

在乡村产业发展的起步阶段,大部分村庄都是基于相似的资源禀赋与环境条件发展种养业,往往容易造成农业产业结构趋同现象。进一步地,一旦周边县区竞相模仿,发展起类似产业,向市场供应同类农产品,那么就很容易导致"供大于求"情景下的农产品价格下跌、产品销售难等问题。在意识到市场风险的情况下,优化产业结构,引入新的生产要素,实现农村农产品提质增效、农村产业提档升级、产业价值链条相对延长,是不少村庄在

"学中干"形成一定产业基础的前提下,通过"干中学"实现转型升级、创新发展的主要路径。同时,由于不同的村庄在"学中干"过程中战略本土化的成效不同、农业转型发展的程度不同,在该阶段不同的村庄面临不同的发展困境,试图创新的方向与强度也不同。总体上,样本村的"干中学"的具体实施可以归纳如表2所示。表2反映了村庄在推动乡村产业升级、创新实践中的3个特点。

1. 农业产业的趋同性倒逼乡村产业提档升级或结构优化

降低趋同性需要实施差异化战略,包括产品质量、品牌、服务等多个层面的差异化。差异化战略的实施依赖于独特的要素投入、技术研发、严格生产作业、营销管理等。因而,可以看到部分村庄如罐坝村引入西南大学科研团队提供技术指导,为干屏村也得到了大英县政府所聘请的石河子大学教授和3个大英县专家的技术支持,来实现产品品质的差异化。此外,双溪村减少花椒种植,增加特色经果种植,以及土门垭村扩大刺梨的种植面积,就是走产品差异化路线。

2. 社会资本的投入是必要条件

社会资本的投入有利于开发市场经济潜能,融合人才、技术、管理等现代生产要素,为农业农村带来新活力,推动现代农业生产体系、产业体系和经营体系的建设。可以看到样本村所引进的社会资本,一方面推进了规模化、标准化、品牌化、生态化的现代种养业的发展,如万亩桃园、万亩橙海等各类种植基地;另一方面,参与乡村新型服务业发展,如乡村旅游、休闲农业、餐饮民宿等,综合开发利用农村生态、文化等资源,推动农商文旅融合发展。

3. 三产融合,推进"三链重构",培育新业态是创新的主要方向

在改造升级传统农业的基础上,通过培育农产品加工行业、发展电子商务等打通供应链,拉动乡村旅游发展,成为不少村庄进一步推动三次产业融合的战略选择。例如,土门垭村进行中药材、刺梨的深加工等,实现一、二次产业融合发展;为干屏村每年3月举办桃花美食节,实现二、三次产业融合发展;罐坝村探索"田园经济模式";蛇形村借助社会资本打造"香水百荷"田园综合体等实现一、三次产业融合发展。在产业融合发展过程中,产业链的延伸推动了价值链、供应链的重构,伴随着不同的组织模式创新,优化利益分配链,如罐坝村的"龙头企业+专业合作社+基地+农户"的产业经营模式,为干屏村的"产联式合作社"的运作模式,天印村的"村集体+农户+基地"的经济联合社模式等。

表2 样本村乡村产业发展的升级创新阶段（干中学）

样本村庄	创新动机	创新条件	创新内容	创新结果
罐坝村	提升资源综合开发利用与管理能力	社会资本投入，西南大学农业科学技术支持，村集体经济支持	①组织模式：集体经济组织与社会资本共同成立观光公司；采取"龙头企业+专业合作社+基地+农户"的产业经营模式 ②产业价值链：探索"田园经济模式"，定位乡村休闲旅游度假区，建立现代农业、新农村景点，承办博览会、美食节等	形成吃、住、游、玩一体的"潼南农家"、家庭农场等特色品牌
蛇形村	进行产业布局规划，优化产业结构	国土综合整治的落实，社会资本投入，村集体经济支持	①组织模式：引进重庆园凡农业发展有限公司，流转土地，打造"香水百荷"田园综合体；引进潼南区农业科技投资（集团）有限公司进行产业化的果园投资 ②产业价值链：打造"九丫"品牌香米和太空莲子	建成集观光、度假、游玩、餐饮、工艺等于一体的综合项目
天印村	全面实现乡村振兴	社会资本投入，政府试点项目支持，村集体经济支持	①组织模式：引进印天湖和古传农业两家公司，发展中药材产业；成立经济联社，以"村集体+农户+基地"的模式发展特色经果、苗木花卉、名优水产等产业 ②产业价值链：成立重庆天印市场服务有限公司，建立电商中心；引入重庆汇达柠檬科技集团有限公司，实现柠檬深加工 ③软实力：实施"增美添绿"工程，建成潼南首个乡情馆，展示农耕乡土文化，打造天印石、天印新村、幸福长廊等特色地标	打造立体循环观光农业，培育新型商贸业态，延伸产业链、价值链，从产业、文化、生态等方面实现乡村振兴
双溪村	提升产业市场竞争力，调整产业结构	专业户培育，村集体经济支持	①组织模式：每个村社专营一个经果品种；土地尽量不外流，培育本土专业户，降低风险 ②产业价值链：减少花椒种植，增加特色经果种植；发展农家乐、休闲农业	壮大集体经济，发展适销对路的特色经果产业
为干屏村	提升产业竞争力，延伸价值链	社会资本投入，政府聘请石河子大学教授、3个本地专家提供技术指导，村集体经济支持	①组织模式：种植业采用"产联式合作社"运作模式①，旅游业采取"旅行社+乡村旅游合作社+农户"模式 ②产业价值链：举办桃花美食节，生产桃胶、桃花糕饼等产品；技术指导下果品品质改良，产业提档升级	壮大以桃果为主导的村集体经济，提升产业竞争力，丰富产业业态

① 以大英县翠口香桃农旅产联式专业合作社为例，具体操作就是政府投入200余万元修建冻库、生产旅游便道等基础设施；农户以土地和1元/棵果树资本投入；9个村以2万元/村的标准投入资金18万元；工商企业投入7.5万元，建立农资超市；村集体和工商企业共同经营冻库和农资超市，共同承担经营风险，并以6000元/人的标准，为每个村聘请1名专业技术员。合作社将冻库和农资超市的经营利润按照4:3:2:1的比例分配给农户、工商企业、村集体、合作社。资料来源：大英文旅获评全国乡村旅游重点村的大英县卓筒井镇为干屏村，"幕后"有哪些值得我们关注？（发展经验篇），(2020-11-27)[2023-08-31], https://baijiahao.baidu.com/s?id=1684415477475051293&wfr=spider&for=pc.

续表

样本村庄	创新动机	创新条件	创新内容	创新结果
土门垭村	增强产业带动能力,控制产业风险	社会资本投入,村集体经济支持	①组织模式:村民提供土地与劳动力,平台公司提供生产资料并收购农产品,村集体投入资金共同成立股份合作社;村集体理性招商引资,防范规模过大的经营风险;引进的公司与刺梨种植户建立以契约为纽带的风险对赌机制,设立产业发展保障基金,为农民收入兜底 ②产业价值链:刺梨与中药材的深加工,以经果采摘为主的休闲农业	产业长效发展,可持续地促进农民增收

从样本村庄的实践可以发现,乡村产业中可预见的危机及与示范村的差距成为乡村产业升级创新发展的压力,也是激发乡村基层组织在实践中进行自我学习、做出改变的动力。在强烈的行为意向下,一旦具备足够的创新条件支持,如上级政府的项目支持,社会资本的投入、现代化要素的引入、村集体经济的支持等,将推动产业升级创新的实施。由此,可以将乡村产业发展的"干中学"升级创新阶段的主要路径归纳为图3所示。乡村产业的创新发展主要基于规模化、组织化的农业产业,通过社会资本的投入与集体经济的支持,集聚市场化要素,推动农业"接二连三",进而延伸产业链、价值链,深化产业融合。乡村产业的升级创新本质上也是农业功能不断拓展的过程,从以产品功能为主,逐渐转变为重视生态、文化等功能的开发,这与乡村振兴战略的实施路径——以产业振兴为基础,推进人才振兴、文化振兴、生态振兴、组织振兴,进而实现乡村全面振兴是高度一致的。

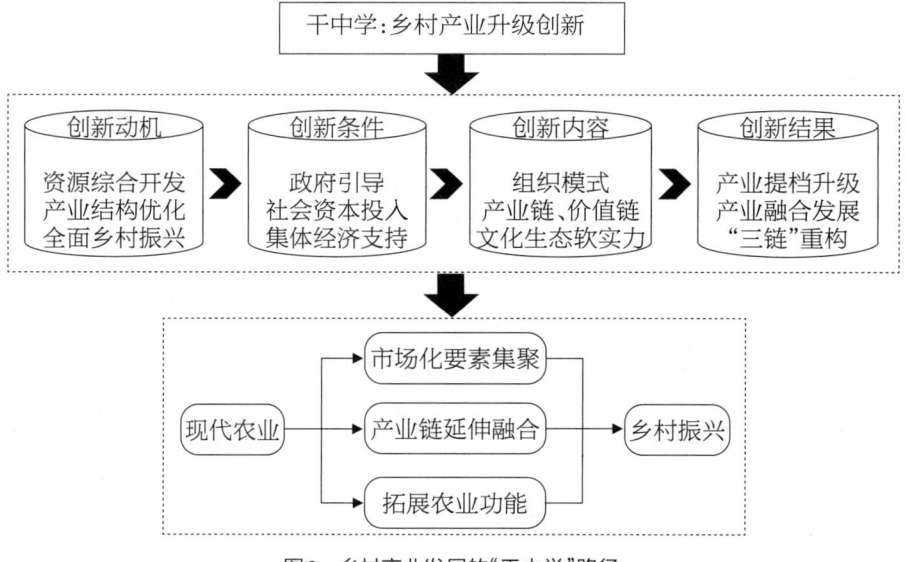

图3 乡村产业发展的"干中学"路径

五、结论与政策启示

(一)结论

本文从聚焦农业产业发展,考虑到目前农村改革主要以示范创建的工作方法推进,那么在乡村农业产业发展中示范效应同样存在。基于此,本文引入社会学习理论,沿着"寻找试点—示范机制—优化机制"的思路,阐释乡村农业产业发展的社会学习过程,并通过案例分析,验证乡村农业产业发展通过"学中干"或者"干中学",得以在模仿与创新中不断推进。通过探讨乡村农业产业发展的模仿与创新实践的具体举措,得出以下结论。(1)由于自然环境与资源禀赋的相似性,乡村产业发展主要是基于传统农业,推进种养业的规模化、组织化、集约化,使传统农业向现代农业转型,可视为"学中干"的模仿阶段。(2)为了促进农业现代化,改善农村基础设施条件,进行环境(土地)整治,并且盘活农村集体资产,是重要的基础性工作。(3)农业产业的趋同性与市场竞争迫使乡村产业升级、创新发展,必须需要社会资本参与,才能实现这一目标。(4)根据实际条件,村庄会以市场为导向,适度调整产业规模与结构,引入新的生产要素,推进产业融合发展,拓展产业链、价值链,开发农业多重功能,从而实现"干中学"式乡村产业升级、创新发展。(5)乡村产业升级与创新发展的目的在于可持续地促进农民增收,因而村庄会对农业产业模式中的利益联结机制进行优化,形成具有地域特色的组织模式与产业发展模式。

相对于已有研究,本文强调在目前我国农村改革推进工作中的示范创建背景下,乡村产业发展中的社会学习作为示范效应形成的关键一环,在乡村产业发展推进乡村振兴的实践中具有重要意义。同时,运用社会学习理论,结合计划行为理论,从乡村农业产业发展的"学中干""干中学"过程剖析乡村产业发展的内在逻辑,能够更好地揭示乡村产业发展随着社会环境、市场环境的变化所呈现出的进行适应性被动学习以实现模仿的过程,以及开展主动性学习,实现自我调整、自我创新的过程。

(二)政策启示

基于本文的研究结论,主要的政策启示如下:

第一,慎重选择试点,增强示范的正向激励。试点选择关乎学习与模仿对象,是社会学习能否成功的重要基础。乡村产业发展要避免仅关注"试点"成功创建的结果,而忽略了乡村产业发展所需的要素条件与营商环境。这意味着学习者须立足于本村的资源禀赋情况,避免选择差距过大的示范村,而应当选择与本村条件相似的一些示范村作为学习对象,强化示范的正向激励。

第二,做好产业规划,实现有效的"学中干"模仿。乡村产业发展强烈依赖于地方性的自然生态资源,因而行业选择与产业规划要求遵循因地制宜原则。换言之,政府与村集体经济组织要将农业生产的自然特性和农产品的生物特性融合起来,避免盲从"试点"或者生搬硬套。以此明确能够从中模仿的产业发展内容,能够在本村再现的"试点村"的内容。

第三,从模仿到"干中学"的创新转变,不仅依赖于前期"学中干"的经验积累、产业基础等,还需要借助政府的力量,有效引入社会资本参与到乡村产业链的延伸、拓展中,从而实现乡村产业发展的质量提升与"三链"优化。同时,在社会资本的介入下,政府需要关注乡村产业发展的出发点,即促进农民增收,更好地实现共同富裕,所以在小农户和新型农业经营主体之间,要做好利益联结工作,完善利益分配制度,平衡好小农户与其他新型农业经营主体之间的利益诉求,构建起乡村产业发展的长效机制,可持续地促进农民增收。

From "learning to do" to "learning by doing": Perspective of the social learning path of rural industry development

Zou Baoling [1,2]

(1. College of Economics and Management, Southwest University, Chongqing 400715; 2. Research Center of Rural Economy and Management, Southwest University, Chongqing 400715)

Abstract: The development of rural industry is an important foundation for rural revitalization. The agricultural development models of six administrative villages, including Guanba village, Shexing village, Tianyin village, Shuangxi village in Chongqing Municipality, and Weiganping village, Tumenya village in Sichuan Province, are studied in this research. By adopting multi-case analysis method, the main practical paths of agricultural development in the imitation stage (learning to do) and innovation stage (learning by doing) are analyzed from the perspective of Social Learning, then the development models are summarized. The research findings are as follows: First, in view of the similarity of natural environment and resource endowment, the agricultural development is mainly based on rural tourism and fruit economy in the imitation stage; Second, improving the rural infrastructure, renovating the environment (land) and revitalizing the rural collective assets are the main measures in the imitation stage; Third, introducing social capital and promoting the integration of "three industries" are necessary conditions for the innovative development of rural industries; Fourth, introducing new production factors, building an organization model and industrial development model with regional characteristics, and expanding the agricultural value chain, are important measures for the innovative development of rural industries. Based on the research results, it is suggested that the pilot project should be carefully selected, industrial planning be well made, the rural industry development be jointly promoted through government's efforts, creating demonstration effect and learning effect. Eventually, it will promote the transformation of rural industry development from imitation to innovation, and form a long-term mechanism to increase farmers' income.

Key words: social learning; demonstration; rural industry development; imitation; innovation

互联网使用对农民经营性收入的影响[①]

李丽莉[1]　张忠根[2]　曾亿武[3]

（1.杭州电子科技大学经济学院，浙江杭州 310018；2.浙江大学公共管理学院，浙江杭州 310058；3.杭州师范大学经济学院，浙江杭州 311121）

摘　要：经营性收入是农民收入的重要来源，确保农民经营性收入有较快和稳定的增长对促进共同富裕具有积极意义。随着农村互联网的不断普及，农民经营性收入增长迎来新动力。中国家庭追踪调查数据的研究表明，互联网使用显著促进了农民经营性收入增长，在各种互联网使用行为组合中，"高工具性—低情感性"互联网使用的经营性收入增长效应最大；互联网使用扩大了农民内部经营性收入差距；互联网使用通过促进信息获取、提升人力资本和丰富社会资本三个路径产生农民经营性收入增长效应。政府应注重提高农民数字素养，引导农民适当调整互联网使用行为，增加工具性互联网使用时间，减少情感性互联网使用时间，并加大对农村低收入群体的政策倾斜力度，从而更加充分释放互联网的赋能增收作用。

关键词：互联网使用；行为组合；农民收入；经营性收入

一、引言

改革开放以来，我国农民收入水平有了显著提高，但是农民持续增收乏力、城乡收入差距较大等问题依然突出。增加农民收入，需要不断探寻新路径。信息化是人类经济社会发展的必然趋势。在"四化同步"的框架中，农业农村现代化是基础，而信息化贯穿于农业农村现代化的全过程，是发展智慧农业、建设数字乡村的关键。中国政府相继提出了"互联网+"和"数字乡村"等信息化发展战略，目的在于通过信息技术的普及与应用促进中

[①]　基金项目：本文系浙江省哲学社会科学规划"党的二十大和省委十五届二次全会精神研究阐释"专项课题（预立项序号：25）；浙江省自然科学基金项目（编号：LQ23G030007）；浙江省属高校基本科研业务费专项资金资助项目（编号：GK229909299001-216）的阶段性成果。
作者简介：李丽莉，博士，杭州电子科技大学经济学院副研究员，主要从事乡村振兴研究；张忠根，管理学博士，浙江大学公共管理学院教授、博士生导师，主要从事乡村振兴研究；曾亿武（通讯作者），管理学博士，杭州师范大学经济学院副教授，硕士生导师，主要从事农村电商、数字乡村、数字经济研究。

国经济全面、协调、可持续发展。最近十多年来,中国农村互联网经济发展迅速,互联网不断赋能农民,使用互联网日益成为促进农民增收的重要途径。[1]

按照收入来源,农民收入通常被分为工资性收入、经营性收入、转移性收入和财产性收入。其中,经营性收入受到互联网的影响最直接、最明显。[2]改革开放以来,经营性收入在很长一段时期里是农民收入的主要构成部分。随着工业化和城镇化的快速发展,越来越多农民外出务工并取得了较高的工资性收入,而经营性收入则相对增长缓慢,其占总收入的比重逐年下降。怎样在工资性收入稳步增加的同时,激发农民创业创新热情,确保经营性收入有较快和稳定的增长,成为新阶段促进农民增收亟待破解的重要难题。推动农民创业创新,对盘活农村资源、带动农村就业、促进乡村振兴和共同富裕具有重要的积极意义。随着农村互联网的不断普及,越来越多外出务工和求学人员选择返乡创业[3],农民经营性收入增长迎来机遇,这在局部地区已形成可直观的事实。

现有文献对互联网使用影响农民收入进行了研究,且主要从是否使用互联网的视角入手,探讨相对于未使用互联网的农民,使用了互联网的农民,其收入是否得到了提高。[4]开展电子商务是互联网的一项重要应用,部分学者对电子商务影响农民收入进行了研究[5]。现有文献普遍证实了互联网使用对农民收入的积极影响,并尝试发掘其背后的作用机制。但是,现有文献还存在局限性:其一,对互联网使用影响农民经营性收入的作用机制所进行的理论解释缺乏比较系统的框架和深入剖析;其二,对农民互联网具体使用行为

---

[1] Qi Jiaqi, Zheng Xiaoyong and Guo Hongdong, "The Formation of Taobao Villages in China," *China Economic Review*, 53 (2019): 106-127; Li Lili et al., "The Impact of Internet Use on Health Outcomes of Rural Adults: Evidence from China," *International Journal of Environmental Research and Public Health* 17, no. 18 (2020): 1-14.

[2] 曾亿武、郭红东、金松青:《电子商务有益于农民增收吗?——来自江苏沭阳的证据》,《中国农村经济》2018年第2期。

[3] 袁方、史清华:《从返乡到创业——互联网接入对农民工决策影响的实证分析》,《南方经济》2019年第10期。

[4] Burga R. and Barreto M. E. G., "The Effect of Internet and Cell Phones on Employment and Agricultural Production in Rural Villages in Peru," (Economics Department Working Paper, Universidad de Piura, 2014); Khanal A. R. and Mishra A. K., "Financial Performance of Small Farm Business Households: The Role of Internet," *China Agricultural Economic Review* 8, no. 4 (2016): 553-571;周洋、华语音:《互联网与农村家庭创业——基于CFPS数据的实证分析》,《农业技术经济》2017年第5期;刘晓倩、韩青:《农村居民互联网使用对收入的影响及其机理——基于中国家庭追踪调查(CFPS)数据》,《农业技术经济》2018年第9期;何学松、孔荣:《互联网使用、市场意识与农民收入——来自陕西908户农户调查的经验证据》,《干旱区资源与环境》2019年第4期。

[5] Zapata S. D. et al., "The Economic Impact of Services Provided by an Electronic Trade Platform: The Case of Market Maker," *Journal of Agricultural and Resource Economics* 38, no.3 (2013): 359-378;鲁钊阳、廖杉杉:《农产品电商发展的增收效应研究》,《经济体制改革》2016年第5期;李琪、唐跃桓、任小静:《电子商务发展、空间溢出与农民收入增长》,《农业技术经济》2019年第4期;苏岚岚、孔荣:《互联网使用促进农户创业增益了吗?——基于内生转换回归模型的实证分析》,《中国农村经济》2020年第2期;林海英、侯淑霞、赵元凤、李文龙、郭红东:《农村电子商务能够促进贫困户稳定脱贫吗——来自内蒙古的调查》,《农业技术经济》2020年第12期;邱子迅、周亚虹:《电子商务对农村家庭增收作用的机制分析——基于需求与供给有效对接的微观检验》,《中国农村经济》2021年第4期;宋瑛、谢浩、王亚飞:《农产品电子商务有助于贫困地区农户增收吗——兼论农户参与模式异质性的影响》,《农业技术经济》2022年第1期。

的关注还不够,在现实中农民会使用互联网开展多种不同的活动,并且通常是交替进行的,产生叠加效应,如果将互联网的每一项使用行为分别进行单独研究,可能会形成错误判断。对此,本文尝试在如下两个方面做出边际贡献。一方面,本文充分整合相关理论和现有文献提供的逻辑,从信息获取、人力资本和社会资本三个作用路径入手,构建互联网使用影响农民经营性收入的理论框架,并进行较为系统的机理阐释。另一方面,在实证分析过程中,本文提出一个互联网使用的"工具性—情感性"2×2类别框架,即将农民的互联网使用归结为工具性使用和情感性使用两种基本类别,根据使用频率的高低情况将农民的互联网使用划分成"高工具性—高情感性""高工具性—低情感性""低工具性—高情感性""低工具性—低情感性"四种行为组合,并采用中国家庭追踪调查(CFPS)三期面板数据和倾向得分匹配结合双重差分(PSM-DID)方法,实证研究互联网使用行为组合对农民经营性收入的影响效应。

二、理论框架与机理阐释

(一)互联网使用与农民经营性收入:概念界定及理论框架

互联网使用是指经济主体通过个人计算机、移动手机等终端设备连接到国际网络,进而使用国际网络开展学习、工作、采购、消费、营销、社交、娱乐等活动的行为总和。终端设备、国际网络和经济主体行为能力构成互联网使用的基础,三者缺一不可。互联网使用,属于微观个体层面的行为变量,既能够反映互联网作为一种基础设施的总体普及程度,又能够体现互联网作为一种技术工具的具体应用情况。互联网使用成为考察互联网赋能效应时最常见的核心解释变量,比互联网普及、互联网资源量、网站网页数量等其他视角的应用更加广泛。

农民经营性收入指农村住户或住户成员从事生产经营活动所获得的净收入,是全部经营收入中扣除经营费用、生产性固定资产折旧和生产税之后得到的净收入。与经营性收入密切相关的一个概念是创业收入。本文借鉴主流观点定义农民创业是指农民以家庭为依托,投入一定的生产资本,通过扩大现有的生产规模、从事新的生产活动、创建或参与新的组织、开辟新的市场等途径以实现财富增加和自我发展目标的商业经济活动。农民的生产经营活动既包括基于自家承包地的农业生产经营活动,也包括基于创业的生产经营活动。换言之,创业收入是农民经营性收入的重要组成部分,农民的创业收入增长也意味着农民的经营性收入实现增长,它既是影响农民创业收入的因素,同时也是影响农民经营性收入的因素。而互联网使用对农民生产经营活动的影响,既包括影响基于自家承包地的农业生产经营活动,也包括影响基于创业的生产经营活动。

理论与实践表明,互联网使用具有赋能作用,而农民经营性收入增长面临一些约束。基于相关理论和文献提供的逻辑,本文通过将互联网使用的赋能作用与农民经营性收入增长面临的约束进行整合与对接,构建出互联网使用影响农民经营性收入的理论框架(如图1所示)。该理论框架以信息贫困理论、信息搜寻理论、动态能力理论、人力资本理论、社会资本理论为理论基础,紧扣客观现实情况,提出如下核心思想:农民经营性收入增长主要面临信息贫困、能力不足、机会缺乏三大约束,而互联网使用具有促进信息获取、提升人力资本和丰富社会资本的赋能作用,能够助推农民突破这三大约束,进而获得更高水平的经营性收入。

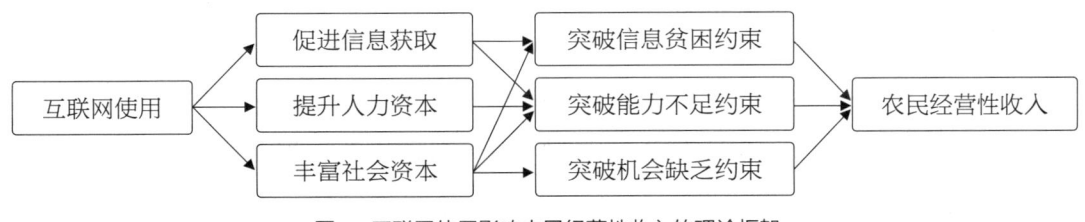

图1 互联网使用影响农民经营性收入的理论框架

(二)互联网使用、信息获取与农民经营性收入

在信息贫困理论看来,缺乏信息是导致经济落后的重要原因,并且信息贫困与物质贫困之间会形成恶性循环累积效应。市场信息、产品信息、气象信息、政策信息等方面的信息,都对农民的生产经营决策及其绩效有着直接的影响。在前互联网时代,由于信息源不足,农民的信息需求得不到满足,信息匮乏一直是制约农民经营性收入增长的重要因素。互联网作为一种信息沟通技术,不仅能够提高信息传播速度,而且可以大幅拓宽信息传播广度。农民通过使用互联网能够低成本、高效率获取到及时有效的信息,摆脱信息贫困与物质贫困的低水平陷阱。

1.互联网使用改善农民的信息获取,有助于降低农民的价格搜寻成本

信息搜寻理论认为,真实世界中的市场并不具有信息完备、价格统一的理想状态,由于信息分布非均匀,价格总是离散而存在差异的。价格搜寻的努力就在于争取获得潜在的利益。[①]在其他条件不变的情况下,搜寻范围越广,越有利于寻找到最有利的价格;但在现实中,搜寻过程需要支付成本。[②]在落后的乡村地区,农民的价格搜寻活动面临极高的成本,搜寻的不经济使得他们无法获得有利的价格,增收困难。随着互联网的应用,这一困境得到明显改善。互联网能够为农民提供大量的市场信息,降低价格搜寻成本,扩大市

---

① Diamond P. A., *Search-equilibrium Approach to the Micro Foundations of Macroeconomics* (Cambridge, Mass: MIT Press, 1984); Mekenna C. J., *The Economics of Uncertainty* (Brighton, Sussex: Wheatsheaf Book Ltd., 1986).
② Stigler G. J., "The Economics of Information," *Journal of Political Economy* 69, no. 3 (1961): 213-225.

场搜寻范围,有助于提高农民的产品保留价格[1],实现经营性收入增长。

2. 互联网使用改善农民的信息获取,有助于增强农民的市场谈判力量

一直以来,农民经营性收入增长乏力,有一个很重要的原因在于信息缺乏导致其市场地位居于弱势。在通常情况下,处于产业链底端的农民对产品市场价格和消费者需求信息的掌握程度远不如上门收购的中间商。中间商凭借着渠道、行情、经验、口才等方面的优势,往往能够在与农民的交易谈判中对农民形成压制。[2]随中间商就市,成为农民销售的软肋。而互联网的使用有助于改善农民的市场地位,具体有两种情况:一种情况是农民借助互联网跳过中间商,直接与消费者形成供求对接;另一种情况是农民通过互联网获取更多的市场信息,使得农民意识到了调整保留价格的空间和机会,能够在一定程度上动摇中间商的压制,增强农民的谈判力量,改善农民的市场地位[3],提高农产品的销售价格。

3. 互联网使用改善农民的信息获取,有助于提升农民经营的动态能力

作为资源基础观的拓展,动态能力强调经营者对外部环境的变化要有一种敏锐的反应能力,及时对资源做出合理的整合与重构[4],这对企业的经营绩效具有重要的积极影响[5]。长期以来,农民缺乏对外部市场需求的有效识别、准确感知和及时响应,是导致农民经营性收入增长困难的重要原因。农民的经营决策依靠经验、模仿和运气,科学性和计划性弱,容易出差错,风险较大。外部市场环境的变化无法及时传导给农民,导致供销严重脱节,滞销现象频频发生,农民增产不增收。有了互联网以后,农民可以有力改善信息获取,动态能力得到提升,摆脱迟钝、被动的经营状态,进而促进经营性收入增长。一方面,互联网平台通过实现以销定产、以销定供,为农民提前带来销售端的订单信息,提升了其资源配置效率,有利于实现产品快速供应[6];另一方面,互联网平台通过实现信息集中发布、数据产品开发,为农民带来大量的市场信息,促进其生产经营的调整和优化[7]。

---

[1] Aker J. C., "Does Digital Divide or Provide? The Impact of Cell Phones on Grain Markets in Niger,"(Center for Global Development Working Paper, no.154, 2008);许竹青:《信息沟通技术与农民的信息化问题研究:从"数字鸿沟"到"信息红利"》,北京:科学技术文献出版社,2015年。

[2] 曾亿武、郭红东、金松青:《电子商务有益于农民增收吗?——来自江苏沭阳的证据》,《中国农村经济》2018年第2期。

[3] Jensen R., "Information, Efficiency, and Welfare in Agricultural Markets," *Agricultural Economics* 41, no. S1 (2010): 203-216.

[4] Teece D. J., "Business Models and Dynamic Capabilities," *Long Range Planning* 51, no. 1 (2018): 40-49.

[5] 孙新波、钱雨、张明超、李金柱:《大数据驱动企业供应链敏捷性的实现机理研究》,《管理世界》2019年第9期。

[6] 高功步、费倩、顾建强:《基于组织敏捷性视域的农业企业电子商务价值创造研究》,《农业技术经济》2020年第11期。

[7] 曾亿武、张增辉、方湖柳、郭红东:《电商农户大数据使用:驱动因素与增收效应》,《中国农村经济》2019年第12期。

(三)互联网使用、人力资本与农民经营性收入

人力资本是凝聚在劳动者身上具有经济价值的体力、知识、技术、能力等成分的总和。按照现代人力资本理论的思想,人力资本在某种程度上可视为影响农村发展的核心要素,农业农村现代化发展的关键在于农民人力资本的提升。具体到农民创业上,已有大量研究表明,人力资本是影响农民创业绩效的重要因素。[①]长期以来,农民现代健康知识相对缺乏,科学养生保健与健康文娱体育实践比较薄弱,农村医疗人力资源基础薄弱,乡村医生紧缺且普遍老龄化,其诊断水平和服务能力明显落后;农村教育条件差,农民创业学习渠道单一,心智观念传统。近年来,中国农村互联网发展迅速,互联网日益成为影响农民人力资本的重要工具。

1. 互联网使用提升农民的健康型人力资本

首先,互联网促进健康保健知识传播。在农村地区,相当部分农民缺乏基本的健康保健知识,也缺乏对健康保健知识重要性的感知,导致有病不知、有病不治、小病拖成大病等现象频频发生。随着越来越多农民使用互联网,互联网逐渐发挥出增强农民对健康保健的重视意识和主观效能感的积极作用。农民通过互联网可以非常方便地搜索到各种相关的健康保健知识和疾病知识,提高对疾病的预防能力和治疗能力。农民还可以在线上获取各种养生健身和体育锻炼的方法,包括广场舞、瑜伽等课程视频资源,甚至还可以分享和记录自己的健身心得和经历,例如捐步数。其次,互联网推动优质医疗资源下沉。医疗人才短缺是制约农村医疗卫生事业发展的重要瓶颈,经济回报和职业回报的双重不足是导致乡村医疗人才短缺的关键症结[②],短时期内很难解决。此外,医疗设备等级较低、医疗物资不够丰富等问题,也是农村医疗落后的体现。互联网有助于发展惠及农村的远程医疗会诊,使城镇地区的优质医疗资源得以下沉到乡镇地区。农民使用互联网便可以在家开展网络健康咨询、线上视频会诊,既提高了就诊的便利度,又有助于提升就诊的质量。

2. 互联网使用提升农民的智力型人力资本

首先,互联网诱导人才回流农村。数字可接入性的提升有助于增加农村地区对外部人力资本的吸引力。[③]互联网有助于改善农村的创业条件,吸引部分外出求学、工作和创

[①] 罗明忠、黄莎莎、邹佳瑜:《农民创业的代际传承因素实证分析——基于广东部分地区农民创业者的问卷调查》,《广东商学院学报》2013年第5期;朱红根、康兰媛:《农民创业代际传递的理论与实证分析——来自江西35县(市)1716份样本证据》,《财贸研究》2014年第4期;卫龙宝、李静:《农业产业集群内社会资本和人力资本对农民收入的影响——基于安徽省茶叶产业集群的微观数据》,《农业经济问题》2014年第12期。

[②] 赵黎:《新医改与中国农村医疗卫生事业的发展——十年经验、现实困境及善治推动》,《中国农村经济》2019年第9期。

[③] Roberts E. and Townsend L., "The Contribution of the Creative Economy to the Resilience of Rural Communities: Exploring Cultural and Digital Capital," *Sociologia Ruralis* 56, no. 2 (2016): 197–219.

业的人才回流农村,有力补充农村人力资本存量。年轻人返乡,为农村地区注入了新的发展活力,他们带来了新的思想、知识和技术。其次,互联网促进农民创业学习。创业学习是创业者在创业过程中积累和生产知识,以实现机会的识别和开发、资源的获取和利用,以及新创组织的建立与发展。随着互联网尤其是移动互联网终端的快速普及,互联网成为农民自发开展创业学习的新途径。[1]以往农民的创业学习主要是基于乡土社会的日常交流和传统的师徒跟班学习,获取的主要是默会知识和传统经验,封闭性较强,而基于互联网的创业学习具有知识来源广、知识获取方便等优势,能够有效吸收显性知识、前沿知识。农民通过信息网络在收集信息、加工信息、整合信息、开发信息和传播信息的过程中获得知识和提升技能,形成新的人力资本。[2]最后,互联网改善农民心智模式。互联网使用有助于开阔农民的视野,在潜移默化中改善着农民的心智模式,他们对外部世界的认知开始发生调整,他们的发展意识以及对新生活的追求心态逐渐被激活。互联网有助于增强农民对新知识和新技术的效能感知,激发他们的主观能动性,促使他们积极改变和提升自己。[3]互联网思维以及电商平台的一系列制度设计也在不断引导农民具有更强的市场意识和诚信经营意识。[4]

(四)互联网使用、社会资本与农民经营性收入

社会资本理论认为,个体的行为和决策不是独立发生的,而是嵌入在一定的经济社会结构之中,受到周围环境以及与他人联系的影响。社会交往的增加有利于促进个体社会资本的积累,而社会资本对于创业具有十分重要的作用。大量研究已表明,社会资本能够显著促进农民创业增收。[5]互联网具有无边界化、即时传递的特点,在互联网不断普及的背景下,居民的社会交往呈现形式多元化、范围扩大化、效率高速化等特点。在农村地区,互联网正日益为农民的社会互动提供了极大的便利,增进了农民的社会交往,促进了农民社会资本的积累。

1.互联网使用提升农民的强关系

社会资本理论指出,一个节点与其关系较为紧密、经常交互信息的其他节点之间构成

---

[1] Lim S. S., *Mobile Communication and the Family:Asian Experiences in Technology Domestication* (Dordrecht: Springer, 2016).
[2] 王建华、李俏:《农户经营改造背景的信息技术型人力资本模式》,《改革》2012年第10期。
[3] 周冬:《互联网覆盖驱动农村就业的效果研究》,《世界经济文汇》2016年第3期。
[4] 刘亚军:《互联网使能、金字塔底层创业促进内生包容性增长的双案例研究》,《管理学报》2018年第12期;曾亿武、翟李琴、郭红东:《电子商务视阈下的农户诚信经营意识:强化还是弱化?——来自江苏沭阳的证据》,《商业经济与管理》2019年第5期。
[5] 周晔馨:《社会资本在农户收入中的作用——基于中国家计调查(CHIPS 2002)的证据》,《经济评论》2013年第4期;丁高洁、郭红东:《社会资本对农民创业绩效的影响研究》,《华南农业大学学报》(社会科学版)2013年第2期。

强连带关系[1],强连带关系对个体产生持久而稳定的影响。中国农村是一个乡土社会,强连带关系位于差序格局的内层圈,以血缘、地缘为基础。相比于前互联网时代的人际联系方式,基于互联网的人际联系具有及时、便利、低成本等优势。互联网使用有助于农民快捷实现"一对一""一对多""多对多"等不同形式的交流互动,为维持已有亲密联系、发展强关系提供便利。[2]互联网使得农民可以高效率、低成本维护和扩大强连带关系,与更多的强连带关系网络节点产生互动和交流,比以往更能接触到来自强连带关系网络节点的新信息和新知识,从而提高了自身的创业能力,促进经营性收入增长。[3]

2. 互联网使用提升农民的弱关系

弱连带关系是指社会网络中一个节点与其间接交互的不紧密社会关系。与强连带关系不同的是,弱连带关系也有着自身的重要价值,即能够提供一些与强连带关系圈差异较大的信息和知识。[4]互联网的使用有助于促进扩大农民的社会交往范围,不仅有来自熟人社会已有的强连带关系,还得以让农民在虚拟社区中建立起新的弱连带关系[5],这些新的弱连带关系可能会为他们提供一些重要信息和崭新知识,催生新的生产经营机会,提升生产经营收益。而且,随着时间的推移,农民可能会将其中的部分弱连带关系转化为新的强连带关系,因为互联网使维系这些弱连带关系变得便捷和成本低廉,大大强化了弱连带关系节点之间的联系频率。

3. 互联网使用填补农民的结构洞

伯特提出的结构洞社会资本理论让人们深刻认识到社会网络所处位置的重要性,个体占据的结构洞越多,意味着他在所处的社会网络中具有更高的地位,对信息和资源的控制能力也越强。[6]从结构洞的角度来看,多数农民的周围布满结构洞,但这些结构洞并非他们所占据的,尤其是在农产品生产者与消费者之间存在着大量的结构洞。互联网的使用有助于填补农产品生产者与消费者之间的结构洞,使得农民与目标客户之间建立起一些微弱的联系,扩展了农民的社会网络。[7]这些微弱联系在今后的进一步互动和交流过程中有可能还会得到增强,发展为弱连带关系,甚至强连带关系。互联网可以实现农民和消

---

[1] Granovetter M. S., "The Strength of Weak Ties: A Network Theory Revisited," *Sociological Theory*, 1(1983):201-233.
[2] 张景娜、张学凯:《互联网使用对农地转出决策的影响及机制研究——来自CFPS的微观证据》,《中国农村经济》2020年第3期。
[3] 杨学儒、邹宝玲:《模仿还是创新:互联网时代新生代农民工创业机会识别实证研究》,《学术研究》2018年第5期。
[4] Granovetter M. S., "The Strength of Weak Ties: A Network Theory Revisited," *Sociological Theory*, 1(1983):201-233.
[5] Hampton K. M. and Wellman B., "Neighboring in the Netville: How the Internet Supports Community and Social Capital in a Wired Suburb," *City and Community* 2, no. 4(2003):277-311.
[6] Burt R. S., *Structural Holes: The Social Structure of Competition* (Cambridge: Harvard University Press, 1992).
[7] 许竹青:《信息沟通技术与农民的信息化问题研究:从"数字鸿沟"到"信息红利"》,北京:科学技术文献出版社,2015年。

费者之间的直接互动,在反复互动中,消费者可以了解到农民的生产过程等方面的信息,从而形成认同、信任和黏性。[1]占有和填补这些结构洞,才能够使得产销信息有效结合。互联网的这些作用对于社会网络较小、信息渠道较少的农民来说,显得尤为关键和重要。

(五)对互联网使用的进一步区分:工具性使用与情感性使用

前文的理论分析是以未使用互联网为参照,从总体层面上论述互联网使用通常有助于促进信息获取、提升人力资本和丰富社会资本,进而推动农民经营性收入增长。现有理论和文献已对此提供了足够的逻辑基础。本文通过文献整合和逻辑嫁接,比较系统地阐释了其中所包含的作用机理。然而,互联网使用影响农民经营性收入的逻辑不会止步于此,通过对互联网使用做进一步的区分,其逻辑还可以得到延伸和拓展。本文提出,互联网使用可归结为工具性使用和情感性使用两种基本类别,前者基于成本、效率、盈利等目的而使用互联网进行学习、工作和商业活动,后者基于情感表达、扩大交际和放松休闲目的而使用互联网进行社交和娱乐。从理论上讲,无论是工具性互联网使用还是情感性互联网使用,都会对农民经营性收入产生影响。但相比较而言,工具性互联网使用的难度更大,其更趋向于专用性人力资本属性,需要农民投入一定的时间和精力去学习和训练,而一旦农民掌握好了工具性互联网使用的能力,其产生的赋能增收效果往往更大些,且主要是通过影响信息获取和人力资本这两个渠道来实现的。情感性互联网使用相对容易上手,其更趋向于通用性人力资本属性,且主要通过影响健康型人力资本和社会资本来对农民经营性收入产生作用。需要注意的是,尽管总体而言,互联网使用通常会有助于增加农民经营性收入,但在局部层面仍不可忽视互联网使用对农民经营性收入产生不利影响的可能性存在[2],即情感性互联网使用是否适度的问题。如果农民过度沉迷于互联网的趣味性和娱乐性,不节制、不科学地使用互联网,则可能对自己的身心健康造成负向影响,并会因为挤占了工具性互联网使用的必要投入时间而抑制了其正向作用的发挥,进而减缓或阻碍了经营性收入增长。

---

[1] 曾亿武、郭红东、金松青:《电子商务有益于农民增收吗?——来自江苏沭阳的证据》,《中国农村经济》2018年第2期。

[2] Li Xiaokang et al., "Do Farmers Gain Internet Dividends from E-commerce Adoption? Evidence from China," *Food Policy* 101, no. C (2021): 102024.

三、实证策略

(一)计量模型构建

实证分析互联网使用对农民经营性收入的影响,本文采用2014年、2016年和2018年中国家庭追踪调查(CFPS)三期面板数据,按照是否使用互联网和互联网使用行为组合两个角度进行。为检验是否使用互联网对农民经营性收入的影响效应,构建基准回归模型如下:

$$income_{it}=\beta_0+\beta_1 Interuse_{it}+\beta_2 X_{it}+\varepsilon_{it} \qquad (1)$$

在(1)式中,i代表农民个体,t代表年份,$income$代表农民经营性收入[①],$Interuse$代表是否使用互联网,X代表一组控制变量,ε代表随机干扰项,β_0代表常数项,β_1和β_2分别代表核心解释变量和控制变量的估计系数。

对于农民而言,互联网的用途有很多。在现实中,农民通常会交替使用互联网开展不同的活动,这极可能产生叠加效应。据此,本文引入"行为组合"的新思维,实证分析互联网使用行为组合对农民经营性收入的影响效应。在CFPS的问卷中,涉及互联网具体使用的项目共5项,即利用互联网进行学习、工作、商业活动、社交、娱乐。本文提出一个互联网使用的"工具性—情感性"2×2类别框架,即根据使用频率的高低情况,将农民的互联网使用划分成"高工具性—高情感性""高工具性—低情感性""低工具性—高情感性""低工具性—低情感性"四种行为组合[②]。具体地,若农民在使用互联网学习、工作和进行商业活动的频率上所对应的三个题目[③]的加总得分小于10.5,即为"高工具性"互联网使用,相反,三个题目的加总得分大于10.5,即为"低工具性"互联网使用;若农民在使用互联网社交和娱乐的频率上所对应的两个题目的加总得分小于7,即为"高情感性"互联网使用,相反,两个题目的加总得分大于或等于7,即为"低情感性"互联网使用。为检验互联网使用行为组合对农民经营性收入的影响效应,构建以"低工具性—低情感性"互联网使用为参照组的基准回归模型如下:

---

① 在CFPS数据中,由于存在部分样本的经营性收入是负值,即出现经营亏损,因此本文不对经营性收入对数化,OLS回归时采用稳健标准误形式克服异方差问题。

② 行为组合的划分是在兼顾必要性和可行性基础上决定的。必要性体现在两个方面:一方面,在现实中多数农民会使用互联网开展多种不同的活动,并且通常是交替进行的,理论上会产生叠加效应,如果将互联网的每一项使用分别进行单独研究,很可能会形成错误判断;另一方面,通过划分行为组合,可结合PSM-DID方法有效解决内生性问题。可行性体现在:划分成四种行为组合在数量上和性质上比较合理和适宜,如果行为类型划分过于细致,会导致行为性质区分度不强、样本容量过度稀释、行为组合数量过多,从而造成实证结果可靠性下降以及实证结果错综复杂,无法进行有效解读。

③ 在CFPS数据中,使用互联网的频率共有7个选项:1=几乎每天,2=一周3~4次,3=一周1~2次,4=一月2~3次,5=一月一次,6=几个月一次,7=从不。本文以均值作为划分工具性使用和情感性使用水平高低的标准。

$$income_{it}=\beta_0+\beta_1 HHuse_{it}+\beta_2 HLuse_{it}+\beta_3 LHuse_{it}+\beta_4 X_{it}+\varepsilon_{it} \qquad (2)$$

在(2)式中，i代表农民个体，t代表年份，$income$代表农民经营性收入，$HHuse$代表是否属于"高工具性—高情感性"互联网使用，$HLuse$代表是否属于"高工具性—低情感性"互联网使用，$LHuse$代表是否属于"低工具性—高情感性"互联网使用，X代表一组控制变量，ε代表随机干扰项，β_0代表常数项，β_1、β_2和β_3分别代表三个核心解释变量的估计系数，β_4代表控制变量的估计系数。

然而，上述两个基准回归模型的估计结果很可能存在内生性偏误。一方面，农民是否使用互联网以及互联网具体使用行为不是随机发生的结果，而是农民结合自身和家庭情况及所处环境所做出的主观选择决策，因此理论上存在一些不可观测因素同时影响着农民的互联网使用决策及其经营性收入。另一方面，农民互联网使用与其经营性收入之间很可能存在反向因果的关系，即经营性收入越高的农民，越有可能使用互联网并且收入可能影响他们使用互联网的频率。尽管固定效应模型可以消除部分内生性，但仍无法控制那些随时间而变化且无法观测到的个体差异。为解决潜在的内生性问题，使实证结果更加可靠，本文将使用倾向得分匹配结合双重差分(PSM-DID)的方法。PSM-DID模型由PSM和DID两个基础模型合并而成，集合了两者的优点，与固定效应模型相比，其能够明显提高估计结果的稳健性和准确性。

(二)变量设置与描述统计

被解释变量是农民经营性收入。在CFPS数据中，涉及农民经营性收入的指标主要包括家庭农副产品净值及个体经营或私营企业税后净利润。本文将这两方面的收入加总并除以家庭总人口得到农民人均经营性收入。

核心解释变量包括是否使用互联网、是否为"高工具性—高情感性"互联网使用、是否为"高工具性—低情感性"互联网使用、是否为"低工具性—高情感性"互联网使用和是否为"低工具性—低情感性"互联网使用，均为哑变量形式，其中是否为"低工具性—低情感性"互联网使用将作为其他三组互联网使用行为组合的参照组，因而不直接进入回归方程之中。

在控制变量方面，本文借鉴前人研究经验，结合数据的可得性，选取性别、年龄、受教育年限、健康状况、婚姻状况、工作状况、家庭礼金往来、家庭房产数量、家庭是否创业等变量，主要反映农村居民的个体特征和家庭基本情况。其中，受教育年限是根据受访者的学历进行折算的，家庭礼金往来由家庭礼金收入和家庭礼金支出相加而得，家庭是否创业采用"过去12个月，您家是否有家庭成员从事个体经营或开办私营企业？"这一问题测度。

上述相关变量的均值和标准差见表1。统计显示，接受调查的农民人均经营性收入是0.47万元；有31%的农民使用了互联网；4%的农民属于"高工具性—高情感性"互联网使用，

1%的农民属于"高工具性—低情感性"互联网使用,17%的农民属于"低工具性—高情感性"互联网使用,78%的农民属于"低工具性—低情感性"互联网使用;受访者有46%是男性,平均年龄43.34岁,以中年为主,平均受教育年限5.57年,总体学历水平偏低,大部分受访者身体健康(占84%)、已婚(占93%)、有工作(占86%),平均家庭礼金往来是0.61万元,平均家庭房产数量是1.17个,约11%的受访者有家庭成员从事个体经营或开办私营企业。受访者的个体特征和家庭基本情况符合当前中国农村现实,调查样本具有良好的代表性。

表1 相关变量的定义及描述统计

变量名称	变量定义	均值	标准差
农民人均经营性收入	单位:万元	0.47	1.10
是否使用互联网	有上网=1,没有上网=0	0.31	0.46
是否属于"高工具性—高情感性"	是=1,否=0	0.04	0.19
是否属于"高工具性—低情感性"	是=1,否=0	0.01	0.07
是否属于"低工具性—高情感性"	是=1,否=0	0.17	0.41
是否属于"低工具性—低情感性"	是=1,否=0	0.78	0.41
性别	男=1,女=0	0.46	0.50
年龄	单位:周岁	43.34	10.26
受教育年限	单位:年	5.57	4.19
健康状况	健康=1,不健康=0	0.84	0.36
婚姻状况	已婚=1,其他=0	0.93	0.25
工作状况	有工作=1,无工作=0	0.86	0.35
家庭礼金往来	礼金收入和礼金支出相加,单位:万元	0.61	1.10
家庭房产数量	单位:个	1.17	0.45
家庭是否创业	是=1,否=0	0.11	0.31

四、实证结果

(一)基准回归结果

表2呈现了是否使用互联网影响农民经营性收入的基准回归结果。模型1和模型2分别采用混合回归和随机效应回归,模型3、模型4和模型5采用固定效应回归,其中模型3仅控制个体固定效应,模型4仅控制时间固定效应,模型5同时控制个体固定效应和时间固定效应。从表2可以看到,模型1、模型3、模型4和模型5均显示了使用互联网对农民经营性收入具有显著正向影响,表明从群体平均效应看,农民使用互联网是有助于提升其经营性收入水平的。通常来说,模型5由于同时控制住个体固定效应和时间固定效应,其实证

结果相对较为可靠。从模型5的估计系数来看,互联网使用使农民经营性收入平均增长约0.05万元。

表2 是否使用互联网影响农民经营性收入的基准回归结果

变量	模型1 POLS	模型2 RE	模型3 FE	模型4 FE	模型5 FE
是否使用互联网	0.066*** (0.024)	0.032 (0.020)	0.047* (0.025)	0.075*** (0.022)	0.048** (0.025)
控制变量	是	是	是	是	是
个体固定效应	—	—	是	否	是
时间固定效应	—	—	否	是	是
R^2	0.0793	0.0788	0.0439	0.0807	0.0338
样本容量	12384	12384	12384	12384	12384

注:(1)*、**和***分别表示在10%、5%和1%水平上显著;(2)括号中报告的是标准误;(3)为节省空间,控制变量估计结果不做汇报。

表3呈现了互联网使用行为组合影响农民经营性收入的基准回归结果。模型6采用随机效应回归,模型7、模型8和模型9采用固定效应回归,其中模型7仅控制个体固定效应,模型8仅控制时间固定效应,模型9同时控制个体固定效应和时间固定效应。相对于"低工具性—低情感性"互联网使用,"高工具性—低情感性"互联网使用和"低工具性—高情感性"互联网使用均能够显著促进农民经营性收入增长。令人意外的是,"高工具性—高情感性"互联网使用似乎不能产生显著的增收效应。然而,基准回归模型并没有考虑自选择性、反向因果、遗漏变量等内生性问题,实证结果很可能存在偏差,需要谨慎对待。

表3 互联网使用行为组合影响农民经营性收入的基准回归结果

变量	模型6 RE	模型7 FE	模型8 FE	模型9 FE
是否属于"高工具性—高情感性"	0.007 (0.045)	0.025 (0.052)	0.064 (0.047)	0.025 (0.052)
是否属于"高工具性—低情感性"	0.370*** (0.112)	0.354*** (0.120)	0.398*** (0.112)	0.354*** (0.120)
是否属于"低工具性—高情感性"	0.041* (0.023)	0.051* (0.027)	0.083*** (0.025)	0.051* (0.027)
控制变量	是	是	是	是
个体固定效应	—	是	否	是
时间固定效应	—	否	是	是
R^2	0.0795	0.0454	0.0816	0.0361
样本容量	15561	15561	15561	15561

注:(1)*、**和***分别表示在10%、5%和1%水平上显著;(2)括号中报告的是标准误;(3)以是否为"低工具性—低情感性"为参照组;(4)为节省空间,控制变量估计结果不做汇报。

(二)PSM-DID测算结果

为纠正可能的内生性偏差,本文接着使用PSM-DID方法对互联网使用影响农民经营性收入效应进行测算。对参照组和试验组匹配后的差异进行了平衡性检验,发现两组各变量之间已无显著差异,说明匹配有效消除了两组之间除了处理变量之外的其他可观测因素的差异(为节省空间,在此不做汇报)。从表4可以看到,以2014年为基期、以2016年为干预期的PSM-DID测算结果显示,使用互联网总体上能够显著促进农民经营性收入增长,具体到互联网使用行为组合,相对于"低工具性—低情感性"互联网使用,"高工具性—高情感性"互联网使用和"高工具性—低情感性"互联网使用均能够在5%或1%水平上显著促进农民经营性收入增长。以2014年为基期、以2018年为干预期的PSM-DID测算结果同样如此,表明该结论具有稳健性。"高工具性—低情感性"互联网使用的赋能增收效应大于"高工具性—高情感性"互联网使用的赋能增收效应,"低工具性—高情感性"互联网使用的赋能增收效应不显著且增幅不大,综合反映了互联网的赋能增收作用主要来源于工具性使用,而情感性使用的赋能增收作用不大,并且高情感性使用对工具性使用存在负向叠加效应。对比以2014年为基期、以2016年为干预期的PSM-DID测算结果和以2014年为基期、以2018年为干预期的PSM-DID测算结果,可以看到,"高工具性—低情感性"互联网使用的赋能增收效应呈现扩大趋势,而"高工具性—高情感性"互联网使用和"低工具性—高情感性"互联网使用的赋能增收效应均趋于缩小,从而总体上导致互联网使用的赋能增收幅度明显下降。实证研究表明,"高工具性—低情感性"互联网使用是促进农民经营性收入的最优行为组合。其中隐含的经济学意义在于引发人们对于互联网使用过程中时间资源优化配置问题的思考。正如注意力经济理论所关心的如何在信息爆炸时代赋予人们有限的注意力以最大的价值和效用那样,学者和政府对于农民群体互联网使用的关切不应只是简单地鼓励农民接触和使用互联网,而更应该在于帮助和引导农民将有限的互联网使用时间进行优化配置。对于"高工具性—高情感性"和"低工具性—高情感性"互联网使用的农民而言,适当调整互联网使用行为,增加工具性互联网使用时间,减少情感性互联网使用时间,将会更加充分发挥互联网的作用,产生更好的赋能增收效果。对于"低工具性—低情感性"互联网使用的农民而言,应优化他们的互联网使用行为,着重培养他们的工具性互联网使用能力。

表4　互联网使用影响农民经营性收入:PSM-DID测算结果

实验对象	时期0:2014年			时期1:2016年			双重差分检验结果
	试验组	对照组	差分	试验组	对照组	差分	
使用互联网	0.596	0.462	0.134***	0.590	0.358	0.232***	0.098*
高工具性—高情感性	0.619	0.661	−0.042	0.813	0.523	0.291***	0.333***
高工具性—低情感性	0.450	0.486	−0.036	1.234	0.473	0.761***	0.797***
低工具性—高情感性	0.668	0.583	0.085*	0.805	0.423	0.182***	0.097
	时期0:2014年			时期1:2018年			
使用互联网	0.611	0.535	0.077*	0.519	0.413	0.106**	0.029*
高工具性—高情感性	0.619	0.698	−0.079	0.533	0.471	0.062	0.141**
高工具性—低情感性	0.450	0.487	−0.037	1.405	0.448	0.957***	0.995***
低工具性—高情感性	0.668	0.553	0.115**	0.536	0.402	0.134**	0.020

注:(1)使用互联网以未使用互联网为对照组,"高工具性—高情感性""高工具性—低情感性""低工具性—高情感性"以"低工具性—低情感性"为对照组;(2)*、**和***分别表示在10%、5%和1%水平上显著。

(三)收入差距效应

从表5可以看到,使用了互联网的农民在使用互联网之前的经营性收入基尼系数是0.532,使用互联网之后经营性收入基尼系数增加至0.561,群体内部经营性收入差距有了一定程度的扩大。具体到互联网使用行为组合,相对于"低工具性—低情感性"互联网使用,"高工具性—高情感性"互联网使用、"高工具性—低情感性"互联网使用和"低工具性—高情感性"互联网使用均使得农民经营性收入基尼系数有了不同程度的上升。由于前文的实证结果表明,"低工具性—高情感性"互联网使用对农民经营性收入没有显著性影响,因此,我们重点关注"高工具性—高情感性"互联网使用和"高工具性—低情感性"互联网使用的作用,前者使农民经营性收入基尼系数由0.487增加到0.506,后者使农民经营性收入基尼系数由0.515增加到0.548。这从一个侧面反映了互联网使用扩大农民内部收入差距的作用具有普遍性特点。实证结果指向了学界一直以来关切的数字鸿沟问题,揭示了现阶段中国农民数字鸿沟问题是一级数字鸿沟(数字接入差异)与二级数字鸿沟(数字使用差异)并存且共同产生作用,导致农民内部收入差距扩大,即三级数字鸿沟(数字结果差异)。因此,抑制农民群体内部的数字结果不平等程度,需要重点加强对低收入农户的扶持,同时从扩大互联网使用覆盖面和培养工具性互联网使用能力入手,才能有效缩小农民群体内部的数字红利差异。

表5 互联网使用影响农民经营性收入差距的PSM-DID测算结果

实验对象	基尼系数 反事实结果	基尼系数 实际观察结果
使用互联网	0.532	0.561
高工具性—高情感性	0.487	0.506
高工具性—低情感性	0.515	0.548
低工具性—高情感性	0.506	0.560

注：(1)使用互联网以未使用互联网为对照组，"高工具性—高情感性""高工具性—低情感性""低工具性—高情感性"以"低工具性—低情感性"为对照组；(2)此处汇报的是2014年为基期、2016年为跟踪期的PSM-DID测算结果；(3)将收入高低两端前10%的样本分别截断后进行计算。

(四)作用机制检验

前文的理论框架预设互联网使用通过促进农民的信息获取、提升人力资本和丰富社会资本三个路径对农民经营性收入产生影响。根据机制变量的基本含义，结合CFPS数据的可得性，本文采用"互联网对受访者信息获取的重要性"(1=非常不重要，5=非常重要)的指标来测度信息获取变量，这也是既有文献普遍采用的方式[1]，互联网作为农民获取信息的一个渠道，其重要性越强，则表明互联网的信息渠道效应越大。本文还将人力资本划分为健康型人力资本和智力型人力资本两种基本类别，分别采用"健康水平"(健康=1，不健康=0)和"智力水平"(访员对受访者的观察：很低=1，很高=7)两个指标进行测度。社会资本采用"家庭礼金来往"(家庭礼金收入和礼金支出相加，单位：万元)的指标衡量，中国农村是典型的人情社会，遵循着礼尚往来的社交原则，人情礼收入和支出越多，表明社会网络越广、交际越深，因此，该指标可以作为农民社会资本的代理变量[2]。

表6呈现了机制检验的PSM-DID测算结果。总体而言，相对于没有使用互联网的农村居民，使用互联网的农民在信息获取、健康水平、智力水平和社会资本上具有更高的水平，该差异通过显著性检验，表明互联网使用显著提升了农民的信息获取能力、健康水平、智力水平和社会资本，信息获取、人力资本和社会资本作为互联网使用影响农民经营性收入的作用路径得到检验证实。具体到互联网使用行为组合来看，相对于"低工具性—低情感性"互联网使用，"高工具性—高情感性"互联网使用、"高工具性—低情感性"互联网使用和"低工具性—高情感性"互联网使用均能够在5%或1%水平上显著正向影响农民信息获

---

[1] 周洋、华语音：《互联网与农村家庭创业——基于CFPS数据的实证分析》，《农业技术经济》2017年第5期；张景娜、张学凯：《互联网使用对农地转出决策的影响及机制研究——来自CFPS的微观证据》，《中国农村经济》2020年第3期；周广肃、樊纲：《互联网使用与家庭创业选择——来自CFPS的验证》，《经济评论》2018年第5期。

[2] 杨汝岱、陈斌开、朱诗娥：《基于社会网络视角的农户民间借贷需求行为研究》，《经济研究》2011年第11期。

取，其中"高工具性—低情感性"互联网使用对农民信息获取的促进作用最大；"高工具性—高情感性"互联网使用、"高工具性—低情感性"互联网使用和"低工具性—高情感性"互联网使用均能够在10%或1%水平上显著正向影响农民健康水平，其中"高工具性—低情感性"互联网使用对农民健康水平的促进作用最大；"高工具性—高情感性"互联网使用和"高工具性—低情感性"互联网使用均能够在10%或1%水平上显著正向影响农民智力水平，"高工具性—高情感性"互联网使用对农民智力水平的促进作用略大于"高工具性—低情感性"互联网使用的促进作用，"低工具性—高情感性"互联网使用对农民智力水平没有显著性影响；"低工具性—高情感性"互联网使用在10%水平上显著影响农民社会资本，而"高工具性—高情感性"互联网使用和"高工具性—低情感性"互联网使用对农民社会资本的影响不显著。综合来看，"高工具性—低情感性"互联网使用产生的积极作用最多、最大，这也为前文所得到的"高工具性—低情感性"互联网使用是促进农民经营性收入的最优行为组合的结论提供了一定的解释。

表6 机制检验的PSM-DID测算结果

实验对象	机制变量			
	信息获取	健康水平	智力水平	社会资本
使用互联网	0.322***	0.023***	0.074*	0.420**
	(0.047)	(0.009)	(0.040)	(0.195)
高工具性—高情感性	0.159***	0.026***	0.136***	0.146
	(0.041)	(0.009)	(0.047)	(0.202)
高工具性—低情感性	0.348***	0.126***	0.083*	0.271
	(0.064)	(0.011)	(0.047)	(0.236)
低工具性—高情感性	0.117**	0.018*	0.027	0.298*
	(0.049)	(0.010)	(0.041)	(0.176)

注：(1)使用互联网以未使用互联网为对照组，"高工具性—高情感性""高工具性—低情感性""低工具性—高情感性"以"低工具性—低情感性"为对照组；(2)这里仅汇报2014年为基期、2016年为跟踪期的PSM-DID测算结果；(3)*、**和***分别表示在10%、5%和1%水平上显著；④括号中报告的是标准误。

互联网使用对农民的信息获取产生重要的积极作用，即信息渠道效应，这一结论与史晋川和王维维[1]、周洋和华语音[2]、周广肃和樊纲[3]、张景娜和张学凯[4]等学者的研究结论相一致。对于创业来说，信息起到了十分重要的作用，不仅有利于商机的捕获，而且企业的

---

[1] 史晋川、王维维：《互联网使用对创业行为的影响——基于微观数据的实证研究》，《浙江大学学报》（人文社会科学版）2017年第4期。
[2] 周洋、华语音：《互联网与农村家庭创业——基于CFPS数据的实证分析》，《农业技术经济》2017年第5期。
[3] 周广肃、樊纲：《互联网使用与家庭创业选择——来自CFPS数据的验证》，《经济评论》2018年第5期。
[4] 张景娜、张学凯：《互联网使用对农地转出决策的影响及机制研究——来自CFPS的微观证据》，《中国农村经济》2020年第3期。

经营管理、业务开展、销售渠道拓展等都离不开信息的作用。[1]互联网使农民接触到更多的市场信息与知识,增加了基于亲缘地缘交流中的有效内容,提供更为精准的、可定制的在线知识获取方式。[2]随着互联网平台对大数据技术的应用,基于平台的数据产品不断被开发出来,例如,阿里巴巴开发的生意参谋、京东开发的京东商智、数亮科技开发的中国指数网等。数据产品的开发将进一步强化互联网的信息渠道效应,并带来更加可观的增收效应。[3]众多优秀网商正在运用数据洞察市场、寻找机会,善用数据成为网商升级的关键。

在互联网使用促进健康方面,已有学者得出与本文相近的研究结论,例如,杨克文、何欢的研究表明,使用互联网对居民健康具有显著的正面影响[4];李丽莉等人的实证研究表明,互联网使用能够促进农村成年人健康水平的提升[5];靳永爱、赵梦晗的研究证实,互联网使用能够促进老年人的自评健康和心理健康,这对于全社会实现积极的老龄化有重要意义[6]。本文进一步发现,工具性互联网使用对农民健康的促进作用要大于情感性互联网使用。情感性使用固然可以起到身心放松的作用,但是过度的情感性使用会削弱这种作用,而工具性使用所带来的健康方面的信息、知识和治疗资源更加能够起到实质性的促进作用。

本文的实证结果还显示,互联网使用积极促进农民的社会资本提升。与本文看法一致的国内文献也有一些,例如,有研究指出,互联网使用显著增加了农民的社会资本[7];张景娜、张学凯发现,互联网使用增强了农户的社会互动[8]。此外,本文的实证结果还显示,工具性互联网使用对农民社会资本的作用不显著,农民社会资本提升主要还是要依赖于情感性使用,即运用互联网开展直接的社会交往和交流。

---

[1] Shane S., "Prior Knowledge and the Discovery of Entrepreneurial Opportunities," *Organization Science* 11, no. 4 (2000): 448-469.
[2] 王金杰、李启航:《电子商务环境下的多维教育与农村居民创业选择——基于CFPS 2014和CHIPS 2013农村居民数据的实证分析》,《南开经济研究》2017年第6期。
[3] 曾亿武、张增辉、方湖柳、郭红东:《电商农户大数据使用:驱动因素与增收效应》,《中国农村经济》2019年第12期。
[4] 杨克文、何欢:《互联网使用对居民健康的影响——基于2016年中国劳动力动态调查数据的研究》,《南开经济研究》2020年第3期。
[5] Li Lili et al., "The Impact of Internet Use on Health Outcomes of Rural Adults: Evidence from China," *International Journal of Environmental Research and Public Health* 17, no. 18 (2020): 1-14.
[6] 靳永爱、赵梦晗:《互联网使用与中国老年人的积极老龄化——基于2016年中国老年社会追踪调查数据的分析》,《人口学刊》2019年第6期。
[7] 赵羚雅、向运华:《互联网使用、社会资本与非农就业》,《软科学》2019年第6期。
[8] 张景娜、张学凯:《互联网使用对农地转出决策的影响及机制研究——来自CFPS的微观证据》,《中国农村经济》2020年第3期。

五、结论与启示

经营性收入是农民从事生产经营活动而获得的收入。随着互联网的不断普及,农民经营性收入增长迎来机遇,这在局部地区已是可直观的事实。然而,学界对于互联网使用影响农民经营性收入的研究还不充分。本文从信息获取、人力资本和社会资本三个作用路径入手构建理论框架,系统阐释互联网使用影响农民经营性收入的内在机理,并区分"高工具性—高情感性""高工具性—低情感性""低工具性—高情感性""低工具性—低情感性"四种互联网使用行为组合,采用中国家庭追踪调查(CFPS)三期面板数据和PSM-DID方法对互联网使用影响农民经营性收入的效应及作用机制进行了实证检验。主要的结论是:第一,使用互联网能够显著促进农民经营性收入增长,并且互联网使用通过促进信息获取、提升人力资本和丰富社会资本三个路径产生农民经营性收入增长效应;第二,互联网的赋能增收作用主要来源于工具性使用,而情感性使用的赋能增收作用不大,在各种互联网使用行为组合中,"高工具性—低情感性"互联网使用的经营性收入增长效应最大;第三,互联网使用使农民经营性收入的基尼系数增大,扩大了农民内部经营性收入差距。

本文研究结论具有重要的政策启示。第一,政府应继续坚定不移地实施宽带乡村工程、电子商务进农村、数字乡村建设等重要政策,为促进广大农民共建共享数字化发展成果创造优越的政策环境,加深各级部门对互联网赋能增收作用及其内在规律的认识,形成思想定力和行动能力。第二,政府应加强互联网使用知识宣传,开展互联网使用技能培训,注重提高农民数字素养,使更多农民对互联网的使用不再只是简单的社交和娱乐,而是学会更好地使用互联网进行学习、工作、营销、采购等活动,从而更加充分发挥互联网的赋能增收作用。第三,政府必须加大对农村低收入群体的政策倾斜力度,实施高水平、多层次、全覆盖的电商扶贫等工程项目,加大对贫困户的网络资费补贴力度,建立服务到户的信息帮扶工作体系,鼓励各地搭建互联网精准扶贫平台,推动各类互联网平台服务下乡。

The impact of Internet use on farmers' operating income

Li Lili[1], Zhang Zhonggen[2], Zeng Yiwu[3]

(1. College of Economics, Hangzhou University of Electronic Science and Technology, Hangzhou 310018; 2. College of Public Affairs, Zhejiang University, Hangzhou 310058; 3. College of Economics, Hangzhou Normal University, Hangzhou 311121)

Abstract: Operating income is an important part of farmers' income. To ensure the rapid and stable growth of farmers' operating income is of great significance for realizing common prosperity. With the continuous popularization of the Internet in rural areas, the growth of farmers' operating income has ushered with a new driving force. The empirical study based on CFPS data shows that Internet use remarkably promotes the growth of farmers' operating income. Among all kinds of Internet use behavior combinations, "high instrumental-low emotional" Internet use has the greatest effect on farmers' operating income. Internet use enlarges the income gap among farmers. Meanwhile, Internet use can increase farmers' operating income by promoting information access, enhancing human capital and enriching social capital. The government should pay attention to improving the digital literacy of farmers, guide them to adjust the Internet use behavior appropriately by increasing the time of instrumental use and reducing the time of emotional use, and intensify the policy preference for rural low-income groups, so as to give full play to the fuction of Internet to increase income.

Key words: Internet use; behavior combination; farmers' income; operating income